# 汉画故事

张道一 著

## 刻在石头上的记忆

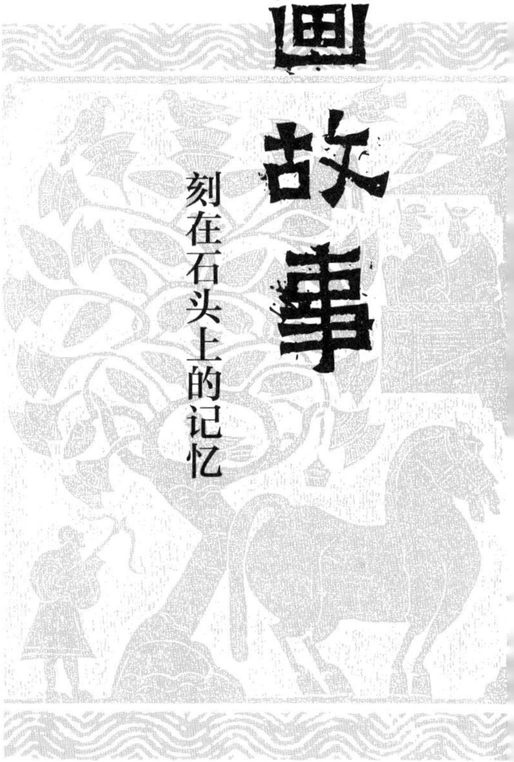

中华书局

**图书在版编目（CIP）数据**

汉画故事：刻在石头上的记忆/张道一著. —北京：中华书局，
2020.5（2023.9重印）
ISBN 978-7-101-14226-6

Ⅰ.汉…　Ⅱ张…　Ⅲ.画像石-中国-汉代-通俗读物
Ⅳ.K879.42-49

中国版本图书馆 CIP 数据核字（2019）第 240617 号

| | | |
|---|---|---|
| 书　　名 | 汉画故事：刻在石头上的记忆 | |
| 著　　者 | 张道一 | |
| 责任编辑 | 周　天　常利辉 | |
| 责任印制 | 管　斌 | |
| 出版发行 | 中华书局 | |
| | （北京市丰台区太平桥西里 38 号　100073） | |
| | http://www.zhbc.com.cn | |
| | E-mail:zhbc@zhbc.com.cn | |
| 印　　刷 | 北京盛通印刷股份有限公司 | |
| 版　　次 | 2020 年 5 月第 1 版 | |
| | 2023 年 9 月第 3 次印刷 | |
| 规　　格 | 开本/720×1010 毫米　1/16 | |
| | 印张 31½　插页 2　字数 400 千字 | |
| 印　　数 | 10001-12000 册 | |
| 国际书号 | ISBN 978-7-101-14226-6 | |
| 定　　价 | 88.00 元 | |

# 目　录

前言　　　｜001

导言：汉画的解读与欣赏　　　｜001

汉画故事细目　　　｜002

　　（一）人物与世俗　｜001

　　（二）神话与传说　｜203

　　（三）祥瑞与游艺　｜359

后记　　　｜481

# 汉画故事细目

（共计211条）

为了便于检索，每条标题之前为序号，之后为页码。

## （一）人物与世俗

001　孔子见老子｜005

002　孔门弟子｜009

003　孔子问礼｜013

004　击磬于卫｜014

005　孔子问师｜017

006　童子诘孔｜020

007　黄帝乘龙升天｜021

008　炎帝神农采药｜026

009　仓颉创文字｜028

010　颛顼高阳氏｜031

011　帝喾高辛氏｜032

012　暴君夏桀｜033

013　蚩尤五兵｜034

014　尧禅舜让｜038

015　周公辅成王｜040

016　信陵君窃符救赵｜044

017　屠夫朱亥椎击将军｜045

018　柳下惠坐怀不乱｜046

019　颜叔子握火｜048

020　管仲射齐桓公｜051

021　卫姬谏齐桓公｜054

022　曹子劫桓｜056

023　燕丹抗秦｜058

024　七女为父报仇｜059

025　骊姬置毒｜061

026　灵公观剑｜063

027　獒扑赵盾｜065

028　赵氏孤儿｜066

029　桑下饿人｜070

030　季札挂剑｜072

031　晏子见齐景公｜075

032　二桃杀三士｜077

033　秋胡戏妻｜081

034　老莱子娱亲｜084

035　无盐丑女钟离春｜087

036　齐义继母｜089

037　鲁义姑姊｜091

038　梁节姑姊｜093

039　梁寡高行｜094

040　京师节女｜095

041　曾母投杼｜096

042　闵子骞失棰｜098

043　楚昭贞姜｜100

044　范雎受袍｜101

045　范雎辱魏须贾｜104

046　伯乐相马｜106

047　神医扁鹊｜108

048　名医仓公｜112

049　荆轲刺秦王｜114

050　聂政刺韩相｜118

051　聂政自屠｜120

052　专诸刺吴王僚｜122

053　要离刺庆忌｜125

054　豫让二刺赵襄子｜126

055　蔺相如完璧归赵｜129

056　泗水升鼎｜133

057　高祖斩蛇｜141

058　鸿门宴｜144

059　王陵母｜147

060　李善抚孤｜149

061　伯俞伤亲｜151

062　邢渠哺父｜152

063　金日磾拜母像｜153

064　孝子赵苟｜154

065　丁兰供木人｜155

066　义浆羊公｜157

067　董永孝亲｜158

068　魏汤报父仇｜160

069　义士范赎｜161

070　冯偡仔以身挡虎｜162

071　斗鸡图｜164

072　公孙阏暗箭射人｜166

073　贞妇射书韩朋｜169

074　以物寄情｜171

075　累卵之危｜172

076　力士孟贲｜174

077　乌获与五丁力士｜176

078　材官蹶张申屠嘉｜179

079　辟除五毒｜182

080　为蛇足者亡其酒｜185

081　刘邦举兵围鲁｜188

082　经学之争｜190

083　党锢之祸｜191

084　门大夫｜193

085　拥彗小吏｜194

086　西域胡人｜195

087　阉牛去势｜196

088　狗咬耗子｜197

089　便面｜198

090　毕｜199

091　桔槔｜201

(二) 神话与传说

092　盘古开天辟地｜207

093　伏羲女娲｜211

094　西王母和东王公｜216

095　三足乌与九尾狐｜226

096　玉兔捣药｜229

097　金乌玉兔｜232

098　日月合璧｜236

099　羲和捧日｜238

100　常羲捧月｜240

101　十个太阳｜242

102　后羿射日｜244

103　嫦娥奔月｜247

104　神荼郁垒｜249

105　火神祝融｜251

106　高禖神｜252

107　风雨雷电｜255

108　云师与风伯｜258

109　风伯拔屋｜259

110　雨师与河伯｜261

111　雷公电母｜263

112　雷公击鼓｜265

113　风神飞廉｜267

114　水神天吴｜268

115　昆仑之守开明兽｜269

116　龙头彩虹｜272

117　蟾蜍｜274

118　方相与熊｜276

119　宗布除害｜280

120　当康鸣瑞｜281

121　天汉螺女｜282

122　毕方鸟｜285

123　蒙双民｜287

124　三头人离珠｜288

125　人首鸟｜290

126　人头兽｜293

127　玄鸟｜295

128　獬豸｜296

129　氐人国｜297

130　贯匈国｜298

131　哀牢国（龙生十子）｜300

132　鹳鸟衔鱼｜302

133　鸥鹓｜307

134　金马碧鸡｜311

135　天女旱魃｜313

136　大傩十二神｜315

137　鱼龙变化（鲤鱼跳龙门）　｜317

138　羽人｜321

139　仙人与仙丹｜325

140　牛郎织女｜329

141　周穆王见西王母｜334

142　四神｜341

143　青龙｜343

144　白虎｜345

145　朱雀｜347

146　玄武｜349

147　翼虎（如虎添翼）｜351

148　马腹｜352

149　李冰之子斗牛神｜353

150　上人马食太仓｜354

151　尺郭｜355

152　树神｜356

（三）祥瑞与游艺

153　四灵｜364

154　黄龙｜366

155　应龙｜369

156　凤凰｜371

157　凤凰将九子｜377

158　灵龟｜380

159　麒麟｜383

160　麒麟送子｜386

161　福德羊｜388

162　天鹿·白鹿｜392

163　龙马·神马｜395

164　渠搜献裘｜397

165　南夷献觡｜398

166　比翼鸟·比肩兽｜399

167　鲤鱼上房顶 ｜ 402

168　孝乌反哺 ｜ 404

169　双鸟接喙交颈 ｜ 405

170　木槿花 ｜ 406

171　木连理 ｜ 407

172　比目鱼 ｜ 408

173　白鱼 ｜ 410

174　浪井 ｜ 411

175　白雉 ｜ 412

176　离利 ｜ 413

177　柱铢 ｜ 414

178　鸠 ｜ 415

179　金胜 ｜ 417

180　华平 ｜ 419

181　蓂莆 ｜ 421

182　蓂荚 ｜ 424

183　白虎·赤熊 ｜ 426

184　白象 ｜ 428

185　鹄 ｜ 430

186　鸡 ｜ 431

187　神鼎 ｜ 433

188　银瓮 ｜ 435

189　平露 ｜ 436

190　嘉禾 ｜ 437

191　芝草 ｜ 440

192　明月珠·地珠 ｜ 442

193　玉英·玄圭 ｜ 444

194　璧·璧琉璃 ｜ 446

195　龙穿璧 ｜ 448

196　杯纹 ｜ 453

197　规矩纹 ｜ 454

198　瓜叶圆包纹 ｜ 455

199　垂幛反月纹 ｜ 456

200　绶带纹 ｜ 457

201　立官桂树 ｜ 459

202　铺首衔环 ｜ 464

203　投壶 ｜ 467

204　六博 ｜ 468

205　藏钩 ｜ 470

206　建鼓 ｜ 471

207　吹篪 ｜ 474

208　蹋鞠 ｜ 476

209　七盘舞 ｜ 477

210　都卢寻橦（顶竿） ｜ 478

211　跳剑飞丸 ｜ 479

# 前　言

十多年前我写了一本《汉画故事》，是为汉画像石的艺术鉴赏所作的铺垫。因为相距的年代太久远了，画像石中的一些人与事已经陌生，需要对其背景和具体内容做些解释。十多年来，有不少朋友和读者，向我提出问题或要求，我对此做了修改、调整和补充。

记得1983年，在贵阳研讨民间美术，我曾提出"两种文化"和传统文化的"三个渠道"。所谓"两种文化"就是民间的和文人的；传统文化的"三个渠道"，就是宫廷的、文人的和民间的。当时，王朝闻先生很赞成这种提法，以为符合历史的规律，并主张加进"宗教艺术"。这样，就形成了后来所提的传统文化的"四个渠道"。

从历史的进程看，随着社会的分化，文化和艺术也出现了不同的需要。民间艺术形式多样，风格淳朴，自然成为其他艺术吸取营养和上升的基础。但是，当文人艺术的"高雅"发展成一种流风时，又会出现"倒流"。记得以前江西民窑烧制的蓝花碗，画些不明其状的流动线条，还写上"八大山人"。其实制作者并不了解是什么意思，不过他们是否知其所以然并不重要。

汉画像石的发展起于民间，但又直接受到上层社会的影响，诸如厚葬之风，生活的铺张，由汉初的黄老思想到汉武帝的"独尊儒术"，以及表孝心与"举孝廉"的结合等。据考证，当时的高层统治者死后是不用画像石的，封建社会的帝王、诸侯和郡主的墓葬中，多是显赫的壁画和贵重的棺椁，还未见有画像石。凡有画像石的墓葬，主要是中层官员和富裕人家。山东嘉祥武氏祠可谓典型。当年的"武家林"，从石阙到四座墓葬，并不铺张豪华，只是立在地面上的墓碑和祠堂。四个墓主人，祖孙三代，武梁是个儒生，另外三人都是孝廉，有一个做了敦煌的地方官，史籍均未刊载。

不是太显赫，却又很突出。这也是画像石的社会身份和物质基础，因为它居于社会的中层，人多量大，便很快发展起来，密布于山东、河南、四川和苏北、皖北、陕北等地，以及山西、河北、浙江等部分地区。既有大型的石刻建筑，又有部分的墓门、石柱和嵌石等。在艺术上也是如此，既有带程式化的石刻，如某种仪式，也有独特的艺术创造，意象万千。

镌刻画像石的艺人，很可能以师徒组成行业班子。任务有轻有重，有精有粗。自古以来，口传身授的师徒制，不但艺人的技巧参差不齐，艺术的学养更是难以提升。即使表现上层社会和士人活动，也只是他们自己的理解和习惯使用的艺术形式，就像漫画家的构想或童稚的想象，会出现意想不到的趣味。

譬如在画像中表现"孔子见老子"。孔子是儒家的代表，老子是道家的代表。当时的孔子正在壮年，还不到四十岁，老子已是管理周室文档的老者。所以这个题材也称"孔子问礼"，即向前辈请教过去的礼节。到了汉代，儒家思想被定为国家的统治思想之后，为了表现孔子谦虚好学，不但有"孔子见老子"，并且在两人之间还夹杂着一个推着玩具鸠车的七岁的孩子。这孩子叫项橐，孔子曾说向孩子学习，表示谦虚，与老子没有任何关系。

古人重礼。初见尊长时要送礼物，所谓"男贽"，即"大者玉帛，小者禽鸟"。孔子见老子，带了一只雁。石刻画像的艺人可能不甚了解，便刻了一只鸟放在袖子里，待见面时举手作揖，小鸟也探出头来，引得外边的鸟儿围拢过来，有三只鸟在两人之间相聚。

最有趣的是子路的形象。他是孔子的学生，性格直爽，有勇力，后世竟以他作为勇士的代称。据说为了表现威武，他喜欢将一根公鸡毛插在帽子上，腰间还挂一件雕刻的小猪。在画像石中，当孔子的弟子跟着老师排列成行时，唯独子路做出武者的姿态，与众不同。有的将帽子上那根鸡毛，刻成了一只大公鸡，腰上挂的那个雕刻的小猪，变成了一头真猪。他伸腿扬臂，大喊大叫，像是一个毫无忌惮的人。

有人说画像石是一种丧葬文化，我以为太表面了。当然，不能否认它所在的环境，但应了解当时人的思想意识——用现在的话说是迷信。按照灵魂不灭的观点，人死了是人走了，到另一个世界去了。画像石所构建的，是把所有的好的事物都表现出来，是为了他在那边生活得幸福美满，不会寂寞、孤单、吃苦。多么善良的人啊！一种不存在的假想，却是美好的思想。当科学化解了迷信的时候，真不知它会留下什么。

画像石在墓中都是分散的。如果我们在欣赏时能将其归总、分类，了解、分析各方面的情况和艺术处理的特点，便会认识汉代的各种人与事。它是刻在石头上的一个朝代。

2018 年清明节后写于石头城之龙江寓中

# 导　言

汉画的解读与欣赏

在我国的历史长河中，汉代是一个很重要的朝代。两汉400多年，正是封建社会上升和发展时期，各方面都呈现出一种活力，显示出一种力量。我们中国人很自豪于汉唐的辉煌，如果说唐代以富丽壮美著称，那么，正是汉代奠定了基础，深沉雄大而质朴无华。就像是一幢高层建筑，汉代是奠基为础，唐代是构架增饰，使中华民族的艺术和文明如花似锦地展现出来。在汉代的艺术中，最突出的一种可谓"画像石"，它不仅气势雄浑，独具风采，并且从多方面表现了一个时代。

一

今天的艺术已经发展得门类齐全。就像一棵参天大树，枝干交错，郁郁葱葱。如果从大美术的整体眼光看，汉代的各种艺术因素虽已具备，但还没有分得那么细致，不像当前艺术分类学那么条理分明。这是事物发展的规律。任何事物的发展总是由小及大，由单一到复杂，美术当然也不例外。我们这里所指的"汉画"，可以说有广狭二义：广义的汉画既包括画像石和画像砖，也包括墓室壁画、帛画和画在其他材料上的绘画；狭义的汉画则主要是指画像石，有的也兼及画像砖。因为砖石不仅数量多，内容丰富，在表现手法上也更加完美。用今天的眼光来看，画像石并非纯属于绘画，实际上它同建筑、雕塑、装饰等紧密结合着。画像石多用拓印的方法复制，欣赏拓片犹如面对一幅大张的版画。况且它又是丧葬习俗的一部分，因而得以保留至今。也就是说，它的用途和艺术手法是带有综合性的，而这种综合性在现代艺术中已很少见到。从内容上看，画像石所表现的内容几乎无所不包，它不但反映了一个汉代社会，而且表现了一个想象奇异的神话世界，把汉朝人头脑中所想的、所希求的都揭示出来了。时隔两千年左右，社会的变化很大，可是我们去欣赏那些刻在石头上的画面时，有的虽已不明其意，也有的并不陌生。譬如那些宴会的场面，庖厨和杂技，以及耕田者、纺织者和打铁的人。有些生活和生产的方式至今仍在延续。由此也可看出，民族文化的息脉是难以割断的。它的变化正说明文化的生命力，源远流长不等于一成不变，有变化才有活力，有活力才能发展和前进。所以说，时隔两千年左右，我们回头看那些画像石时，有的看得懂，有的看不懂，可说是很自然的现象。因此需要对画像石进行"解读"和"诠释"，也就是人们常说的"现代语释"。

自从有了艺术的专业和职业，也就出现了艺术的"自娱性"和"娱他性"。也就是说，创作艺术的人虽然在创作过程中和艺术融在了一起，在个性的表现中得到了一种精神的享受，但他的作品总要交给社会，即供他人欣赏。当艺术与大众产生了"共鸣"，对于艺术家来说也是一种享受。从画像石的一些题记中得知，当时的雕刻家还被称为"石工""石匠"，他们的工作也包括开采石料和搬运石料；他们只是一种行业的班子，还没有脱离一般的劳动者。虽然没有在作品上署名，还是有少数在题记中留下了名字。如著名的"武梁祠"画像的雕刻者为"良匠卫改"，"武氏石阙"的建造者是"石工孟孚、李弟卯"，石阙前的石狮子作者为"孙宗"。像卫改、孟孚、李弟卯、孙宗等这样的艺术家，在中国美术史上应该占有重要的篇章，是他们将早期的绘画和雕刻推向了成熟的阶段。

然而，有不少美术史的专著却忽略了汉代的画像石。因为它来自民间，为工匠之作；也有的是对它并无认识。古代的金石家从宋代起就注意到了它的存在，但多是摹拓上面的文字，作为书法研究，对其画像则不甚关心。较早的研究嘉祥汉画的两部专著，一部是清代道光年间瞿中溶的《汉武梁祠堂石刻画像考》，另一部是1931年印行的容庚的《汉武梁祠画像图录和考释》，两部书都是考据性的，还不能说是侧重于艺术的研究。也有不少外国人研究武氏祠，并非侧重于画像。我国现代真正从艺术的角度，重视汉画的先行者，是鲁迅。

二

辛亥革命后，鲁迅曾在教育部工作，住在北京的绍兴会馆。他用闲暇的时间校书、抄碑，还描绘了一本《秦汉瓦当文字》。自1915年至1924年，他收集的石刻拓本就有1 500多种。1936年7月7日他致赵家璧的信中曾说："本来，有关本业的东西，是无论怎样节衣缩食也应该购买的，试看绿林强盗，怎样不惜钱财以买盒子炮，就可以知道。"[①]可见，他的收集是为了研究，当作"本业"，并非为了赏玩古董。从《鲁迅日记》和通信中知道，他一直想编印一本《汉画像考》。1926年，他到厦门大学去，曾说："最初的主意，倒的确想在这里住两年，除教书之外，还希望将先前所集成的《汉画像考》和《古小说钩沉》印出。……及至到了这里，看看情形，便将印《汉画像考》的希望取消。"[②]书虽然没有编成，但他是对此做了充分酝酿的。对于画像石的研究，他在致友人的信中，评论清代瞿中溶《汉武梁祠堂石刻画像考》说："瞿氏之文，其弊在欲夸博，滥引古书，使其文浩浩洋洋，而无裁择，结果为不得要领。"[③]并在以上同一封信中透露："我陆续曾收得汉石画像一箧，初拟全印，不问完或残，使其如图目，分类为：一，摩崖；二，阙，门；三，石室，堂；四，残杂（此类最多）。材料不完，印工亦浩大，遂止；后又欲选其有关神话及当时生活状态，而刻画又较明晰者，为选集，但亦未实行。"

这是非常遗憾的。但从鲁迅的有关文字和实际行动来看，他研究画像石是用心良苦的。他在信中写道：

① 1936年7月7日致赵家璧信。

② 《厦门通讯（三）》，载《华盖集续编》。

③ 1935年11月15日致台静农信。

"关于秦代典章文物,我也茫无所知……生活状态,则我以为不如看汉代石刻中之《武梁祠画像》……汉时习俗,实与秦无大异,循览之后,颇能得其仿佛也。"[1]"我以为明木刻大有发扬,但大抵趋于超世间的,否则即有纤巧之憾。唯汉人石刻,气魄深沉雄大,唐人线画,流动如生,倘取入木刻,或可另辟一境界也。"[2]"倘参酌汉代的石刻画像,明清的书籍插画,并且留心民间所赏玩的所谓'年画',和欧洲的新法融合起来,也许能够创出一种更好的版画。"[3]

鲁迅提倡新兴木刻运动,并将传统的"复制木刻"与"创作木刻"分开。在20世纪30年代,亲自主持木刻研习班,培养了一大批年轻的木刻家。经过半个多世纪的实践,中国现代木刻艺术蓬勃发展,证明了他的观点和做法是非常正确的。鲁迅不但精通美术理论和历史,也间或自做书面,他的设计,无不朴茂可喜。他为《心的探险》和《桃色的云》所设计的书面,便是取材于石刻画像。他曾对老友许寿裳说:"汉画像的图案,美妙无伦,为日本艺术家所采取。即使是一鳞一爪,已被西洋名家交口赞许,说日本的图案如何了不得,了不得,而不知其渊源固出于我国的汉画呢。"[4]

## 三

1989年,王朝闻看了南阳画像石之后说:"南阳汉画像石是难以匆匆理解的文化现象。初步印象可以说明,阳春白雪与下里巴人之间没有绝对的界限,这一艺术宝库的价值在未来将更加光辉。"他对于汉画像石的这一评语是非常准确的。不仅南阳出土的画像石是如此,其他各地出土的汉画像石也是如此。

为什么说汉画像石是"难以匆匆理解的文化现象"呢?只能说明它距我们的年代太远了,加之这种特殊的艺术形式,在今天没有与其相比美者,从内容到形式,都要好好地揣摩,了解其本

[1] 1934年2月11日致姚克信。

[2] 1935年9月9日致李桦信。

[3] 1935年2月4日致李桦信。

[4] 许寿裳《亡友鲁迅印象记》。人民文学出版社,1953年。

来的意图、用途和艺术意味，才能进一步估量它的艺术价值。自古以来，"阳春白雪"和"下里巴人"好像是两个不同的领域，两种不同的境界，也为两种不同的人所有，其间画了一条界线，因而出现了艺术的高低和雅俗之分。为什么汉代的画像石将这一界线打破了呢？既因为内容，也因为形式，更重要的是艺术家的艺术功力及其手法。汉画像石在二维度造型的处理手法上是相当多样和高超的，在处理各种形象之间的"关系性律动"上，做到了历史性的突破。中国绘画从此走向了成熟。

纵观中国的美术史，在长达七千多年的历史长河中，虽说每个时代都有自己的辉煌，也都有自己的特点，诸如新石器时代的彩陶，商周的青铜器和玉器，春秋战国的各种精美工艺品，包括漆器和锦绣等，可以说都是无与伦比的。然而，从绘画的角度看，汉代之前已出现了壁画、帛画等，可是所画的人物，多是仪式性的，在具体用途上也是如此。也就是说，在表现人的思想、人与人的关系和情节、环境等方面，还没有达到绘画应有的品质和水平。这种特具的功能只是在画像石上才开始发挥出来，而且有的已展现出优异的成就。这是非常可贵的。

四

变戏法的常说：会看的看门道，不会看的看热闹。话虽俗，意很深。它揭示了人们认识事物的不同境界。然而，在看"门道"与看"热闹"之间，并没有不可逾越的鸿沟，关键在于修养。人的很多能力并非与生俱来的，而是后天学习的结果。从幼年起学着说话，学着写字，从精神生活的角度看，即使不去学绘画和音乐，也应该学会看和学会听。正如马克思在《1844年经济学哲学手稿》中所指出的："对于没有音乐感的耳朵来说，最美的音乐毫无意义……由于人的本质客观地展开的丰富性，主体的、人的感性的丰富性，如有音乐感的耳朵、能感受形式美的眼睛……即确证自己是人的本质力量的感觉，才一部分发展起来，一部分产生出来。"①实践证明，善于修养的人自然会找到艺术的门道。所谓"操千曲而后晓曲，观千剑而后识剑"，是很有道理的。

① 马克思:《1844年经济学哲学手稿》，人民出版社，2000年。

对于艺术的欣赏是人生所必需的，因为它体现着和充实着精神生活的一个重要方面。对于具体的人来说，他可能喜欢这种艺术而不喜欢那种艺术，但是，很难说有对所有艺术都不喜欢的人。由于艺术的种类很多，不仅在选择上和爱好上各人有所不同，甚至喜爱的方式和深度也因人而异。所谓"麻油拌白菜，各人心里爱"。只有艺术触动了心灵，人的情感同艺术的描述产生了共鸣，艺术的作用才能发挥到极致。现在的艺术已向多元发展，这里所说的是写实性的艺术。唐代张彦远《历代名画记》说："画者，成教化，助人伦，穷神变，测幽微，与六籍同功，四时并运，发于天然，非由述作。"这里所说的"六籍"即"六经"(《诗》《书》《礼》《乐》《易》《春秋》。据说《乐经》在秦焚书后亡)；"四时"即春、夏、秋、冬。这是一种"文以载道"的观念，在汉代虽然还不是太明显，实际上已朝此方向发展了。我们通常所说的"欣赏"，从字面看也就是领略和玩赏。但进一步又解释成"赏析"，赏与析总是联系在一起的，即所谓"奇文共欣赏，疑义相与析"。至于"鉴赏"，就不是一般意义上对艺术形象的感受，而是包括了观赏者对作品的理解和评判过程。这样，在艺术创作与艺术欣赏之间就产生一种互动、互补的关系，也就是作者和观者共同由感性认识向理性认识的飞跃。对于鉴赏者来说，有助于情操的提高。

有一个汉代的实例值得一读。就是在1980年山东嘉祥县宋山村出土的一块画像石上，刻着一篇462字的题记。时间是东汉永寿三年（157）十二月，死者是一个地方小官，名叫"安国"。题记主要写安国的为人敦厚、病死原因和为他建立祠堂的经过与规模。这块画像石是用在祠堂上的，因此在文后又刻了以下几句话：

唯诸观者，深加哀怜；寿如金石，子孙万年。牧马牛羊诸僮，皆良家子，来如堂宅，但观耳，无得□画，令人寿；无为贼祸，乱及孙子。明语贤仁四海士，唯省此书，无忽矣。

　　意思是说：愿来祠堂参观的诸位，对于祠堂的主人能够深加哀怜，既如此，则寿命长如金石，子孙万代昌盛。放马和牧牛牧羊的诸位孩子，你们都是好人家的子女，如到祠堂里来，可以观看，不要乱刻乱画，这样可以长寿；否则，祸害就会降临到你的子孙头上。明白地告诉诸位贤达和仁爱的四海人士，都要看一看刻在这里的文字，不要忽视了啊！

　　这是对人的劝诫，也包含着几分威胁，目的则是哀怜死者和爱护祠堂。由此可以看出，汉代画像石的产生与作用，除了家人的尽孝和对死者的纪念之外，我们也应该知道这些相关的情况。

<h2 style="text-align:center">五</h2>

　　我接触汉画像石是从大学时期开始的，而且是无意中由艺术的技法引起了兴趣。那时候听老师讲课，讲到国画的"意到笔不到"，篆刻的"破刀"和斑驳效果，以及画像石的残缺之美，并且讲到外国的维纳斯断掉了臂膀，仍然是美的。但是为什么会使人感到美？在当时是无法理解的。我找了画像石的拓片来欣赏，仍然看不懂。那时候我能看懂的只是奔驰的马，以及骑马者和马车。所以最早在北京琉璃厂买的拓片也是马车和骑马的武士；还有一幅人在树下射鸟的画面，树枝是有规律地编连起来的，很有装饰意味，有人告诉我那是"连理树"，还有的叫"扶桑树"。现在才知道，已经误解了几百年；即使叫"连理树"，也不是像后来那样，当作爱情的象征。

　　1961年的4月间，年轻的钢琴家傅聪在国外，他的父亲，著名文学艺术翻译家傅雷，提醒儿子说："单靠音乐来培养音乐是有很大弊害的。"便给他寄去了一些汉画像石的拓片，并再三说明："目的只是让你看到我们远祖雕刻艺术的些少样品。你在欧洲随处见到希腊罗马雕塑的照片，如何能没有祖国雕刻的照片呢？我们的古代遗物既无照相，只有依赖拓片，而拓片是与原作等大，绝未缩小之复本。"傅雷在信中详细地介绍了画像石的历史背景和艺术价值。说:"汉代石刻画纯系吾国民族风格。人物姿态衣饰既是标准汉族气味,雕刻风格亦毫无外来影响。"他介绍拓片时说:"搨片一称拓片,是吾国固有的一种印刷,原则上与过去印木版书,今日印木刻铜刻的版画相同。唯印木版书画先在版上涂墨,然后以白纸覆印;拓片则先覆白纸于原石,再在纸背以布球蘸墨轻拍细按,印讫后纸背即成正面;而石刻凸出部分皆成黑色,凹陷部分保留纸之本色(即白色)。木刻铜刻上原有之图像是反刻的,象我们用的图章;石刻原作的图像本是正刻,与西洋的浮雕相似,故复制时方法不同。"甚至嘱咐傅聪:"倘装在框内,拓片只可非常小心的压平,切勿用力拉直拉平,无数皱下去的地方都代表原作的细节,将纸完全拉直拉平就会失去本来面目。"①

① 傅敏编:《傅雷家书》,生活·读书·新知三联书店,1981年。

我没有傅聪的条件,但也不失机会。1954年,在南京有幸听傅抱石先生讲《中国美术史》,讲到汉代时,分析武梁祠画像石的《荆轲刺秦王》,从历史背景讲到侠士的侠义和勇武,从画面的人物关系讲到"图穷匕首见"的紧张气氛,好像画面的一切都在刹那间,足见汉画作者在创作上的严谨与高明。现在还记得,傅先生在分析作品时情绪有些激动,还朗诵起"风萧萧兮易水寒,壮士一去兮不复还"的诗句,并自然而然地有所动作。这是我第一次听到对于汉代画像石的艺术分析,印象之深,终生难忘。

荆轲刺秦王
山东嘉祥县武氏祠左石室第四石。

从那以后，得到了一种启发，使我下决心要把汉画弄懂，进入那个神秘的世界。因为没有直接的参考书，只好一幅一幅地、一个一个地，从故事内容到画面情节，去寻找答案。待到一目了然，才如登高望远，其欣慰是难以形容的。这是一个认识的过程。其过程虽然很长，可是"笨鸟先飞"的道理鼓舞着我。不管飞得多慢，总会到达目的地的。

六

大约在20世纪的60年代初，我看到一件令人吃惊的事。有人在报纸上撰文，介绍河南出土的画像砖，上面所印的花纹——一只乌鸦站在枝头，树下是一条仰头的狐狸。文章的作者说：这是两千年前所表现的"伊索寓言"。伊索是公元前6世纪古希腊的寓言家，古希腊流传的数百个讽喻故事，后人搜集起来都归在他的名下。因而，"伊索寓言"在欧洲文学史上产生过深广的影响。其中有一篇为《鸦与狐狸》。大意是说：乌鸦偷了一块肉，站在一棵树上。狐狸从树下路过，花言巧语地称赞乌鸦，说它可以当鸟中之王，如果说话的声音像唱歌一样，就更能做鸟中之王了。乌鸦一听，非常高兴，便忘乎所以地要亮一亮自己的嗓子。嘴巴一张，那块肉便掉到了树下，让狐狸吃了。在西方，这个寓言故事很多

九尾狐与三足乌
河南郑州出土画像砖。

人都知道，可说是家喻户晓，难道两千年前我国的汉朝人也知道吗？否则为什么会出现印有乌鸦和狐狸的画像砖呢？

经查考，原来那是河南郑州出土的一块画像砖。画面中的乌鸦和狐狸，与伊索寓言的寓意不同，而是我国古代神话中为西王母寻食的两个使者——"三足乌"和"九尾狐"。三足乌也是太阳的象征，九尾狐也曾帮助治水有功的夏禹。这都是神话中的细节，它们相互之间是没有直接联系的。我们看那画面，仔细观察便会发现，乌鸦是三只足，狐狸是九条尾巴，因为它们是另一个世界的精灵。最有趣的是狐狸的九条尾巴，其造型是很难处理的。可是它们的作者非常聪明，不是将九条尾巴并列，而是将一条大尾巴分了九个叉。汉画像石中三足乌和九尾狐的形象很多，是与伊索寓言毫无关系的，明显是那位介绍者搞错了。

或有人以为这是一件小事，可是对我的震动很大。不仅在于数典而忘其祖，更可怕的是对于形象的比附。我无意责备那位作者，只是从他身上看到了对于历史的无知。如果是个欣赏者，不可能从中得到真正的审美享受；如果是个研究者，这样的治学方法必然会误入歧途。

当我们回头来谈汉画的整体时，便不难发现，对于古典艺术的解读是欣赏的一个关卡。因此，我们决定对汉代的画像石多作解释，把那些不易看懂的画面分成三类：

（一）人物与世俗；

（二）神话与传说；

（三）祥瑞与游艺。

从每一个图的内容、出处、具体形象和情节进行诠释，并联系其时代背景和相关事物做些说明。

　　至于艺术上的分析，诸如造型的特点，形象的结构，构图的经营，以及艺术的成就和价值等，我们将另行讨论。故将此书定名为《汉画故事：刻在石头上的记忆》。


　　　　　　　　原写于二〇〇五，岁在乙酉，鸡年大吉。
　　　　　　　　修订于二〇一八，岁在戊戌，犬年平安。

（一）人物与世俗

我国古代的封建社会，长达几千年。周朝采取"封邦建国"的分封制度，一个国家分为数以百计的诸侯国。至春秋战国时期，随着各国发展的不平衡，相互争霸，甚至兼并，出现了所谓"春秋五霸""战国七雄"的局面。秦王嬴政即位后，于公元前221年灭六国，结束了春秋战国的混战局面，建立了我国历史上第一个统一的多民族的封建王朝，是为秦朝，称"始皇帝"。秦始皇创立了以皇帝为核心的中央集权制度，下设三公九卿，分天下为郡县，由朝廷派员治理，以加强和巩固封建统治。为巩固国家统一，筑长城、修驰道，并统一文字和度量衡。但他不顾民生，赋役繁重，劳民伤财，又实行文化专制，焚书坑儒，不得民心。秦朝仅历二世，统治15年。

汉代是我国历史上一个强大的王朝，前后分为西汉和东汉，也称两汉，共历406年。公元前206年刘邦（即汉高祖）灭秦，之后又打败了项羽，于公元前202年称帝，国号汉。即后来史称的西汉，也称前汉。汉初的文帝和景帝，为恢复经济，采取"轻徭薄赋""与民休息"的政策，并推崇"黄老思想"，主张"无为而治"，使生产和经济很快得以恢复并有所发展，社会思想也很活跃，在历史上被誉为"文景之治"。

汉武帝刘彻，是统治汉朝最长久的皇帝，也是文治武功皆有成就的帝王。他在位54年，带领汉朝进入全盛时期，经济、文化等方面繁荣发展。汉武帝之所以"罢黜百家，独尊儒术"，确立儒家思想的道统，正是以国家的富强为基础的。儒家的核心思想是"仁"，以"礼"来推行"仁"和约束人们的行为。

石刻画像出现于西汉后期，在东汉得到很大的发展，广布于五六个省和更多的局部地区。它的发展，既与历史上的厚葬之风有关，又与当时的举孝廉相联系。因为汉代还没有实行科举考试制度，凡是走仕途的人须经地方推举，这种举荐主要有孝、廉两个标准，而墓葬的形式和规模是最能显见孝道的。

作为艺术的画像石，它的实际用途和艺术表现的题材内容，由于起自民间，带有仪式性的规定不多，多是由墓葬的家庭所决定，有的（如地面上的祠堂）刻画内容，可能墓主人在生前会有参与。刻工多为当地或邻近地区的工匠，熟悉民风和民情。也就是说，画像石的制作比较自由，内容无所不包。凡是人世间所有的，大都可以在画像石中得到印证。

早在1944年，史学家翦伯赞先生在《秦汉史》的序言中说："除实物和简牍外，汉代的石刻画像也提供了不少新的史料。汉代的石刻画像，如武氏祠、孝堂山祠、两城山及武阳石阙等石刻画像，皆传世已久；但并未引起历史家的注意。晚近南阳一带汉墓中，又发现了大批的汉代石刻画像，始有若干学者开始对石刻画像作艺术的研究。我以为除了古人的遗物以外，再没有一种史料比绘画雕刻更能反映出历史上的社会之具体的形象。同时，在中国历史上，也再没有一个时代比汉代更好在石板上刻出当时现实生活的形式和流行的故事来。汉代的石刻画像都是以锐利的低浅浮雕，用确实的描写手腕，阴勒或浮凸出它所要描写的题材。风景楼阁则俨然逼真，人物衣冠则萧疏欲动；在有些歌舞画面上所表示的图像，不仅可以令人看见古人的形象，而且几乎可以令人听到古人的声音。这当然是一种最具体最真确的史料。"[①]

翦伯赞先生所讲的这番话，距现在已经七十多年了。那时候还是在抗日战争时期，他在四川巴县歌马场的刘家院子里，并没有因国家的艰难和生活的困苦而消沉，而是想着辉煌的未来，还在《秦汉史》中写道："假若我们将上述汉代绘画和石刻画像等艺术中所凝固之汉代人民的现实生活的形象，通过我们的头脑加以有机的组织，则两汉的历史，将会在我们面前浮凸起来，表现为一种立体的形象。"我国老一辈的历史学家多潜心研究学问，这样热情关心艺术的人不多，讲话非常实在和中肯。

现在的情况大不相同了。各地新出土的画像石千千万万，考古学家为我们提供的资料很多，从艺术的角度看，确实需要"通

① 翦伯赞：《秦汉史》，北京大学出版社，1983年。

过我们的头脑加以有机的组织"，将汉代画像石整理出来了。

人的思想和行为是很复杂的。在不同的地区和不同的历史时代，会有很大的差异，甚至人与人之间的关系也不同，需要具体分析。汉代人已距我们两千年左右，他们所创造的文化与文明，是在农耕条件下形成的。它的兴旺与强盛，都是与社会的大背景相联系，为人们所赞赏的深沉雄大、气势磅礴，也是由当时人的积极的精神状态所造成的。

人的社会职能是有分工的。《考工记》称："国有六职。"即指王公、士大夫、百工、商旅、农夫和妇功。《汉书·食货志》说："士农工商，四民有业。学以居位曰士，辟土殖谷曰农，作巧成器曰工，通财鬻货曰商。"

儒家评论人物有"四科"之说。《论语·先进》曰："德行：颜渊、闵子骞、冉伯牛、仲弓。言语：宰我、子贡。政事：冉有、季路。文学：子游、子夏。"这些都是孔门弟子，后以"四科"为人物分类。

封建社会的等级观念很重。人分尊卑贵贱，官分品位高低，农业被视为"主业"，其他均为末业。所有这些，都能在画像石的形象中分别出来。至于世俗，是由人群的习惯和风气所形成的，它也会影响着人们的生活，并带有地方色彩。

以下，为人物与世俗故事，共91条。

# 001　孔子见老子

　　在我国思想和文化的发展史上，孔子和老子是两位具有代表性和开创性的人物。一位是儒家的创始者，一位是道家的创始者；而他们又都是处在同一个时代，即春秋末期。春秋战国时代，诸侯国众多，政治上"群雄争霸"、学术上"百家争鸣"成为时代的特征。孔子和老子的观点与主张虽然不同，但都扎根于神州大地，同在一个社会中，必然带有一些共同的东西。论年龄和阅历，孔子是老子的晚辈。孔子，名丘，字仲尼，公元前551年生于鲁国，年轻时虽然做过小官，但抱负一直得不到实现。因不满于当时的政治现状，去鲁国而周游卫、宋、陈、蔡、楚等列国，又都不为当时的君王所用。在他生前最可称誉的是曾长期聚徒讲学，开创了私人办学之风，培养了许多学有所成的弟子。孔子谦虚好学，曾专程去拜访老子，为后人留下了"孔子见老子"的美谈。

　　其实，人们对老子的生平并不了解，只知道他姓李，名耳，字聃。曾做过周朝的"守藏室之史"（管理国家藏书的史官），孔子大约也在这时期访问过他。汉代司马迁在《史记》中说：

　　孔子适周，将问礼于老子。老子曰："子所言者，其人与骨皆已朽矣，独其言在耳。且君子得其时则驾，不得其时则蓬累而行。吾闻之，良贾深藏若虚，君子盛德，容貌若愚。去子之骄气与多欲，态色与淫志，是皆无益于子之身。吾所以告子，若是而已。"孔子去，谓弟子曰："鸟，吾知其能飞；鱼，吾知其能游；兽，吾知其能走。走者可以为罔，游者可以为纶，飞者可以为矰。至于龙吾不能知，其乘风云而上天。吾今日见老子，其犹龙邪！"（《老子韩非列传》）

　　辞去，而老子送之曰："吾闻富贵者送人以财，仁人者送人以言。吾不能富贵，窃仁人之号，送子以言，曰：'聪明深察而近于死者，好议人者也。博辩广大危其身者，发人之恶者也。为人子

者毋以有己，为人臣者毋以有己。'"孔子自周反于鲁，弟子稍益进焉。(《孔子世家》)

在老子看来，一个人的言论和行为比身体还要重要。他的话都是些待人处世的道理，语重心长，恳切而有分量。孔子也深受感动，从中受到教益，并惊叹地把老子比作能"合而成体，散而成章"的"龙"。

在《庄子·天运》中有关于"孔子见老子"的描述，其中谈到"闻道""语仁义""治六经"等问题，但后来的学者多认为庄子用寓言，是所谓"寄辞于其人"，"皆寄孔、老以明绝学之义也"，连太史公也说"以诋訿孔子之徒，以明老子之术"。待到西汉时期，推行"罢黜百家，独尊儒术"，儒家思想上升到了显赫的地位，成为此后两千多年的统治思想，学派之间的对立也加重了。

《史记·老子韩非列传》说："世之学老子者则绌儒学，儒学亦绌老子。'道不同不相为谋'，岂谓是邪？李耳无为自化，清静自正。"

东汉时期的画像石上，表现"孔子见老子"的画面很多。特别是山东出土的画像石，有的画孔子和老子相见的场面，还有的在他们身后跟随着许多弟子，多者达二三十人。除孔门的社会影响外，由此还可看出儒家学派和道家学派的交流与沟通。即使观点、主张不同，仍有相互可取的东西。这大概就是后世称赞的原因。

**孔子见老子**
这是最早看到的孔子见老子图，原石乾隆年间出土于山东嘉祥县武宅山，现已剥蚀模糊。此系《金石索》木刻摹本。老子迎接孔子于郊外，原画面在老子车后还有三人。

**孔子见老子**

原石1978年山东嘉祥县宋山村出土。画面分四层，此为第二层。在孔子的袖口中露出两个鸟头，是为"贽敬"之礼。

著名的嘉祥武氏祠画像石因出土较早，有的画面已剥落得模糊不清。清乾隆年间，黄易在嘉祥武宅山发现的"孔子见老子"画像石，移至济宁州学，后收入《金石索》之"石索"中，经缩刻用木版印出。虽已失去原味，却可看得清楚。近几十年来，新出土者也有数种，而以山东嘉祥和江苏徐州为多。其中的老子手扶曲杖，即未经修整的弯曲树枝，可能表示他的质朴。孔子手中多拿雁、雉之类，这是古代初见尊长时所送的礼品，称作"贽"或"贽敬"。《左传·庄公二十四年》："男贽，大者玉帛，小者禽鸟，以章物也。"他们的会见多是在郊外，这是表示老子外出相迎。为了说明地点在郊外，多在人与人之间添加一只飞鸟，或者从画面的栏线上伸出一个鸟头来。这几乎是所有画像石通用的方法。另外，在孔子和老子见面时，中间有一个矮小的人，手中推着似车轮的东西，也有的像是扫帚。有人解释说这是老子派人清扫迎接孔子的路，也有人说这是那个七岁便为孔子师的神童项橐。存此一说以备考。

**孔子见老子**

原石1978年山东嘉祥县宋山村出土，是后代的墓葬利用汉画像石作石料。画面分四层，此为第三层。孔子与老子之间的小孩为项橐，拿着可推动旋转的玩具。

孔子见老子　原石出土于江苏邳州庞口村。画面分五层，为神话和历史故事，此为第三层。原有榜题皆泐蚀不清。孔子身后的五个弟子，以中间的子路最为突出。

孔子见老子　1977年山东嘉祥县齐山村（今属巨野县）出土。

# 002　孔门弟子

孔门弟子

画面分两层。上层刻"孔子见老子",下层刻车骑出行图。孔子之后有20人,榜题只有颜回、子路和子张。据记载,同孔子一起"适周问礼"的还有南宫敬叔。又据《太平御览》卷九一五引《庄子》:"老子见孔子,从弟子五人。……子路,勇且多力。其次子贡为智,曾子为孝,颜回为仁,子张为武。"由此可见,连同孔子不过七人。

在画面中,孔子和老子相互揖手。老子拄着曲杖,孔子所带的贽礼鸟禽还放在袖中,未及拿出来,可是它已从袖口中向外探头,引来了天上的鸟和地上的鸟。七岁的项橐站在老子和孔子中间,右手推着玩具小车,左手指着孔子,好像在说着什么。整个一行人物,排列得颇有节奏,前后呼应也很得体。

此图为全部,上页中图为其中的一部分。

孔子在我国历史上虽然被推崇为"至圣先师",但他在生前并不是太如意。连他自己都说:"我待贾者也!"——这是他与子贡的对话。子贡问:"这里有一块美玉,是把它收藏在柜子里呢,还是找一个识货的商人卖掉呢?"孔子说:"卖掉吧,卖掉吧!我正等着识货的人呢!"(《论语·子罕》)

遗憾的是,孔子一生没有被重用。他只有聚徒讲学,开创了私人办学的先河。司马迁撰《史记》,专列《孔子世家》一章。唐司马贞《索隐》说:"孔子非有诸侯之位,而亦称系家者,以是圣人为教化之主,又代有贤哲,故称系家焉。"唐张守节《正义》:"孔子无侯伯之位,而称世家者,太史公以孔子布衣传十余世,学者宗之,自天子王侯,中国言'六艺'者宗于夫子,可谓至圣,故为世家。"

《史记·孔子世家》:

孔子以诗书礼乐教,弟子盖三千焉,身通六艺者七十有二人。如颜浊邹之徒,颇受业者甚众。

孔子以四教：文，行，忠，信。绝四：毋意，毋必，毋固，毋我。所慎：齐，战，疾。子罕言利与命与仁。不愤不启，举一隅不以三隅反，则弗复也。

《史记·仲尼弟子列传》：

孔子曰"受业身通者七十有七人"，皆异能之士也。德行：颜渊，闵子骞，冉伯牛，仲弓。政事：冉有，季路。言语：宰我，子贡。文学：子游，子夏。师也辟，参也鲁，柴也愚，由也喭，回也屡空。赐不受命而货殖焉，亿则屡中。

孔子之所严事：于周则老子；于卫，蘧伯玉；于齐，晏平仲；于楚，老莱子；于郑，子产；于鲁，孟公绰。数称臧文仲、柳下惠、铜鞮伯华、介山子然，孔子皆后之，不并世。……

太史公曰：学者多称七十子之徒，誉者或过其实，毁者或损其真，钧之未睹厥容貌，则论言弟子籍，出孔氏古文近是。

[索隐述赞]教兴阙里，道在耶乡，异能就列，秀士升堂。依仁游艺，合志同方。将师宫尹，俎豆琳琅。惜哉不霸，空臣素王！

被誉为"素王"的孔子，死后为人所纪念。"弟子及鲁人往从冢而家者百有余室，因命曰孔里。鲁世世相传以岁时奉祠孔子冢，而诸儒亦讲礼乡饮大射于孔子冢。"（《史记·孔子世家》）孔子的家庙甚至为帝王所祭祀。据《后汉书·明帝纪》载：东汉明帝永平十五年东巡狩，"三月……幸孔子宅，祠仲尼及七十二弟子"。大约在此时期，孔门弟子也不断受到祭祀，并逐渐影响于民间。郦道元《水经注》卷八引戴延之《西征记》说：焦氏山北金乡山麓有汉司隶校尉鲁峻冢，"冢前有石祠、石庙，四壁皆青石隐起，自书契以来，忠臣、孝子、贞妇、孔子及弟子七十二人形像，像边皆刻石记之，文字分明"。在汉代这是"助人伦，成教化"的一种形式，因此成为画像石刻画的重要内容之一。

在画像石上刻孔门弟子，由于人数太多，又无具体情节，所以构图上很难把握，多是并列成行，一条线地排队；其数量一般只有十人左右，就目前所知，最多者也不过二十四人。至于具体人选，还看不出有什么规定。通常榜题不多，个别出现的多是颜回和子路。他们可能是孔子比较喜欢的弟子之中的两个。颜回比孔子小三十岁，安贫乐道，可惜英年早逝。孔子说："贤哉回也！一箪食，一瓢饮，在陋巷，人不堪其忧，回也不改其乐。""吾与回言终日，不违如愚。退而省其私，亦足以发，回也不愚。""用之则行，舍之则藏，唯我与尔有是夫！"鲁哀公问孔子："弟子孰为好学？"孔子回答说："有颜回者好学，不迁怒，不贰过。"

子路名仲由，比孔子小九岁。志高耿直，性急好勇。平常的打扮也与众不同，所谓"冠雄鸡，佩豭豚"，即在腰上挂着一只小公猪，头上戴着鸡冠帽（或说在帽子上插一根野鸡毛），俨然像是一只好斗的公鸡。有时他还会顶撞孔子，但孔子给他讲礼节，他还是能够认真地接受，所以门人请为弟子。

在《孔子家语》和《史记》中，有孔子与子路的对话：

子路见孔子。子曰："汝何好乐？"对曰："好长剑。"孔子曰："吾非此之问也，徒谓以子之所能，而加之以学问，岂可及乎？"子路曰："学岂益也哉？"孔子曰："夫人君而无谏臣则失正，士而无教友则失听，御狂马不释策，操弓不反檠，木受绳则直，人受谏则圣。受学重问，孰不顺哉？毁仁恶士，必近于刑。君子不可不学。"子路曰："南山有竹，不揉自直。斩而用之，达于犀革。以此言之，何学之有？"孔子曰："括而羽之，镞而砺之，其入之不亦深乎？"子路再拜曰："敬而受教。"（《孔子家语·子路初见》）

子路问："君子尚勇乎？"孔子曰："义之为上。君子好勇而无义则乱，小人好勇而无义则盗。"（《史记·仲尼弟子列传》）

子路为蒲大夫，辞孔子。孔子曰："蒲多壮士，又难治。然吾

语汝：恭以敬，可以执勇；宽以正，可以比众；恭正以静，可以报上。"（《史记·仲尼弟子列传》）

在孔门弟子中，刻画在画像石上的形象，最有个性和最有特色的莫过于子路了。多是两臂撑起，颇带武士的架势；头上戴着鸡冠帽，有的在腰间还挂着一只小公猪，其人物性格可谓活灵活现。

子路
（第9页画面的局部）

孔子问礼
四川新津崖墓石函画像。原函已毁。

# 003　孔子问礼

这个故事与"孔子见老子"是同一件事，但是从画面上看，两者所表现的形式和目的均有很大区别。

在春秋晚期，孔子和老子都已是著名的思想家和学者，并分别成为儒家和道家学派的代表人物。

作为"士"的阶层，老子和孔子的学问虽大，但社会地位并不高。孔子能够有机会到洛阳拜见老子，请教礼数，是由于他的一个贵族学生向鲁昭公建议，赞助他一辆车子和两匹马，还有一个随从的仆人。

事情过去了几百年，汉朝时"罢黜百家，独尊儒术"，儒家大兴。为了宣扬孔子的谦虚好学，画像石上出现了不少的"孔子见老子"的图画，并且铺张其场面，孔子带着成群的学生前往洛阳，最多者达二三十人；老子也到郊外迎接，并且派人清扫了所走的道路。为了突出孔子，在孔子与老子之间，还夹立着一个七岁的孩子，手推着一个玩具鸠车，便是孔子自认为师的项橐。

与以上这种场面不同的，还有一种"问礼"画面。

在四川新津崖墓出土的石函上，侧面刻有历史故事，其一侧面共刻七人，分别表现三个故事，中间三人为"孔子问礼"。高文《四川汉代画像石》介绍说："孔子问礼的故事，有榜书三：曰：'□子'，曰'孔子'，曰'老子'。以射阳石门第一层来比较，可知第一榜不清楚的字是'弟'。孔子左向执贽，老子右向相迎。孔子之后手捧简册的是弟子。顺序也完全和射阳画像相同。"（图见第12页）

# 004　击磬于卫

孔子的学说以"仁"为核心。子曰：仁者"爱人"，"唯仁者能好人，能恶人"，"能行五者于天下，为仁矣"。曰："恭、宽、信、敏、惠。"他认为要成为一个仁人君子须从学诗开始，提出"兴于诗，立于礼，成于乐"（《论语·泰伯》）。把音乐当作一种修养，以达到理想的精神境界。所谓"乐教"，就是用音乐进行教化。音乐是心之声。尹文子说："钟鼓之声，怒而击之则武，忧而击之则悲，喜而击之则乐。其意变，其声亦变。意诚，感之达于金石，而况于人乎？"（《北堂书钞》卷一○八）

孔子周游列国，在卫国时，有一天击磬，被一个过路的隐士（荷蒉者）听到了，好像听到了孔子的心声，便发表了一通议论。这故事记于《论语·宪问》：

子击磬于卫。有荷蒉而过孔氏之门者，曰："有心哉！击磬

击磬于卫
山东嘉祥县出土。

乎！"既而曰："鄙哉！硁硁乎！莫己知也，斯已而已矣。深则厉，浅则揭。"子曰："果哉，末之难矣。"

古代的乐器种类不多，磬是用玉、石制成的一种乐器。"硁硁"（kēng）是击磬时发出的声音，坚确有力，也有些浅薄固执。《史记·乐书》说："石声硁，硁以立别，别以致死。君子听磬声则思死封疆之臣。"《论语·子路》曰："言必信，行必果。硁硁然，小人哉！"汉桓宽《盐铁论·论儒》曰："故小枉大直，君子为之。今硁硁然守一道……不足称也。"

孔子在击磬时的心情，可能是太急切了。这段文字被钱穆先生译成了白话，说："先生在卫国，一日正击磬。一人担着草器，在门外过。他说：'有心啊！这磬声呀！'过了一会儿又说：'鄙极了，这样的硁硁然（意志坚确），没人知得你，便只为你一己也罢了。水深，履石而渡。水浅，揭裳而过。'（哪有定准呀！）先生说：'这人太果决了，我没有话可驳难他。'"（《论语新解》）

然而孔子是位有远大抱负的思想家，不是一个隐士。隐士可以不管人世间事，只要自己过得去就行了，但孔子不能如此，所以他说"末之难矣"。

山东嘉祥出土的画像石中刻画了这一画面，原石是在清代同治年间单独发现的。左端已残破，残高615厘米，宽53厘米，为私人所藏并已流散国外。画分两层，均为历史故事。上层较大，刻《击磬于卫》图，原题"孔子和何馈（荷蒉者）"。画面是一座两柱房屋，屋里有一木架，即叫作"筍虡"的东西，上面挂着一套编磬。孔子跪坐在磬架之右，手里拿着击磬的棍棒。在他背的上方有榜题"孔子"。磬架之后有二人端坐，可能是聆听的弟子；磬架之前有二人跪拜，可能是来访者。在房外左右各有一人，当是侍从人员。屋顶的左边有一只猴子，右边有一只猫头鹰。这两个动物一般说与本事无关，或许是说明时间是在夜晚。这是雕刻艺人在创作中所发挥的趣味，在汉代画像石中是常有的。值得注意的是，在房屋的左边有一个身躯高大的人，双手捧钵，头部正面对房内。这就是"何馈（荷蒉）"。有榜题曰："何（荷）馈（蒉）杖（丈）人，养性守真，子路从后，问见夫子，□以勤体，杀鸡为粟，仲由成立，无词以语。"

看此榜题，与画面内容关系不大。原来是雕刻者把"荷蒉者"当成"荷蓧丈人"了。这是另一个故事。《论语·微子》："子路从而后，遇丈人，以杖荷蓧。子路问曰：'子见夫子乎？'丈人曰：'四体不勤，五谷不分，孰为夫子？'执其杖而芸。子路拱而立。止子路宿，杀鸡为粟而食之，见其二子焉。明日，子路行以告。子曰：'隐者也。'使子路反见之。至则行矣。"

两个故事各异，但有着同一个目的，说明了政治主张与劳动大众的关系是不能分离的。

## 005　孔子问师

　　据考证，战国时的列子实有其人，但今本之《列子》却是一部伪托之书。《汉书·艺文志》著录《列子》八篇，列入道家。现在的版本是魏晋时人的托名伪作，晋张湛序，自称是西晋末根据各种版本集录而成。其中有不少是先秦的资料。在《列子·汤问》中，有一段孔子"观小儿辩"的故事：

　　孔子东游，见两小儿辩斗。问其故。一儿曰："我以日始出时去人近，而日中时远也。一儿以日初出远，而日中时近也。"一儿曰："日初出大如车盖，及日中，则如盘盂，此不为远者小而近者大乎？"一儿曰："日初出沧沧凉凉，及其日中如探汤，此不为近者热而远者凉乎？"孔子不能决也。两小儿笑曰："孰为汝多知乎？"

　　南朝梁元帝（萧绎）所撰的《金楼子·立言上》中，也载有这个故事，文字大同小异，最后说"孔子亦不知日中天而小，落扶桑而大"。

　　这是一个很有趣的科学问题，确实应该得出合理的解释。在现在看来，有些现象已经是不难解释的。如早晚看到的太阳比中午大，是由于人们的错觉；中午的阳光比早晚热些，是因为中午阳光直射，阳光在大气层里走过的路程较短，热量也被吸收得少了。自然科学家根据天文学、气象学知识和地球的自转、公转以及我们在地球的位置等，完全可以测算出这种变化。古时候有些注释家以为"圣人之生，所贵明道"，所谓"六合之外，圣人存而不论"，因此对两个儿童的辩论不感兴趣，认为没有意义。实际上是曲解了孔子，孔子谦虚好学，非常开明。当年的孔子虽然不能解释这类问题，却说明他的兴趣很广，并且甘拜孩子为师。传说孔子就有一个七岁的老师，叫项橐（或作项托、项陀）：

《史记·樗里子甘茂传》:"项橐生七岁,为孔子师。"

《战国策·秦策五》:"甘罗曰:夫项橐生七岁而为孔子师。"

《淮南子·修务训》:"夫项托七岁为孔子师,孔子有以听其言也。"

《新序·杂事五》:"秦项橐七岁为圣人师。"

《淮南子·说林训》高诱注:"项托年七岁,穷难孔子,而为之作师。"

《论衡·实知篇》:"夫项托年七岁教孔子。"

这是一个思想家和学者的基本精神所在。所谓"每事问",就是了解现实,了解情况,进一步思考问题。樊迟请教如何种田,孔子说"吾不如老农"。孔子认为"三人行,必有我师",可以择善而从,不善而改。这里也包括了解儿童,向孩子请教。

汉代画像石中的《孔子问师》图,主要是画孔子俯身同项橐谈话。在孔子见老子的场面中,有的也把项橐画在中间,仰着头与孔子对话,还举起一只手,仿佛在发表什么高见。然而他毕竟是个七岁的孩子,画面中最大的特征是手里拿着一个可推转的玩具。

孔子问师
原图刻于山东嘉祥县武氏墓群的石阙上(西阙阙身北面,武氏石阙铭之上)。

孔子问师　江苏邳州庞口村出土，为祠堂的左壁。画面分两层，此为下层。

童子诘孔
河南郑州地区出土画像砖。

# 006　童子诘孔

　　我们人类居住在地球上，长期以来，对不少自然现象不能进行科学的解释，反而形成错觉，直到现在，人们在行文、谈话等方面，还是习以为常。如：

　　天圆地方。

　　一轮红日清晨从东方天边升起，傍晚日落西山。

　　这些话，谁都能够理解，但又是不正确的。因为现代科学告诉我们，地球是一颗巨大的扁圆形行星，它自身在转动，同时也在围着太阳转，太阳是不动的，它与地球的平均距离约 14 959 万千米。在古代，人们无法获得这些知识，只是有人好像觉察到一些相关的问题。

　　前述"孔子问师"，亦即"孔子问童子"。既表现了孔子的谦虚好学，也说明了儿童的好奇多问，那个关于"早晨的太阳离我们近，还是中午的太阳离我们近"的问题，竟然难住了这位圣人，不能解答。

　　一个人不可能是万能的。《论语》记孔子曰："知之为知之，不知为不知，是知也。"（为政篇）"樊迟请学稼，子曰：'吾不如老农。'"（子路篇）说明孔子对事物的态度和诚实做人。现代将学问分作社会科学与自然科学。孔子是个思想家，并非种田人，是非常明显的。

　　这里所选的一幅画像（见第 19 页），是模印在砖上的。作为一个装饰单位，可与其他印模连续印出，原题仍作"孔子问童子"。从画面看，左边是二人对谈，上面是初升的太阳，右边是日落于树后。对于两个人物的造型，一老一小，寥寥几笔，简洁意象而不失其真，仿佛童子正在诘问孔子，所以我们用了现在的标题。

# 007    黄帝乘龙升天

　　早在远古时代，还没有文字，历史只能用口传。口传的历史，难免要夹杂进一些个人的见解，包括那些后来发展成神话的东西。在中国古人的心目中，人与神是可以沟通的，并且可以相互转化。传说中的黄帝也是如此。

　　历史传说中最早的帝王是"三皇""五帝"。所谓三皇，有的说是天皇、地皇、人皇，有的说是伏羲、女娲、神农，也有的说是燧人、伏羲、神农等，说法不一，而且都是半神半人，连形象也是很古怪。待到原始社会末期，部落间相互兼并和联盟，出现了所谓五帝，即五方之帝，但说法也不一致。有的说是黄帝、颛顼、帝喾、唐尧、虞舜，有的说是太皞（伏羲）、炎帝（神农）、黄帝、少皞、颛顼，还有的说是少昊（皞）、颛顼、高辛（帝喾）、唐尧、虞舜。有的帝王也在画像石中得到反映。

　　黄帝是古代传说中统一中国的最早的一个帝王。因生于寿丘，长于姬水，故姓"姬"；居于轩辕之丘，故号"轩辕氏"；因有土德之瑞，故称"黄帝"。黄帝经历过两次重大的战争：一次是炎帝扰乱各部落，他得到各部落的拥戴，在阪泉（今河北涿鹿东南）打败了炎帝；另一次是后来蚩尤扰乱，他又率领各部落在涿鹿击杀蚩尤。从此他由一个部落的首领被拥戴为部落联盟的首领。

　　传说黄帝有很多发明创造，涉及衣裳、舟车、音律、医学等各方面。由于治理有方，功高于世，便采铜铸鼎，以鼎为国之重器，权力的象征。所谓宝鼎可与神通，"上封则能仙登天"。

　　《史记·封禅书》中记有一个黄帝升天的故事：

　　黄帝采首山铜，铸鼎于荆山下。鼎既成，有龙垂胡髯下迎黄帝。黄帝上骑，群臣后宫从上者七十余人，龙乃上去。余小臣不得上，乃悉持龙髯，龙髯拔，堕，堕黄帝之弓。百姓仰望黄帝既上天，乃抱其弓与胡髯号，故后世因名其处曰鼎湖，其弓曰乌号。

汉画像石中的黄帝，有两种不同的形象。一种是表现帝王之尊，如嘉祥武氏祠画像将其排列在传说的历代帝王之中，头冠冕旒，身着长袍，即所谓"垂衣裳而治天下"，这是后来的礼制规定。左边隔栏有榜题曰："黄帝多所改作，造兵，井田，垂衣裳，立宫宅。"另一种是近于神化了的，如徐州苗山汉墓画像石将其置于原始状态之中，因为黄帝又称"有熊氏"，所以在造型上便带着某些动物的特点：身躯魁梧，双脚如爪，背上长着翅膀，甚至能呼风唤雨。在他的身边有一匹神马，那是传说中的"飞黄"。飞黄也称"乘黄""訾黄"。汉武帝有《郊祀歌》十九章，其中第九章为《日出入》，感叹日月出入无穷，而人的寿命太短，愿乘神龙升天，可是訾黄为何不来？歌曰：

日出入安穷？时世不与人同。故春非我春，夏非我夏，秋非我秋，冬非我冬。泊如四海之池，遍观是邪谓何？吾知所乐，独乐六龙，六龙之调，使我心若。訾黄其何不徕下！（《汉书·礼乐志》）

应劭注曰："訾黄，一名乘黄，龙翼而马身，黄帝乘之而仙。武帝意欲得之，曰：'何不来邪？'"在古人的心目中，升天可成仙，一切人间的烦恼和忧愁都化解了，可谓是最高的待遇和享受。但是怎样才能升天呢？最大的困难是乘载工具。龙虽理想，但它是一种虚构的祥瑞，谁也没有见过，更谈不上乘龙。在当时，唯一现实的就是骑马。于是将马神化，使之成为如龙之马。所谓"飞黄腾达"的典故，形容神马飞驰，便是由此而产生。

苗山汉墓画像石的《黄帝升仙》图原是在墓室门侧的石刻，相对应的另一幅是《神农采药》图。神农就是炎帝。我们现在的中国人，大都认为是炎黄子孙，可是他们两位在当时是势不两立的，曾经相互交恶过。可见汉朝人的气度是很宽容的。在这两块画面对称的石刻上，还刻了日月和大象、神牛，虽然没有直接的关联，却也反映出他们所处的时代特点及与大自然的和谐关系。

黄帝

山东嘉祥县武梁祠西壁画像。在第二层之传说帝王行列中。原石已模糊，此为《金石索》木刻摹本。

黄帝升仙

江苏徐州苗山汉墓出土。原为墓室之前室门东石刻。

神农采药
江苏徐州苗山汉墓出土。原为墓室之前室门西石刻。

# 008　炎帝神农采药

　　传说中的五帝时代，五帝据五方，南方炎热，故称"炎帝"。炎帝是上古姜姓部族的首领，号烈山氏，又作厉山氏。原居姜水流域，后来发展到中原地区。曾与黄帝大战于阪泉，被打败。在古代的神话传说中，炎帝与神农本是不同的神，大约在秦汉之际才融为一体，成为传说中的农业创始者和医药创始者。

　　可能与农业有关，神话中的炎帝神农竟是人身牛首：

　　炎帝者，太阳也。（《白虎通·五行》）

　　南方火也，其帝炎帝，其佐朱明，执衡而治夏。（《淮南子·天文训》）

　　炎帝神农氏……人身牛首。（《绎史》卷四引《帝王世纪》）

　　神农既诞，九井自穿，谓斯水也。又言汲一井则众水动。（《水经注·漻水》）

　　神农之时，天雨粟，神农遂耕而种之，作陶冶斤斧，为耒耜锄耨，以垦草莽，然后五谷兴助，百果藏实。（《绎史》卷四引《周书》）

　　神农以赭鞭鞭百草，尽知其平毒寒温之性，臭味所主，以播百谷，故天下号神农也。（《搜神记》卷一）

　　太原神釜冈中，有神农尝药之鼎存焉。成阳山中，有神农鞭药处，一名神农原，药草山。山上紫阳观，世传神农于此辨百药，中有千年龙脑。（《述异记》卷下）

　　（神农）尝百草之滋味……一日而遇七十毒。（《淮南子·修务训》）

　　在人类生活中，粮食是维持生命的，医药是拯救生命的，两者的重要性自不待言，而作为传说中的创始者，神农氏一直受到人们的尊敬。到了汉代，农业已经很发达，"男耕女织"的生活与生产方式早已形成，画像石中表现耕种和纺织的画面也很多，这本身就是一种教化和宣传。人们自然不会忘记神农。在画像石中，作为帝王的神农并没有身着冕服，而是手持耒耜正在翻地。嘉祥武梁祠的画像便是如此，左边隔栏上的榜题是："神农氏因宜教田，辟土种谷，以振万民。"徐州苗山汉墓出土的《神农采药》图（见第25页）是一件水平很高的作品。它与《黄帝升仙》图相对称，不论在造型上还是在构图上都能看出艺术的成熟。他的装束可能是汉代农民的打扮，头戴竹笠，身披蓑衣，手持耒耜；牵着一只形似孔雀的凤凰。凤凰是识百草的。下边是一头有翼的神牛。凤凰足践草，神牛口衔草，都说明他们是在采药。至于右上角的月亮和月亮上的玉兔和蟾蜍，与另一块刻石中的太阳相对应，似乎与采药关系不大。

神农
山东嘉祥县武梁祠西壁画像。此为《金石索》木刻摹本。

# 009　仓颉创文字

　　若问是谁创造了汉字？古书上说是仓颉。仓颉或作"苍颉"。传说他是黄帝的一个史官。如果把造字者理解为一个具体的人，可能是错误的，但若把他看作一个代表，一种象征，也就是以某一人名代表某一事物的起源，则可能会接近事实，因为汉文是一种历史的集体创造，它是由象形文字发展演变过来的。

　　苍颉四目，为黄帝史。（《论衡·骨相篇》）

　　苍颉作书而天雨粟，鬼夜哭。（《淮南子·本经训》）

　　仓帝史皇氏名颉，姓侯冈，龙颜侈哆，四目灵光，实有睿德，生而能书。及受河图录字，于是穷天地之变，仰观奎星圆曲之势，俯察龟文、鸟羽、山川、指掌，而创文字，天为雨粟，鬼为夜哭，龙乃潜藏。（《春秋元命苞》）

　　古者，苍颉之作书也，自环者谓之私，背私谓之公。公私之相背也，乃苍颉固以知之矣。（《韩非子·五蠹》）

　　令人费解的是，为什么创造了文字会使得"天雨粟，鬼夜哭"呢？可见在未普及之前，文字只掌握在少数人的手里，会遇到一些问题。《淮南子》高诱注曰："苍颉始视鸟迹之文，造书契，则诈伪萌生。诈伪萌生则去本趋末，弃耕作之业而务锥刀之利。[①]天知其将饿，故为雨粟。鬼恐为书文所劾，故夜哭也。"这是汉代人的一种看法，是一种假设，更不会是指仓颉一个人。"龙乃潜藏"是说如果文字助长了"诈伪萌生"，上古所承传下来的"德"就衰败了，而龙是在至德之世出现的祥瑞，只好无奈地藏起来。这种议论反映了当时的一种保守思想。

　　1954年山东沂南县北寨村出土的画像石中，有一个画面刻着两人在树下对坐，从动作看正在讨论着什么。左边的一个榜

[①] 在未发明造纸之前，古代文字是用刀锥刻在龟甲兽骨或竹简上的，所以叫"务锥刀之利"。

① 见曾昭燏等：《沂南古画像石墓发掘报告》，文化部文物管理局，1956年。

题为"苍颉"，右边的一个有榜无字。那么，右边的一个人是谁呢？曾昭燏等先生根据《晋书》认为应是沮诵。① 《晋书·卫恒传》载卫恒《四体书势》说："昔在黄帝，创制造物。有沮诵、仓颉者，始作书契，以代结绳，盖睹鸟迹以兴思也。"沮诵也是黄帝的史臣，而且是同仓颉一起研究创造文字的，如说他们在一起讨论，当是顺理成章。问题在于，画面上的无刻名者拿着一棵分叉的植物，可是文献中说他们多观察的是鸟兽，而不是植物。这就令人怀疑，会不会是沮诵？联系到四川新津崖墓画像石的《神农与苍颉》图，构图非常相似。所以，我们判断他应是神农，而不是沮诵。

苍颉与神农
山东沂南县北寨村汉墓出土。墓室之中室南壁东段。画面原分上下两个故事，周围有装饰花纹作边。此为上格的画面（下格为尧舜故事），两人在树下对谈，左边的榜题刻"苍颉"；右边的无字，据手中所持植物当是神农。

那么，又是为什么将神农和仓颉联系在一起呢？可以说，这是对发明创造者的宣扬。他们都是具有代表性的。一个是采集药用植物以治病，一个是观察鸟兽轨迹以造字，都是面向大自然的获取，又都对人们有好处，只是形式和方法不同而已。

**神农与苍颉**
与"孔子问礼"同为四川新津崖墓出土石函侧面的一部分。神农拄杖，一手以物纳口，作尝百草之状；苍颉手执一三歧之物。二人连举，颇有意味。

## 010　颛顼高阳氏

颛顼（zhuān xū）是传说中的远古部族首领，称"古帝"，号高阳氏。相传他出生十年即佐少皞（hào）。少皞即少昊，为黄帝之子，也是部落首领。颛顼十二年而冠，二十年而登帝位，为"五帝"之一。在位七十八年而崩。《史记·五帝本纪》说："帝颛顼高阳者，黄帝之孙而昌意之子也。静渊以有谋，疏通而知事；养材以任地，载时（言行四时）以象天，依鬼神以制义，治气以教化，洁诚以祭祀。……动静之物（鸟兽与草木之类），大小之神（五岳四渎与丘陵坟衍），日月所照，莫不砥属（四远皆平，莫不服属）。"

传说颛顼曾参加炎帝与黄帝的联盟，重视农业生产，实行人与神分职，反映了原始宗教向神权的过渡。在汉代武梁祠的古帝王画像石中，颛顼像的边框上刻有榜题，曰："帝颛顼高阳者，黄帝之孙而昌意之子。"与《史记》同。

**颛顼高阳氏**

原石在山东嘉祥县武梁祠，剥蚀较重。此为《金石索》木刻摹本。

# 011　帝俈高辛氏

帝俈（kù）即帝喾，传说中的"古帝"，号高辛氏。《史记·五帝本纪》说："帝喾高辛者，黄帝之曾孙也。高辛父曰蛴极，蛴极父曰玄嚣，玄嚣父曰黄帝。自玄嚣与蛴极皆不得在位，至高辛即帝位。高辛于颛顼为族子。高辛生而神灵，自言其名。普施利物，不于其身。聪以知远，明以察微。顺天之义，知民之急。仁而威，惠而信，修身而天下服。取地之财而节用之，抚教万民而利诲之，历日月而迎送之，明鬼神而敬事之。其色郁郁，其德嶷嶷。其动也时，其服也士。帝喾溉执中而遍天下，日月所照，风雨所至，莫不从服。"

传说帝俈为古代部族首领，曾参加炎帝与黄帝的联盟，并善于观天时、察地气，因时节与地气之变，发展农业生产。他有四妻四子：姜嫄生弃，为周族的祖先；简狄生契，为商族的祖先；庆都生尧，为陶唐氏部落首长；常仪生挚，亦为部落首长。

汉代武梁祠石刻画像的古帝王中有帝俈像，榜题曰："帝俈高辛者，黄帝之曾孙也。"

帝俈高辛氏
原石在山东嘉祥县武梁祠，剥蚀较重。此为《金石索》木刻摹本。

# 012　暴君夏桀

① 范文澜:《中国通史》第一
册, 人民出版社, 1994年。

传说中的夏桀是位暴君, 也是夏代的
最后一位君主。在中国历史上夏桀与殷纣
王并称"桀纣", 是古时暴君的典型。《史
记》称"夏桀为虐政淫荒", "不务德而武
伤百姓, 百姓弗堪"。范文澜说:"夏桀居洛
阳, 是夏朝最后的一个暴君。夏民指着太
阳咒骂他:'你几时灭亡, 我情愿跟着你一
起灭亡!'"① 有一个成语叫作"桀犬吠尧",
是说尧为古代传说中的圣君, 是最好的人;
为了效劳主子, 连坏人的狗也咬好人。

嘉祥武梁祠画像石中的远古帝王, 一
行十人, 从伏羲至夏禹, 九人皆为圣者,
唯独最后的夏桀是个昏君。他手中执戈,
乘坐在两个伏地的女子身上, 这就是所谓
的"人辇"。

在汉代画像石中, 这是一个少见的例
子, 而且还是同那些创造了伟业的古代帝
王在一起。所谓恶以诫世, 善以示后, 大
约带有垂训之意。

**夏桀**
山东嘉祥县武梁祠西壁画像, 在
十个古代帝王的最后 (右边)。此
为《金石索》木刻摹本。

# 013　蚩尤五兵

在神话传说的原始时代，"五帝"居五方，其中黄帝居中原。南方本是炎帝的领地，但是他在经历了与黄帝的"阪泉之战"失败后，大大伤了元气，后来被蚩尤所取代。蚩尤曾是黄帝的一个臣，并且精于青铜冶炼。如果在那时就有了金属的话，可说是最先进的技术了。

远古的历史是传说在前，文献在后。现在的人读古代的书，有些描述不知是神话还是事实，对于一个人，往往是越传越玄。在蚩尤还是黄帝臣的时候，不但"明于天道"，也看不出有什么古怪之处：

昔者黄帝合鬼神于泰山之上，驾象车而六蛟龙，毕方（神鸟如鹤）并辖，蚩尤居前（开路），风伯进扫，雨师洒道。(《韩非子·十过》)

昔者黄帝得蚩尤而明于天道……故使为当时。(《管子·五行》)

黄帝……修教十年，而葛卢之山发而出水，金从之，蚩尤受而制之，以为剑、铠、矛、戟，是岁相兼者诸侯九。雍狐山发而出水，金从之，蚩尤受而制之，以为雍狐之戟、芮戈，是岁，相兼者诸侯十二。(《管子·地数》)

蚩尤是九黎族的首领，有兄弟八十一人。这个数字可能意味着小部落的联盟。正因为他具有这股势力，再加上有冶金铸兵器的优势，便在涿鹿向黄帝发动了一场大战。他们呼风唤雨，犹如神仙间的斗法；最终蚩尤战败被杀，身首异处。毕竟是讲故事，人也变得古怪起来了。

黄帝摄政前，有蚩尤，兄弟八十一人，并兽身人语，铜头铁额，食沙石子，造立兵杖、刀戟、大弩，威震天下，诛杀无道，

不仁不慈。万民欲令黄帝行天子事，黄帝仁义，不能禁止蚩尤，遂不敌。（《太平御览》卷七九引《龙鱼河图》）

黄帝与蚩尤战于涿鹿之野，蚩尤作大雾，弥三日，军人皆惑。黄帝乃令风后法斗机作指南车，以别四方，遂擒蚩尤。（《太平御览》卷一五引《志林新书》）

蚩尤率魑魅与黄帝战于涿鹿，帝令吹角作龙吟以御之。（《通典·乐典》）

蚩尤作兵（兵器）伐黄帝，黄帝乃令应龙攻之冀州之野。应龙畜水，蚩尤请风伯雨师，纵（放纵）大风雨。黄帝乃下天女曰魃，雨止，逐杀蚩尤。（《山海经·大荒北经》）

蚩尤铜头啖石，飞空走险。（黄帝）以夔牛皮为鼓，九击而止之，尤不能飞走，遂杀之。（吴任臣《山海经广注》引《广成子传》）

黄帝与蚩尤九战九不胜。黄帝归于太山，三日三夜，雾冥。有一妇人，人首鸟形，黄帝稽首再拜，伏不敢起。妇人曰："吾玄女也，子欲何问？"黄帝曰："小子欲万战万胜。"遂得战法焉。（《太平御览》卷一五引《黄帝玄女战法》）

（黄帝）传战执尤，于中冀而殊之，爰谓之"解"。（《路史·后纪四·蚩尤传》）解州盐泽，方百二十里。久雨，四山之水悉注其中，未尝溢；大旱未尝涸。卤色正赤，在版泉之下，俚俗谓之"蚩尤血"。（《梦溪笔谈》）

蚩尤冢，在东平郡寿张县阚乡城中，高七丈，民常十月祀之。有赤气出宣，如匹绛帛，民名为"蚩尤旗"。肩髀冢，在山阳郡钜鹿县重聚，大小与阚冢等。传言黄帝与蚩尤战于涿鹿之野，黄帝杀之，身体异处，故别葬之。（孙冯翼辑《皇览·冢墓记》）

这些传说，带有神话的色彩。从表面看，黄帝与蚩尤的战争以蚩尤的失败而告终，"涿鹿大战"就此谢幕了。然而并非如此，从"蚩尤血""蚩尤旗"到后来的"蚩尤戏""蚩尤祠"，人们并没有忘记这位勇猛善战的武士。《述异记》卷上："秦汉间说，蚩尤氏耳鬓如剑戟，头有角，与轩辕斗，以角抵人，人不能向。今冀州有乐，名'蚩尤戏'，其民两两三三，头戴牛角而相抵。汉造角抵戏，盖其遗制也。"头上长角虽然是想象的，却也是出于对他的纪念，并尊他为"兵神"（战神）。《史记·封禅书》："始皇遂东游海上，行礼祠名山大川及八神……三曰兵主，祠蚩尤。蚩尤在东平陆监乡，齐之西境也。"《史记·高祖本纪》："乃立（刘）季为沛公。祠黄帝，祭蚩尤于沛庭，而衅鼓旗，帜皆赤。由所杀蛇白帝子，杀者赤帝子，故上赤。"由此看来，在秦汉之时，蚩尤已受到秦皇汉祖的祭祀。传说中蚩尤败于黄帝，是在智谋上而不是在力量上，在力量上蚩尤是很强的。

蚩尤五兵
山东沂南县北寨村汉墓出土。

蚩尤五兵
山东嘉祥县武氏祠画像。

　　汉代画像石中，刻画有一种半人半兽的形象，非常魁梧，手上、脚上甚至头上都是兵器，诸如矛、戟、弓、剑、戈，即所谓"五兵"者，有的还在两腿的裆间挂着盾牌。山东沂南画像和嘉祥武氏祠画像中都有发现。由于形象奇异，论者多以为怪。但若仔细观察，那些兵器并非长在他的身上，而是同时使用五种兵器，以表示其高深的武功和超人之处。这正是传说中蚩尤的特征。《吕氏春秋·荡兵》说："人曰'蚩尤作兵'，蚩尤非作兵也，利其械矣。未有蚩尤之时，民固剥林木以战矣。"所谓"作兵"，就是创造兵器，不是创造竹木的兵器，而是创造金属的兵器。（实际上，那时候还不会有青铜兵器产生，所有文字和图画全系后人的解释）然而，说蚩尤"利其械"是很准确的。正因为他最善于运用兵器，才赢得了"兵神"的荣誉。

## 014　尧禅舜让

　　中国封建社会，皇位延续所采取的方式，是父传子的世袭制，即皇帝死了由儿子接替做皇帝。虽说是"非至公无以王天下，非博爱无以临四海"，可是后来的继承者怎么必然会十全十美呢？况且皇帝往往并非只有一个儿子，即使慎重选择，也很难保证所传得人。更严重的是，皇帝死后，他的儿子们和兄弟们都想坐在龙墩上号令天下，于是明争暗斗，祸起萧墙。说到底，是对权力和财富的争夺。

　　但是在封建社会之前曾有过禅让制，即由各部落推选出部落联盟的领袖，史称"禅让"。相传尧为部落联盟领袖时，四岳推举舜为继承人，尧对舜进行了多年的考察，先是让他帮助处理公务；尧死后，由舜继位。舜用同样的方式考察禹，让他去治水；舜死

尧舜禅让
山东沂南县北寨村汉墓出土。

039

① 范文澜:《中国通史简编》
修订本第一编，人民出版社，
1964年。

后，由禹继位。禹继位后又推举了皋陶为继承人，皋陶早死，又以伯益为继承人。这就是所谓的"尧禅舜让，唯德是与"。然而在禹死后，禹的儿子启夺了伯益的位而自立。禅让制度也就废弃了。

范文澜说："《尚书》有《尧典》等篇，叙述尧、舜、禹'禅让'的故事。春秋战国时人，尤其是儒墨两大学派，都推崇取法这三个古帝。"①山东沂南画像石中的《尧舜禅让》图，以他们所戴的冕旒为标志（武梁祠的五帝像也是如此），似乎正在讨论国家大事，从表情举止看，已注意人物性格的刻画。

# 015　周公辅成王

中国古代推崇"文武之道"。这个"文武"有两种含义，一是有文有武和文武并用，另一个是指西周时代的周文王和周武王。《礼记·中庸》说："仲尼祖述尧舜，宪章文武。"还有一个很重要的人物，就是被称为"周情孔思"，与孔子的思想感情连在一起的——周公。

周公是周文王之子、周武王之弟。姓姬名旦，历史上也称他"周公旦"，因采邑在周（今陕西岐山北），故称"周"，"公"是因他被封为鲁国的"鲁公"。《史记·鲁周公世家》：

> 周公旦者，周武王弟也。自文王在时，旦为子孝，笃仁，异于群子。及武王即位，旦常辅翼武王，用事居多。……封周公旦于少昊之虚曲阜，是为鲁公。周公不就封，留佐武王。

> 其后武王既崩（死），成王少，在强葆（襁褓）之中。周公恐天下闻武王崩而畔（叛），周公乃践阼（堂前东阶，表示主位）代成王摄行政当国。

周公的一生，先是助武王灭商，立下了大功劳。武王死后，成王年幼，又代成王摄政。按照周初的宗法制度，只有王的嫡长子才能继王位。当时成王年纪太小，周公是他的亲叔叔，但辅政也是很不容易的。首先是周公的兄弟如管叔、蔡叔、霍叔等人不服，便联合殷人的后代武庚和东方的夷族起来作乱。周公出师征讨，平定反叛，大规模地分封诸侯，并营建洛邑（今河南洛阳）作为东都。在《尚书》中保存着周公的许多言论。相传他制作礼乐，建立典章制度，在政治上主张"明德慎罚"。孔子说："甚矣，吾衰也！久矣吾不复梦见周公。"（《论语·述而》）看来，孔子是常常在梦中见到周公的。

周公辅成王　山东沂南县北寨村汉墓出土。墓室之中室北壁正中的一段。画面分上下两格：上格为本图，下格刻两人，当是史官。两格之外的四边，均绕以复杂的花边。画面人物有榜无字，但这幅《周公辅成王》图却一看便知。人物只有周公和成王，在所有的同类题材中，这是人物最少也是刻画最精的一幅，其中的成王，还带有童稚的特点。

周公辅成王　山东嘉祥县宋山村出土。画面分上下四层：第一层为西王母，第二层即本图，第三层刻历史故事（晋献公骊姬），第四层刻车马图。

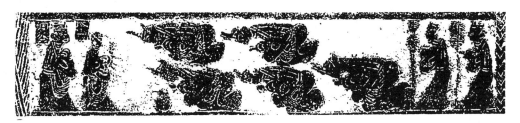

周公辅成王　江苏邳州庞口村出土。画面右边是一高大的门阙；左边分五层，中间一层即本图，之上两层为尊者和拜见者，之下两层为庖厨图。

周公辅成王　山东嘉祥县蔡氏园出土。画面分两层：上层即本图，下层刻庖厨图。

三幅图相比较，不论在构图上还是在雕刻的技巧手法上，都有明显的区别，风格多样，主题也较为突出，说明了艺术的进步。

可能由于周公是鲁国始封之君的缘故，在山东地区出土的画像石中，表现"周公辅成王"的题材特别多。说明直到东汉时期，这仍是人们喜欢称颂的历史话题。从艺术的角度看，画面情节和人物都不复杂，最少的只有两人或三人，即成王和周公，再加一个持伞者；人物较多的则有侍从人员或晋见者。画面的特点是成王矮小，双手下垂，旁边有人为他打着一把曲柄伞。这种曲柄伞也叫"曲盖"，是华盖的一种，属于仪仗之类。帝王或贵官所用的华盖，有的大而豪华，所谓"金瑵羽葆"，以表示高贵和尊严。

周公辅成王

山东嘉祥县纸坊镇敬老院出土。画面分上中下三格：上格刻九头人面神兽，下格刻一武士正在从剑鞘中抽剑，另有四枝长戟斜竖在墙上。本图为中间一格。有榜题：中为"成王"，左为"周公"，右为"召公"。召公系周文王之庶子，成王时为三公，与周公分陕而治，为二伯，故又称"召伯"。

## 016　信陵君窃符救赵

这是一个关于魏国公子信陵君的故事。

信陵君即魏无忌。战国时魏国的贵族，"信陵君"是封号。他是魏昭王之子、魏安厘王同父异母之弟。《史记·魏公子传》曰："公子为人仁而下士，士无贤不肖皆谦而礼交之，不敢以其富贵骄士。士以此方数千里争往归之，致食客三千人。当是时，诸侯以公子贤，多客，不敢加兵谋魏十余年。"

战国时秦国成为"七雄"之一，先后兼并了许多国家。魏安厘王二十年（前257），秦兵围困了赵国。赵国力薄，屡请魏国支援。魏国派了将军晋鄙领兵救赵。但晋鄙怕秦兵势强，对自己不利，便按兵不动。怎么办呢？信陵君的食客中有一位隐士曰侯嬴，年已七十，帮助信陵君定计，设法从宫中窃出调兵的虎符，夺取晋鄙的兵权。当窃得虎符至邺城（在今河北临漳县西）合符时，被晋鄙看出了破绽。眼看计谋破灭，无法实行。

此图表现的正是合符遇到怀疑之时。在画面中，信陵君跽坐在地上，摊开双手，表现出为难的样子。

信陵君窃符救赵　1981年陕西绥德县出土（原石左段）。

## 017　屠夫朱亥椎击将军

信陵君窃符救赵，定计夺取将军晋鄙的兵权，被看出了破绽。这危机原也是意料之中的。《史记·魏公子传》曰："至邺，矫（假托）魏王令代晋鄙。晋鄙合符，疑之，举手视公子曰：'今吾拥十万之众，屯于境上，国之重任，今单车来代之，何如哉？'欲无听。朱亥袖四十斤铁椎，椎杀晋鄙，公子遂将（统率）晋鄙军。……得选兵八万人，进兵击秦军。秦军解去，遂救邯郸，存赵。赵王及平原君自迎公子于界，平原君负韊矢（盛箭之器，以示其盛）为公子先引。赵王再拜曰：'自古贤人未有及公子者也。'"

这里，突然出来个"袖四十斤铁椎"的朱亥，椎杀了晋鄙，改变了局面。其实，这些都在隐士侯嬴预料之中。这朱亥是个屠夫。《史记·魏公子传》曰："侯生谓公子曰：'臣所过屠者朱亥，此子贤者，世莫能知，故隐屠间耳。'"在信陵君持虎符前往救赵时，"侯生曰：'将在外，主令有所不受，以便国家。公子即合符，而晋鄙不授公子兵而复请之，事必危矣。臣客屠者朱亥可与俱（同去），此人力士。晋鄙听，大善；不听，可使击之'"。果然，出现了屠夫朱亥椎击将军晋鄙的一幕。

屠夫朱亥椎击将军
1981年陕西绥德县出土（原石右段）。

## 018　柳下惠坐怀不乱

　　《诗经·小雅》中有一首题作《巷伯》的诗，作者是宫廷中被谗言所害而遭阉刑的"寺人"（小官），因满腔怨愤无可发泄，便写了这首诗，并提醒在位者知戒。大经学家毛亨在注释这首诗时说："何不若柳下惠然，妪不逮门之女，国人不称其乱。"由此可见，柳下惠以其人格赢得了世人的信任和尊重，并影响及于后世。

　　柳下惠，春秋时鲁国大夫，姓展禽，字季，封于柳下，谥号"惠"。柳下惠是古代的清高廉洁之士。历史上将柳下惠与伯夷并列，称为"夷惠"。伯夷也是一位高士。孤竹是殷商时的一个诸侯国。孤竹君死后，两个儿子（即伯夷和叔齐）不是争位，而是相互让位。两人先后逃走，躲在首阳山里采薇而食。汉代扬雄在《法言·渊骞》中说："'其为人也，奈何？'曰：'不屈其意，不累其身。'曰：'是夷、惠之徒与？'"张衡在《西京赋》中用了当时的一个时髦的名词——佛教的"桑门"（即沙门，佛僧）做比喻，说："展季桑门，谁能不营？"像柳下惠这样有影响力、有吸引力的人，有谁不想围绕着他而住在一起呢？

　　据说柳下惠以善于讲究贵族礼节而著称。鲁僖公二十六年（前634），齐攻鲁，他曾劝说齐国退兵。在《论语》《荀子》中，对柳下惠是很称颂的。

　　《论语·微子》："柳下惠为士师，三黜。人曰：'子未可以去乎？'曰：'直道而事人，焉往而不三黜？枉道而事人，何必去父母之邦？'"——柳下惠在鲁国当狱官，三次被罢官。欲求不黜，唯有枉道。有人同他说："你为何不到别的国家去呢？"他说："如果按照正道去为君王做事，到哪里可以不被罢官呢？我若能为歪道去做事，又何必离开我的父母之地呢？"

　　《论语·卫灵公》："子曰：'臧文仲，其窃位者与？知柳下

惠之贤，而不与立也。'"——孔子说："臧文仲是一个盗窃官位的人吧！他明知道柳下惠的廉洁，但不举荐他，不与他共立于朝。"

《荀子·大略》："子夏家贫，衣若悬鹑。人曰：'子何不仕？'曰：'诸侯之骄我者，吾不为臣；大夫之骄我者，吾不复见。柳下惠与后门者同衣而不见疑，非一日之闻也。争利如蚤甲，而丧其掌。'"——子夏家里很穷，衣服很破烂，就像挂在身上的鹑鹑，毛斑尾秃，褴褛不堪。有人问他："为何不去做官呢？"他说："如果诸侯简慢于我，我是不会在他面前称臣的；如果大夫对我傲慢，我将再也不见他。你看柳下惠所穿的衣服，同看门的下人一样破烂，也没有人怀疑他，不是司空见惯吗。争夺私利就像得到了爪甲，而失去了手掌。"

孟子称柳下惠是"圣之和者也"，为圣人之道平调顺适的一个类型。《孟子·万章》曰："柳下惠不羞污君，不辞小官。进不隐贤，必以其道。遗佚（隐逸）而不怨，厄（困苦）穷而不悯（哀怜）。与乡人处，由由然不忍去也。尔（你）为尔，我为我，虽袒裼裸裎（裸露）于我侧，尔焉能浼（弄脏）我哉。故闻柳下惠之风者，鄙夫宽，薄夫敦。"

常"与乡人处"的柳下惠，不枉道事人，有自己的原则，只有这种心地坦荡的人，才能"坐怀不乱"。

所谓"坐怀不乱"，是形容一个作风极为正派的君子，为了帮助受害的女性，即使将她抱在怀里，也不会做出越礼的行为。在嘉祥画像石中，表现这一题材的画面，是刻一女子躺在树下，树上的鸟儿正在下视，说明那女子已经无力行动；有一只远去的野兽，又说明是在荒野之中。一个头戴高冠的男子俯身抱那女子，身后挂着的衣物告诉我们，所救的是一个饥寒交迫的人。上有榜题，仅刻"柳惠"二字。画面虽不复杂，但刻画者已能熟练地运用环境衬托所要表达的主题。

柳下惠坐怀不乱
山东嘉祥县武氏祠画像。原石出土于清同治年间，早已流散国外。画面分两层，本图在第二层之左。

# 019　颜叔子握火

在古代，封建礼教的教条很多。对人所造成的种种束缚，今天的人们看起来，几乎到了不能容忍的程度。《礼记·礼运》说："何谓人情？喜、怒、哀、惧、爱、恶、欲，七者弗学而能。何谓人义？父慈、子孝、兄良、弟弟、夫义、妇听、长惠、幼顺、君仁、臣忠，十者谓之人义。讲信修睦，谓之人利。争夺相杀，谓之人患。"又《礼记·坊记》说："子云：'寡妇之子，不有见焉，则弗友也，君子以辟远也。故朋友之交，主人不在，不有大故，则不入其门。'""子云：'好德如好色。诸侯不下渔色，故君子远色，以为民纪。故男女授受不亲，御妇人（妇人在车居左），则进左手。姑、姊、妹、女子已嫁而反（返），男子不与同席而坐。寡妇不夜哭。妇人疾，问之，不问其疾。以此坊（防范，预防）民，民犹淫泆（放荡）而乱于族。'"凡此种种，形成一种社会规范，使每个中国人不得逾越，甚至出现助人伦而违人伦的现象。

《诗经·巷伯》毛传载有两个"男女同室"的故事，并且可以和汉代画像石相印证。文曰：

昔者颜叔子独处于室，邻之嫠妇（寡妇）又独处于室。夜暴风雨至而室坏。妇人趋而至，颜叔子纳之，而使执烛，放乎旦而蒸尽，缩屋而继之，自以为辟嫌之不审矣。

若其审者，宜若鲁人然。鲁人有男子独处于室，邻之嫠妇又独处于室。夜暴风雨至而室坏，妇人趋而托之，男子闭户而不纳。妇人自牖与之言曰："子何为不纳我乎？"男子曰："吾闻之也，男子不六十不间（闲）居；今子幼，吾亦幼，不可以纳子。"妇人曰："子何不若柳下惠然？妪不逮门之女，国人不称其乱。"男子曰："柳下惠固可，吾固不可；吾将以吾不可，学柳下惠之可。"孔子曰："欲学柳下惠者，未有似于是也。"

《孔子家语·好生》也记载了第二个故事，内容大同小异，只是表明孔子对这个鲁人的做法很欣赏："孔子闻之，曰：'善哉！欲学柳下惠者，未有似于此者。期于至善，而不袭其为，可谓智乎！'"

两个故事，起因相同，只是做法有异。面对暴风雨的袭击，邻居房屋被毁，遇到了困难。颜叔子虽然举着火烛和火把待了一夜，看起来有点愚，但是他有同情心，帮助了那个毁了家的寡妇。鲁人相反，为了避嫌，采取了另一种态度，索性紧闭门户，还讲了一套闭户不纳的道理，事实上是把一个求助的人关在门外，让她继续经受暴风雨的侵袭。儒家强调"仁者爱人"，"不独亲其亲"，在这里，就有口是心非之嫌了。

"期于至善，而不袭其为"在道理上固然是对的，可是，孔子为什么见到弱女子遇难而无动于衷呢？

**颜叔子握火**
山东嘉祥县武氏祠左石室第一石。原石剥蚀较重，画面分两层，本图在第一层。

　　嘉祥武氏祠画像石所表现的是"颜叔子握火"，榜题刻作"颜淑握火"和"乞宿者"。室右另有刻文两行，曰："颜淑独处，飘风暴雨。妇人乞宿，升堂入户。燃蒸自烛，惧见意疑；未明蒸尽，掭笮续之。"画面只有两人，并排而坐，但情节交代得很清楚。男子（颜叔子）一手举着火把，头向后仰，伸出另一只手正在从屋上抽薪。

# 020　管仲射齐桓公

　　我国的成语很多，内涵相当丰富。有一个成语叫"管鲍之交"（或称"管鲍之好"），用来比喻相知最深、最知己的朋友。这里的"管鲍"是两个人，即春秋初期齐国的管仲和鲍叔牙。

　　管仲和鲍叔牙从小就是朋友。他们年轻时曾合伙做过买卖。鲍家富有，本钱出得多；管家贫穷，本钱也就少。但是赚了钱之后，管仲总是多分给自己。连手下人都看不惯，说管仲贪财，爱讨便宜。鲍叔牙说："管仲家里等着用钱，是我乐意多分给他的。"

　　管仲领兵打仗，三战三败。有人说他贪生怕死，但鲍叔牙为他分辩说："他不是贪生怕死，因为家里母亲年老多病，不能不活着去侍养母亲。"

　　作为知己朋友，最见其真心的是管仲将相国的高位让给了鲍叔牙。

　　当时，齐国的国君是齐襄公。齐襄公有两个弟弟，一个是公子纠，一个是公子小白。管仲是公子纠的师傅，鲍叔牙是公子小白的师傅。由于齐襄公荒淫无道，齐国政治混乱，两位公子便分别离开齐国逃难。管仲带着公子纠逃到鲁国，鲍叔牙带着公子小白逃到莒国。

　　不久，齐国发生内乱，齐襄公被杀。齐国的大臣派使者到鲁国迎公子纠回国，请他当国君，因为他比公子小白大，是小白的哥哥。鲁国的国君鲁庄公知道后也很高兴，亲自带兵护送公子纠回国。

　　在封建社会，教王子的师傅虽然受到尊重，但师傅也必须忠于主子。一般说这种关系是很融洽的。于是管仲对鲁庄公说："莒国离齐国近，如果公子小白抢先回到齐国，夺了王位，事情就难办了。"他请求带一批人马，去阻拦小白回齐国。鲁庄公同意了。管仲果然在路上遇到了公子小白。管仲劝小白不要回去，但一旁的鲍叔牙则叫管仲不要管这件事。

管仲没有说服公子小白，便出了个坏主意——进行暗杀。他躲在暗处，偷偷地用箭对准了公子小白，小白应箭而倒。管仲以为公子小白已被射死，保住了公子纠的王位。谁知当他护送公子纠到达齐国都城临淄时，公子小白已经抢先到达了。原来，公子小白没有被射死。

鲍叔牙分析利害，说服了满朝大臣，为了避免鲁国的干扰，立公子小白为国君，这就是齐桓公。鲍叔牙被任为相国。

公子纠失去了王位，鲁庄公很不开心，于是引发了齐国和鲁国的一场战争。结果鲁国失败，公子纠死在鲁国，管仲被押到了齐国。

齐桓公小白与管仲的"一箭之仇"怎么报呢？这是大家都关心的，好像结论也不难下，连齐桓公也不否认。然而关键在于相国鲍叔牙的态度。

谁都没有料到，当管仲被押到齐国的都城临淄时，鲍叔牙亲自到城外去迎接，并请求齐桓公让他做高官。对此，齐桓公开始也是不理解的。鲍叔牙对齐桓公说："当时，他是为主子射的一箭，说明他忠于公子纠。但是论本领，他比我要强得多。主公如果能用他，一定能够干出一番大事业来！"齐桓公于是拜管仲为相，而鲍叔牙甘愿做管仲的副手。后来的事实证明，齐国靠了管仲的治理兴旺起来，齐桓公拜管仲为"仲父"。

管仲曾感叹地说："生我者父母，知我者鲍叔也！"

这是一个完整而又富于意义的故事，原载《列子·力命》。

**管仲射齐桓公**

上图：山东嘉祥县武氏祠左石室第四石。原石画面分三层，本图为第一层。

下图：1978年山东嘉祥县宋山村出土。原石画面分四层，本图在第三层。

在嘉祥武氏祠左石室第四石中，所刻画面，仅为管仲射箭的一段，齐桓公小白卧地，腿部中箭，被侍者用伞遮着。就是这一箭，成为管仲一生走向辉煌的信号。

# 021　卫姬谏齐桓公

春秋时期，诸侯国之间，相互争夺权力，出现了大国争霸的局面。先后称霸的有五个诸侯（一说是齐桓公、晋文公、楚庄王、吴王阖闾、越王勾践，另一说是齐桓公、宋襄公、晋文公、秦穆公、楚庄王），历史上被称为春秋"五霸"（或作"五伯"）。齐国的国君齐桓公，任用管仲进行改革，使齐国的国力富强起来，以"尊王攘夷"相号召，打了多次胜仗，又多次大会诸侯，订立盟约，成为春秋时的第一个霸主。

齐桓公名小白。他有一个卫国的夫人"卫姬"。卫姬听说齐桓公要出兵攻打卫国，就进谏说理，使齐桓公打消了伐卫的念头。刘向在《列女传》中记述了这一故事，称卫姬曰"贤明"：

卫姬者，卫侯之女，齐桓公之夫人也。桓公好淫乐，卫姬为之不听郑、卫之音。桓公用管仲、宁戚，行霸道，诸侯皆朝，而独卫不至。桓公与管仲谋伐卫。罢朝入闺，卫姬望见桓公，脱簪珥，解环佩，下堂再拜，曰："愿请卫之罪。"桓公曰："吾与卫无故，姬何请邪？"对曰："妾闻之，人君有三色：显然喜乐、容貌淫乐者，钟鼓酒食之色；寂然清静、意气沉抑者，丧祸之色；忿然充满、手足矜动者，攻伐之色。今妾望君，举趾高，色厉音扬，意在卫也，是以请之。"桓公许诺。明日临朝，管仲趋进曰："君之莅朝也，恭而气下，言则徐，无伐国之志，是释卫也？"桓公曰："善。"乃立卫姬为夫人，号管仲为仲父，曰："夫人治内，管仲治外，寡人虽愚，足以立于世矣。"

这一故事也见于《吕氏春秋·精谕篇》。故事表明，卫姬不但有智慧，并且有勇气。一方面她非常准确地概括了齐桓公的"三色"，指出了他当时的"攻伐之色"；另一方面又有胆量向齐桓公当面进谏，而且很注意方式方法，掌握讲话的分寸。在2 600多年之前，虽说夫人可以"治内"，但后宫是不能议论朝政的。可是卫姬很聪明地解决了这个问题,不但避免了一场战争,甚至挽救了卫国,使其免遭灭国之灾。

卫国是个小国。虽然它也曾强盛过,但后来逐渐削弱,在公元前660年被狄所灭。齐桓公来救,筑新都楚丘,立卫文公为君。《诗经·鄘风》中有一首叫《定之方中》的,便是歌咏卫文公迁到楚丘,重建卫国的诗。诗中说:"定之方中,作于楚宫。……树之榛栗,椅桐梓漆,爰伐琴瑟。"这是多么兴奋的心情!选个好地方,建造新城市。种上名贵树,将来可以做乐器。这是卫国人的心情,大概卫姬也会是这种心情吧。

卫姬谏齐桓公　山东沂南县北寨村汉墓出土。原石在墓室之中室南壁西段。

# 022  曹子劫桓

曹子即曹沫，春秋时鲁国的一个勇士，曾帮助鲁庄公收复被齐国侵占的土地。司马迁称之为"义士"。

《史记·刺客列传》：

曹沫者，鲁人也，以勇力事鲁庄公。庄公好力。曹沫为鲁将，与齐战，三败北。鲁庄公惧，乃献遂邑之地以和。犹复以为将。

齐桓公许与鲁会于柯而盟。桓公与庄公既盟于坛上，曹沫执匕首劫齐桓公，桓公左右莫敢动，而问曰："子将何欲？"曹沫曰："齐强鲁弱，而大国侵鲁亦甚矣。今鲁城坏即压齐境，君其图之。"桓公乃许尽归鲁之侵地。既已言，曹沫投其匕首，下坛，北面就群臣之位，颜色不变，辞令如故。桓公怒，欲倍其约。管仲曰："不可。夫贪小利以自快，弃信于诸侯，失天下之援，不如与之。"于是桓公乃遂割鲁侵地，曹沫三战所亡地尽复予鲁。

这个故事也见于《左传·庄公十三年》和《公羊传》。所谓"曹沫盟柯，返鲁侵地"，古人好像很赞赏曹沫的这种做法，可能是同情弱者的缘故。

曹子劫桓
山东嘉祥县武梁祠西壁画像。原石画面分五层，本图在第四层。

　　画像石上的《曹子劫桓》图见于武梁祠西壁。画面人物和情
节都比较简单，但作者构思巧妙，抓住曹沫向前逼近齐桓公，正
在以匕首相迫的一刹那，不但点题准确，而且增强了生动感。

# 023　燕丹抗秦

　　战国时北方的燕国是个小国，武力薄弱，而秦国的势力越来越大，有不少国家被其兼并。秦国在灭了赵国之后，又逼近燕国的边境。

　　燕丹即燕太子丹，是燕王喜的太子。曾为质于秦，后逃归燕国。为抗秦，燕丹密谋计策。本图榜题所指的"燕王"不是燕王喜，而是燕丹；"王相"是指他的幕僚田光，"武军"可能是鞠武。三人共谋抗秦大计，遂有荆轲刺秦王的行动。

燕丹抗秦　河南郑州出土画像砖（原题"燕王·王相·武军"）。

# 024　七女为父报仇

在山东嘉祥、莒县等地的画像石中，有几幅场面很大的战斗图景，发生在桥头，几处的画面大同小异，均题作"水陆攻战图"。但在画面的某个角落，有一位骑着战马的女子，刻有榜题"七女"，好像是一个伏笔，本意并不在水陆攻战。

这"七女"是谁呢，为何要战斗呢？

据《辞海》修订本有"七女池"，在今陕西城固县北。《水经注》说：七女池在七女冢之北，池东有明月池，状如偃月，皆相通注，谓之张良渠。相传是汉项伯死后，他的七个女儿为他取土筑坟所造成，故称七女池。

1971年，内蒙古和林格尔出土了东汉时期的墓室壁画，墓主是中原举孝廉为官的汉人。墓室壁画虽然不是画像石，但题材内容有些是与画像石相同的，榜题也很多。其中一幅画的战斗内容，类似"水陆攻战图"，但题为"渭水桥"，并题有"七女为父报仇"。这样，就把战斗的双方、原因和地点揭示清楚了。

在"楚汉之争"中，项伯本是项羽营垒中人，但与刘邦的谋士张良为至交。张良家五世相韩，秦灭韩后，张良曾接纳刺客，椎击秦始皇于博浪沙未遂，逃亡至下邳。秦末，陈胜、吴广领导的农民起义爆发。刘邦乘机起兵，张良为谋士，佐汉灭楚，因功封为留侯。

张良在下邳时，项羽和范增密谋设"鸿门宴"杀刘邦。项伯便连夜私见张良，欲与张良俱去。张良以为"今事有急，亡去不义"，便在鸿门宴上帮助刘邦解脱。后来，刘邦做了皇帝，封项伯为射阳侯，赐姓刘。

《汉书·高惠高后文功臣表》"射阳侯刘缠（师古曰：即项伯

也)"一栏曰:"兵初起,与诸侯共击秦,为楚左令尹。汉王与项有隙于鸿门,缠解难,以破羽降汉,侯。"在"始封"栏中为:"(汉高祖六年)正月丙午封,九年,孝惠三年薨。嗣子睢有罪,不得代。"由此可以看出,项伯是怎样死的,他的儿子有什么罪,都没有明说,当与七女的"报仇"有关。

这件事大约发生在汉初,可能当时社会反响较大,并流传于民间。但又不便指明,只好称之为"水陆攻战",却留下一个"七女"的名字。和林格尔远在塞北,天高皇帝远,墓室的榜题写出了"七女为父报仇"。

七女为父报仇  山东莒县东莞镇出土。

# 025　骊姬置毒

周初分封诸侯，目的本是"以藩屏周"，但历史的发展事与愿违，随着诸侯国的相互兼并，有的逐渐强大起来，建立霸业，出现了"春秋五霸"，晋国便是其中之一。

当时，在今陕西临潼一带有一个小国叫"骊戎"，原是西戎部族的一支。公元前672年，晋献公灭骊戎，将骊戎国君之女骊姬纳为夫人，甚是宠信。骊姬生了一个儿子叫奚齐。晋献公有意废太子申生，立奚齐为太子。

太子申生为齐姜所生。齐姜是齐桓公之女，早死。据史书记载，"献公子八人，而太子申生、重耳、夷吾皆有贤行。及得骊姬，乃远此三子"。骊姬为了陷害太子申生，假托梦中见到齐姜，让太子去祭奠母亲，并用祭祀过的肉（胙）敬献公。她在胙肉中偷偷地放了毒，诬陷太子阴谋弑君。《史记·晋世家》说：

> 太子于是祭其母齐姜于曲沃，上其荐胙于献公。献公时出猎，置胙于宫中。骊姬使人置毒药胙中。居二日，献公从猎来还，宰人上胙献公，献公欲飨之。骊姬从旁止之，曰："胙所从来远，宜试之。"祭地，地坟（起）；与犬，犬死；与小臣（阉人），小臣死。骊姬泣曰："太子何忍也！其父而欲弑代之，况他人乎？且君老矣，旦暮之人，曾不能待而欲弑之！"谓献公曰："太子所以然者，不过以妾及奚齐之故。妾愿子母辟之他国，若早自杀，毋徒使母子为太子所鱼肉也。始君欲废之，妾犹恨之；至于今，妾殊自失于此。"

晋献公听了骊姬的谗言，非常气愤，太子申生不得已"被此恶名"出走，自杀于曲沃。另外两个公子重耳和夷吾也因谗言所害，被迫逃出了晋国。

062

后来，晋献公去世，奚齐立为君，为晋大夫里克所杀。再后来重耳在外流亡19年后回国，是为晋文公。有赵衰者，一直随从晋文公重耳，并助其回国即位，立为晋国的卿。赵衰之子赵盾，在晋襄公七年（前621）任中军元帅，掌握国政。赵氏家族在晋国起了很大的作用，也留给我们一些值得回味的故事。

汉画中的"骊姬置毒"主要以中毒的狗为中心，展现有关人物的活动，所见者有两幅，都出于山东嘉祥。

骊姬置毒　1980年山东嘉祥县宋山村出土。画面分四层，分别表现孔子见老子和车马树等，本图居中部。

骊姬置毒　1978年山东嘉祥县宋山村出土。画面分四层，分别表现西王母、周公辅成王和车马等，本图为第三层。

两幅画像石出于同一地区，构图也较相近，都是以中毒的狗为中心。人物的排列，一边是晋献公和骊姬（或加一个小儿子卓子），另一边是太子申生、奚齐（或加卓子和侍从）。但在艺术的处理手法上两者迥异，一种是"凹入平面雕"，地为阴刻竖线（剁纹）；另一种是比较多见的"减地刻线"，有的也用剁纹。从人物的动态看，已表现出惊慌、紧张和悲哀之状。

# 026 灵公观剑

春秋时晋灵公无道，司马迁说他"壮，侈，厚敛以雕墙"，就是长大后生活奢侈，厚赋重敛，陈设豪华。他在高台上用弹弓射路人，看人怎样躲避；厨师烧熊掌没有烧熟，他把厨师杀了以后，让宫女抬着尸首游行。赵盾等大臣数谏，晋灵公非但不听，反而怀恨在心。他派力士钼麑去刺杀赵盾。钼麑下不了手，长叹说："杀忠臣，弃君命，罪一也。"于是撞树而死。

赵盾是什么人呢？

赵盾是春秋晋国的大夫，即赵宣子。晋襄公七年（前621）任中军元帅，掌握国政。晋灵公即位后仍掌国政。但由于晋灵公骄奢淫逸，赵盾屡谏不改，两人日渐生疑。晋灵公便产生了除掉赵盾的念头。

《公羊传·宣公六年》：

灵公……于是伏甲于宫中，召赵盾而食之。赵盾之车右祁弥明者，国之力士也，仡然从乎赵盾而入，放乎堂下而立。赵盾已食，灵公谓盾曰："吾闻子之剑，盖利剑也，子以示我，吾将观焉。"赵盾起，将进剑。祁弥明自下呼之曰："盾，食饱则出，何故拔剑于君所？"赵盾知之，躇阶而走。灵公有周狗，谓之獒（凶猛高大的猎狗），呼獒而属之，獒亦躇阶而从之。祁弥明逆而踆之，绝其颔。赵盾顾曰："君之獒不若臣之獒也。"然宫中甲鼓而起。有起于甲中者，抱赵盾而乘之。赵盾顾曰："吾何以得此于子？"曰："子某时所食活我于暴桑下者也。"赵盾曰："子名为谁？"曰："吾君孰为介？子之乘矣，何问吾名？"赵盾驱而出，众无留之者。

晋灵公十四年（前607），赵盾为避灵公杀害出走。《史记·晋世家》说:"盾遂奔,未出晋境。乙丑,盾昆弟将军赵穿,袭杀灵公于桃园而迎赵盾。赵盾素贵,得民和;灵公少,侈,民不附,故为弑易。盾复位。晋太史董狐书曰'赵盾弑其君',以视于朝。盾曰:'弑者赵穿,我无罪。'太史曰:'子为正卿,而亡不出境,反不诛国乱,非子而谁?'孔子闻之,曰:'董狐,古之良史也,书法不隐。宣子,良大夫也,为法受恶。惜也,出疆乃免。'"

这里,还存在着一个法与理的关系问题。

沂南画像石中有两个画面表现这一题材:上幅是晋灵公对着赵盾正要拔剑,而赵盾手中还横持着原拟进与灵公的剑,因突如其来的变故感到惊恐。下幅则是赵盾与祁弥明,二人边应战,边说话。两个画面都很生动。

灵公观剑　山东沂南县北寨村汉墓出土。墓室之中室东壁南段石刻。观剑为由,陷害为实,揭破而武斗。

## 027　獒扑赵盾

国君晋灵公骄奢腐败，视赵盾为阻力，要找机会除掉他。不少史书都记载了这一故事，如《史记》《公羊传》《左传》等，内容大同小异，只是在具体情节上有所变化。这样反而给后来的传说与艺术创作提供了想象的空间。

《左传·宣公二年》：

秋九月，晋侯饮赵盾酒，伏甲将攻之。其右提弥明知之，趋登曰："臣侍君宴，过三爵，非礼也。"遂扶以下。公嗾夫獒焉，明搏而杀之。盾曰："弃人用犬，虽猛何为！"斗且出，提弥明死之。

这就是历史上流传的"狗咬赵盾"的故事。"獒"是一种高大的猛犬。《尔雅·释畜》说："狗四尺为獒。"人们一般用这种狗进行狩猎，可是晋灵公竟用来对付自己的政敌，这就成为一个流传于民间的话题。在嘉祥画像石中，表现这一题材的画面，便是以獒狗向前猛扑为中心，一边是晋灵公，描述者用了一个指使狗的"嗾"字，真可说是绘声绘影了；另一边是赵盾，可能因为事发突然，带着几分紧张，当他讲出"弃人用犬，虽猛何为"时，大概已经拿定主意了。

**獒扑赵盾**
山东嘉祥县早年出土。原石已流散国外。画面分两层：上为"王陵母"，下为本图，旧称"狗咬赵盾"。

# 028 赵氏孤儿

晋灵公要害正卿赵盾，未成。晋景公时赵盾去世，其子赵朔嗣继。大夫屠岸贾先是有宠于灵公，至景公而为司寇，称赵氏为"贼"。《史记》说："贾不请而擅与诸将攻赵氏于下宫，杀赵朔、赵同、赵括、赵婴齐，皆灭其族。"这个残忍的屠岸贾竟然擅自灭绝赵氏家族。所幸赵朔的遗腹子在门人程婴和公孙杵臼的帮助下活了下来，这就是千古称颂的历史故事"赵氏孤儿"。

《史记·赵世家》：

赵朔妻成公姊，有遗腹，走公宫匿。赵朔客曰公孙杵臼，杵臼谓朔友人程婴曰："胡不死？"程婴曰："朔之妇有遗腹，若幸而男，吾奉之；即女也，吾徐死耳。"居无何，而朔妇免身，生男。屠岸贾闻之，索于宫中。夫人置儿绔中，祝曰："赵宗灭乎，若号；即不灭，若无声。"及索，儿竟无声。已脱，程婴谓公孙杵臼曰："今一索不得，后必且复索之，奈何？"公孙杵臼曰："立孤与死孰难？"程婴曰："死易，立孤难耳。"公孙杵臼曰："赵氏先君遇子厚，子强为其难者，吾为其易者，请先死。"乃二人谋取他人婴儿负之，衣以文葆，匿山中。程婴出，谬谓诸将军曰："婴不肖，

**赵氏孤儿**
山东嘉祥县武氏祠左石室第八石。此图在画面的第二层，原图的右边还有二人，当为侍从。

不能立赵孤。谁能与我千金，吾告赵氏孤处。"诸将皆喜，许之，发师随程婴攻公孙杵臼。杵臼谬曰："小人哉程婴！昔下宫之难不能死，与我谋匿赵氏孤儿，今又卖我。纵不能立，而忍卖之乎！"抱儿呼曰："天乎天乎！赵氏孤儿何罪？请活之，独杀杵臼可也。"诸将不许，遂杀杵臼与孤儿。诸将以为赵氏孤儿良已死，皆喜。然赵氏真孤乃反在，程婴卒与俱匿山中。

赵孤名曰武。……及赵武冠，为成人，程婴乃辞诸大夫，谓赵武曰："昔下宫之难，皆能死。我非不能死，我思立赵氏之后。今赵武既立，为成人，复故位，我将下报赵宣孟与公孙杵臼。"……遂自杀。

这是一个悲剧式的历史故事，却又带有喜剧的结尾，最后透露出一线希望，给人一点慰藉。"赵氏孤儿"的故事在民间流传很广，由口头传说到后来的戏曲，成为脍炙人口的艺术作品。它们的主要依据是《东周列国志》，经过戏曲的改编演绎，出现各种剧目，如《搜孤救孤》《八义图》《屠赵仇》《赵氏孤儿》等。所谓"八义"，即故事中前后有关的八个人物，也包括一个虚构的人物。《曲海总目提要》中《八义记》提要说："所称八义谓周坚、钮麂、提弥明、灵辄、韩厥、公孙杵臼、程婴及婴子代孤儿死者也。

周坚本无其人，朔固被杀，今以坚为代朔死。……多本列国小说也。"

经过现代人整理改编的京剧《赵氏孤儿》是："晋灵公无道，修建桃园，终日游嬉，并以弹丸击行人，引以为乐。赵盾闯园进谏，灵公使屠岸贾募勇士钼麑行刺。钼麑见赵系忠臣，不忍下手，遂触槐自杀。屠岸贾又欲以獒犬咬赵盾，赵盾门客杀死獒犬，勇士灵辄护赵出险。赵穿得知其事，率兵入桃园，灵公自杀。晋景公立，听信屠岸贾之言，尽诛赵氏全家。赵朔妻逃入宫中，生下遗孤，屠岸贾探知其事，带领校尉搜宫，幸赵朔门客程婴乔装入宫，救出孤儿，带至家中抚养。屠岸贾下令在国内搜捕孤儿，程婴乃与公孙杵臼计议，以己子充孤儿，托公孙带往其家，而后至屠府告发其事。公孙与假孤被逮遇害。孤儿长成，屠岸贾收为义

赵氏孤儿

山东嘉祥县出土画像石（清同治年间出土）。原石左端残。画分两层：上为"击磬于卫"（原题"孔子与何愤"），下为"柳下惠"与本图（图不完整，左缺程婴）。

① 曾白融主编：《京剧剧目辞典》，中国戏剧出版社，1989年。

子。晋悼公继位后，一日，魏绛还朝，怒打程婴。程向魏述真情，回府绘图。孤儿赵武观图，方知始末。乃定计杀屠岸贾，为赵氏报仇。"据曾白融主编《京剧剧目辞典》所载：本剧由王雁改编，1960年北京京剧团演出，由马连良饰程婴，裘盛戎饰魏绛，张君秋饰庄姬，谭元寿饰赵武。两千五百多年前的故事又在今天的舞台上再现，可谓《赵氏孤儿》的现代版了。①

　　自古至今，上下数千年，人的善恶、正邪、忠奸，事的真伪、美丑、好坏，历史自有公论。从嘉祥武氏祠刻在石头上的"赵氏孤儿"，到今天活跃在舞台上的"赵氏孤儿"，都说明了这一点。

# 029　桑下饿人

在有关晋卿赵盾的故事中，有一个暗地里保护赵盾的神秘人物。《史记》《左传》《公羊传》等书都曾提到他，故事的情节大同小异，但谁也不知道他的确切名字。《公羊传》说他是"祁弥明"，《左传》说他是"提弥明"，《史记》说他是"示眯明"，还有的说他是"灵辄"，或把灵辄看成是另一个人的。

《史记·晋世家》说：

初，盾常田首山，见桑下有饿人。饿人，示眯明也。盾与之食，食其半。问其故，曰："宦三年，未知母之存不，愿遗母。"盾义之，益与之饭肉。已而为晋宰夫（总务管理），赵盾弗复知也。九月，晋灵公饮赵盾酒，伏甲将攻盾。公宰示眯明知之。恐盾醉不能起，而进曰："君赐臣，觞三行，可以罢。"欲以去赵盾，令先，毋及难。盾既去，灵公伏士未会，先纵啮狗名敖。明为盾搏杀狗。盾曰："弃人用狗，虽猛何为。"然不知明之为阴德也。已而灵公纵

桑下饿人　山东嘉祥县武氏祠左石室第五石。此为原石的一部分（旧题为"赵盾喂灵辄"）。

伏士出逐赵盾，示眯明反击灵公之伏士，伏士不能进，而竟脱盾。盾问其故，曰："我桑下饿人。"问其名，弗告。明亦因亡去。

有人做过考证，认为"示眯""祁弥""提弥"读音相近，司马迁用"示"字，是因为《周礼》古本"地神曰祇"皆作"示"字。(《史记索隐》)是否意味着，把他看作神了呢？

# 030　季札挂剑

　　古代的吴国在今江苏、上海的大部和安徽、浙江的一部分。它的开国始祖是周太王的两个儿子太伯（泰伯）和仲雍（虞仲）。当时周的王位想传给他们的弟弟季历及其子昌（也就是周文王）。太伯和仲雍为了让贤，避免嗣位的矛盾，便一起逃到江南，"文身断发，示不可用"。自此以后，才将这块当时未经开发的"荆蛮之地"称作"句吴"。

　　江南是个山灵水秀、田美土肥的富庶之地。苏东坡就说这里的人是吸收大自然的神韵长大的："吴侬生长湖山曲，呼吸湖光饮山绿。"所谓"吴侬细语"，是说这个地方的人讲话细软柔美，就像唱歌一样。可是不知为什么，竟起了个大喊大叫的国名，称曰"吴"。《诗经·周颂·丝衣》："不吴不敖。"吴，喧哗也。

　　吴国起初是个小国，谈不上发达，到春秋后期才兴旺起来。吴国的国君，至19世孙吴王寿梦开始称王，战国时期一度非常强盛。寿梦有四子，最小的公子称季，叫季札。吴王很喜欢季札，说他最贤，要把君位传给他，可是他多次推让，辞不受位，最后还是长子诸樊做了吴王。季札封于延陵（大约在今常州、江阴、丹阳等吴地沿江一带），称"延陵季子"；后来又封州来（今安徽凤台），称"延州来季子"。

　　季札是个非常潇洒、高雅的公子，并且颇有泰伯的遗风。他坚持不做国君，却喜欢周游，增广阅历，了解民情，广交朋友。

季札挂剑

山东嘉祥县宋山村出土。画面分四层，本图在第一层。

季札挂剑

山东嘉祥县武氏祠左石室第八石。画面分四层，多为历史故事，本图在第一层。左边一个坟堆，坟上长树，旁置一剑；坟前有供品，季札与随从跪拜。

那时，诸侯使大夫到各国访问曰"聘"。季札曾历聘鲁、齐、郑、卫、晋等国，素以多闻著称。吴王余祭四年（前544）他出使鲁国，在欣赏周代的音乐歌舞时，深加分析，联系时政，说明了周朝和诸侯的盛衰大势，颇有见地。

史书记载有一个季札"挂剑"的故事，在汉代的画像石上和三国时期的漆器上都有表现。他出国访问时路过徐国，看出了徐君很喜欢他的宝剑，但在当时又不能马上赠送，因为还要继续北上，大夫是必须佩剑的。春秋战国时代，吴越以铸造兵器闻名，有所谓"吴刀""吴钩"者。后来还出了个铸剑的高手干将，他所铸造的剑称作"吴干"。《吕氏春秋·疑似》说："相剑者之所患（忧患，担忧），患剑之似吴干者。"在当时，徐君认识了季札，看到他的佩剑，无疑是会羡慕的。遗憾的是，当季札访问回来，又路过徐君之地时，徐君已经去世。季札为了履行他心中的诺言，在祭拜徐君之后，把剑挂在了他的坟头。

《史记·吴太伯世家》说：

季札之初使，北过徐君。徐君好季札剑，口弗敢言。季札心知之，为使上国，未献。还至徐，徐君已死，于是乃解其宝剑，系之徐君冢树而去。从者曰："徐君已死，尚谁予乎？"季子曰："不然。始吾心已许之，岂以死倍（反）吾心哉！"

　　季札的做法，可能有人不理解。从表面看，人都死了，把剑插在坟头上还有什么意义呢？这里所表现的，不在于具体的物，而是人的一种感情和精神，是做人的一种崇高。《太平御览》的编者很理解这一点，他将这个人事故事分别编在了"心"之类和"信"之类。这是很有道理的。

## 031　晏子见齐景公

　　齐景公是春秋时齐国的国君，在位五十多年，但政绩不佳。景公迷恋于酒色，常常是几天几夜不止，并且说出一些无礼的话，做出一些非礼的事。一部《晏子春秋》，多是忠谏其君。大概因为这个缘故，流传所至，汉朝人在石头上刻画了"晏子见齐景公"，那景公手舞足蹈，俨然是个醉汉模样。

　　晏子即晏婴，春秋时齐国大夫，字平仲，夷维（今山东高密）人。齐灵公二十六年（前556），其父晏弱死后，继任齐卿，历仕灵公、庄公、景公三世。他个子矮小，但智慧过人，并且善辩，是谓"齐之习辞者也"。

　　据文献记载："晏子长不满六尺。"按照春秋齐国的尺度，一尺只有20厘米左右，六尺也不过一米二，确实太矮了。当时的楚国看不起他，甚至有意污辱他，他却从容地转败为胜。《晏子春秋·杂下》：

　　晏子使楚，以晏子短，楚人为小门于大门之侧而延（请）晏

晏子见齐景公
1972年河南唐河县南关（针织厂内）汉墓出土。

子。晏子不入，曰："使狗国者，从狗门入；今臣使楚，不当从此门入。"傧（引导）者更道从大门入。见楚王，王曰："齐无人邪？（指其矮小）"晏子对曰："临淄三百间（二十五户为一间），张袂（衣袖）成阴，挥汗成雨，比肩继踵而在，何为无人？"王曰："然则子何为使乎？"晏子对曰："齐命使，各有所主。其贤者使使贤王，不肖者使使不肖王。婴最不肖，故直使楚矣。"

话很刻薄，针锋相对，充分体现出晏子的灵敏机智。不知这故事是否属实，如果真有其事，大国的傲气也太不文明了。

# 032　二桃杀三士

　　在《晏子春秋》中，记载了有关晏婴的很多故事。其中最引人注意的当属"二桃杀三士"，也就是晏子玩弄权术，用两只桃子杀死了三个勇士。到了汉代，人们似乎仍然乐于讲述这个故事，雕刻在画像石上的这类画面也较多。

　　《晏子春秋·谏下》：

　　公孙接、田开疆、古冶子事景公，以勇力搏虎闻。晏子过而趋，三子者不起。晏子入见公曰："臣闻明君之蓄勇力之士也，上有君臣之义，下有长率之伦；内可以禁暴，外可以威敌。上利其功，下服其勇，故尊其位，重其禄。今君之蓄勇力之士也，上无君臣之义，下无长率之伦，内不以禁暴，外不可威敌，此危国之器也，不若去之。"

　　公曰："三子者，搏之恐不得，刺之恐不中也。"晏子曰："此皆力攻勍（强有力）敌之人也，无长幼之礼。"因请公使人少馈之二桃。曰："三子何不计功而食桃。"

　　公孙接仰天而叹曰："晏子，智人也。夫使公之计吾功者，不受桃是无勇也。士众而桃寡，何不计功而食桃矣。接一搏特狷（大猪），再搏乳虎，若接之功，可以食桃而无与人同矣。"援桃而起。田开疆曰："吾仗兵而却三军者再，若开疆之功，亦可以食桃而无与人同矣。"援桃而起。古冶子曰："吾尝从君济于河，鼋衔左骖（驾车的马）以入砥柱之中流。当是时也，冶少不能游，潜行，逆流百步，顺流九里，得鼋而杀之。左操骖尾，右挈（提）鼋头，鹤跃而出，津人皆曰：'河伯也。'视之则大鼋之首，若冶之功，亦可以食桃而无与人同矣。二子何不反桃？"抽剑而起。公孙接、田开疆曰："吾勇不子若，功不子逮（及），取桃不让，是贪也。然而不死，无勇也。"皆反其桃，挈领而死。古冶子曰："二子死之，冶独生之，不仁。耻人以言，而夸其声，不义。恨乎所行，不死，无勇。虽然，二子同桃而节，冶专桃而宜。"亦反其桃。挈领而死。使者复曰："已死矣。"公殓之以服，葬之以士礼焉。

　　人生一世，难于全面发展。文武之道，自来不易双兼。凡有一己之长者，不能居功自傲，更不能居功自恃。但用心计将三个勇士杀死，也未免带有挑拨的嫌疑，无非是利用了他们的弱点。假若这是真实的历史，最好不要玩这聪明。如果仅仅是一个虚构的寓言，却也说明了人之长短强弱，智慧可以战胜勇力。

二桃杀三士　山东嘉祥县甸子村出土（原石画面第二层）。

二桃杀三士　山东莒县东莞镇出土（原为石阙画像局部）。

二桃杀三士　1978年山东嘉祥县宋山村出土。画面分四层，本图为第三层。

二桃杀三士　河南南阳出土。人物造型简练，生动而有气势。

二桃杀三士　山东嘉祥县武氏祠左石室第七石。画面分三层，本图为第二层。

二桃杀三士　1986年河南南阳刘洼村出土。为北墓门门楣正面画像。

二桃杀三士　1983年河南南阳英庄出土。

二桃杀三士　1972年河南唐河县南关（针织厂内）汉墓出土。在墓室前室北壁上方，画面上方有虎、凤等。

# 033　秋胡戏妻

这是一个轻浮丈夫和贞洁妻子的悲剧故事,自汉代以来已流传了两千多年,多种文艺形式都有表现。大意是说:鲁人秋胡新婚后不久即出外做官,很多年后才归,已不认识自己的妻子。正巧遇到妻子采桑,见其貌美,便以黄金为诱,进行调戏。其妻不从,以为受到污辱,回家后知道是自己久盼的丈夫,倍感伤心,于是跳河自尽了。后来的文学艺术作品在内容上多有所演绎。

故事最早出自刘向《列女传·节义传》:

洁妇者,秋胡子妻也。既纳之五日,去而宦之陈,五年乃归。未至家,见路旁妇人采桑,秋胡子悦之。下车谓之曰:"力田不如逢丰年。力桑不如见国卿。吾有金,愿以与夫人。"妇曰:"采桑力作,纺绩织纴,以供衣食,奉二亲,养夫子,吾不愿金……"秋胡子遂去。至家,奉金遗母,使人唤妇,至乃向采桑者也。秋胡子惭。妇污其行,遂去而东走,投河而死。

葛洪《西京杂记》卷六,也有类似的记载:

昔鲁人秋胡,娶妻三月而游宦三年。休,还家,其妇采桑于郊,胡至郊而不识其妻也,见而悦之,乃遗黄金一镒。妻曰:"妾有夫,游宦不返,幽闺独处,三年于兹,未有被辱如今日也。"采不顾。胡惭而退,至家,问家人妻何在,曰:"行采桑于郊,未返。"既还,乃向所挑之妇也。夫妻并惭。妻赴沂水而死。

从《列女传》的"鲁秋洁妇"到《西京杂记》所记,这个故事在社会上产生了很大的影响。不仅汉代的画像石有所刻绘,后人亦哀而赋诗,作《秋胡行》,成为乐府清调曲的一个名称。可惜古辞已亡,听不到当时的哀怨之声了。

到了元代,随着杂剧的兴起,石君宝的杂剧《秋胡戏妻》产生了。

从此以后，秋胡戏妻的故事走上了戏剧舞台，并有不少名称出现，有的简称《戏妻》，有的改名《桑园会》《辞楚归鲁》《马蹄金》等。清代后期，不仅京剧的戏班上演，有许多地方戏如川剧、汉剧、桂剧、楚剧、秦腔、晋剧、河北梆子等均有此剧目。在内容上，也做了一些改变，并为秋胡妻起了一个名字叫罗敷。据曾白融主编《京剧剧目辞典》介绍，《桑园会》的本事是："鲁人秋胡，在楚为光禄大夫，返里省亲。其妻罗敷，自秋胡离家后，二十余载，立志坚守，与婆母务农桑，养蚕度日。罗敷在桑园采桑，秋胡路过，见似己妻，因相别日久，不便贸然相认，下马问罗敷秋胡家住处，以便递交书信，并告以与秋胡有八拜之交。罗敷以秋胡家事相诘，秋胡一一言之不爽。罗敷喜甚，以为将得良人音信。秋胡窃念离家日久，恐其妻不贞，以言挑之，诈称秋胡已在楚国娶妻，并告以愿与罗敷成为夫妇，罗敷怒斥秋胡出言无状。秋胡取黄金一锭，以动其心，罗敷鄙其为人，不受而去。秋胡归，见母，母唤罗敷出。罗敷见秋胡，大骂，愤然入后堂自缢。秋胡与母急相救，胡屈膝请罪，罗敷怒方解。夫妻复归于好。"[1]

汉画中的《秋胡戏妻》图，没有这样多的情节，大都是表现采桑的场面，鲁秋胡背着行李，两人正在对话。

① 曾白融主编：《京剧剧目辞典》，中国戏剧出版社，1989年。

秋胡戏妻
山东嘉祥县武梁祠后壁画像。原石画面分四层，多为传说和历史故事，本图在第一层。此为《金石索》木刻摹本。

## 秋胡戏妻

四川新津崖墓石函画像。原函已毁。此为石函侧面画像的一部分。

秋胡妻在桑园，正拉下一根枝条，聚精会神地采摘桑叶，身边放着盛桑叶的竹篮。有一个佩剑者站在身后，向她问起话来；秋胡妻并没有松开桑条，回头一看，是个身材魁梧的陌生男子，但讲话轻浮，并逐渐流露出调戏的意味，秋胡妻很不愉快——这是他们初见面的情景。画面中人物细部未经着意刻画，但从造型上可以看出"关系性的律动"，秋胡妻的姿态也很优美。石质的材料没有磨光，直接在"剁纹"石上进行雕刻，露出了一道道的斜纹，反显得气势非凡，颇有大匠若拙之感。

# 034　老莱子娱亲

　　老莱子是春秋时楚国的隐士。据说因避世乱而隐居于蒙山之下，耕田务农。楚王听说他是个贤人，想请他出来做官。他带着妻子躲到江南，再也没有露面。《汉书·艺文志》将老莱子归为道家，有著作16篇，久已佚失。司马迁在《史记·老子传》中说："或曰：老莱子亦楚人也，著书十五篇，言道家之用，与孔子同时云。"张守节《正义》说："太史公疑老子或是老莱子，故书之。《列仙传》云：'老莱子，楚人。当时世乱，逃世耕于蒙山之阳，莞葭为墙，蓬蒿为室，杖木为床，蓍艾为席，菹芰为食，垦山播种五谷。楚王至门迎之，遂去，至于江南而止。曰：鸟兽之解毛可绩而衣，其遗粒足食也。'"

　　由此看来，老莱子原是与孔子同时甚至齐名的一位学者，因隐遁山野和著作久佚，人们也就不了解他了。因为他是著名的孝子，又被后人写进《孝子传》中。《初学记》卷一七引《孝子传》曰：

　　老莱子至孝，奉二亲，行年七十，着五彩褊襦衣，弄雏鸟于亲侧。

　　《太平御览》卷四一三引师觉授《孝子传》曰：

　　老莱子者，楚人。行年七十，父母俱存，至孝蒸蒸（孝顺）。常着斑斓之衣，为亲取饮，上堂脚趺，恐伤父母之心，因僵（倒下）仆为婴儿啼。孔子曰："父母老，常言不称老，为其伤老也。"若老莱子，可谓不失孺子之心矣。

　　鲁迅写过一篇《二十四孝图》，收在《朝花夕拾》中。他从近代流行的"二十四孝图"谈起，说："其中最使我不解，甚至于发生反感的，是'老莱娱亲'和'郭巨埋儿'两件事。"他特别反感老莱子手拿"摇咕咚"（手摇鼓）的画面，说："这东西是不该拿在老莱子手里的，他应该扶一枝拐杖。现在这模样，简直是装佯，污辱了孩子。"鲁迅也引了《太平御览》的引文，说："师觉授《孝子传》云……较之今说，似稍近于人情。不知怎的，后之君子却一定要改得他'诈'（指由"脚跌"改作"诈跌"）起来，心里才舒服。……正如将'肉麻当作有趣'一般，以不情为伦纪，诬蔑了古人，教坏了后人。老莱子即是一例，道学先生以为他白璧无瑕时，他却已在孩子的心中死掉了。"

细观汉代画像石中的《老莱子娱亲》图，并没有后来在"二十四孝"中的那般模样。武氏祠中的两个画面，一幅是老莱子手持一团东西正在奉献，另一幅是老莱子为双亲进饮食，而令人感动的是他已挂起了鸠杖。

**老莱子娱亲**

上图：山东嘉祥县武氏祠前石室第七石。原石画面分四层，本图在第二层。老莱子手扶的鸠杖为汉代七十岁者所用。

下图：山东嘉祥县武梁祠西壁画像。原石画面分五层，本图在第三层。此为《金石索》木刻摹本。

　　不过，那"斑斓之衣"是穿着的。武氏祠画像的榜题也刻着："老莱子，楚人也。事亲至孝。衣服班连（斑斓），婴儿之态，令亲有欢。君子嘉之，孝莫大焉。"正因为这个缘故，"老莱衣"成为孝养父母的代名词。"明朝拜嘉庆，须穿老莱衣。"穿上斑斓衣祝福老人，也称"戏彩"。

# 035　无盐丑女钟离春

　　相貌的差别是先天的，人的外表有美丑之分。世人往往称赞美女，很少有赞美丑女者。若从审美的角度看，这是必然的现象，可是如果全面看一个人，其内在之美与外表之美并非一定统一。在中国历史上，丑女钟离春的故事可能是个个别的孤例，而被人们所传颂。

　　战国时齐国的无盐邑（今山东东平县一带），有个容貌极丑的女子钟离春，全身长得几乎都有缺陷，三四十岁还没有嫁出去。但是，她有自己的理念，并没有因为长得丑就失去做人的尊严和对生活的信心。她自谒于齐宣王，向他陈述了国家的"四殆之义"（四种危险）。齐宣王非常感动，纳她为王后，帮助治理国家。

　　刘向《列女传·辩通传》：

　　钟离春者，齐无盐邑之女，宣王之正后也。其为人极丑无双，臼头，深目，长壮，大节，印鼻，结喉，肥项，少发，折腰，出胸，皮肤若漆。行年四十，无所容入，衒嫁不售，流弃莫执。于是乃拂拭短褐，自诣宣王，谓谒者曰："妾齐之不售女也。闻君王之圣德，愿备后宫之扫除，顿首司马门外，唯王幸许之。"谒者以闻，宣王方置酒于渐台，左右闻之，莫不掩口大笑曰："此天下强颜女子也，岂不异哉！"于是宣王乃召见之，谓曰："昔者先王为寡人娶妃匹，皆已备有列位矣。今夫人不容于乡里布衣，而欲干万乘之主，亦有何奇能哉？"钟离春对曰："无有。特窃慕大王之美义耳。"王曰："虽然，何善？"良久曰："窃尝善隐。"宣王曰："隐固寡人之所愿也，试一行之。"言未卒，忽然不见。宣王大惊，立发隐书而读之，退而推之，又未能得。

　　明日，又更召而问之，不以隐对，但扬目衔齿，举手拊膝，曰："殆哉！殆哉！"如此者四。宣王曰："愿遂闻命。"钟离春对曰："今大王之君国也，西有衡秦之患，南有强楚之仇，外有二国之难。内聚奸臣，众人不附。春秋四十，壮男不立，不务众子而务众妇。尊所好，忽所恃。一旦山陵崩驰，社稷不定，此一殆也。渐台五重，黄金白玉，琅玕笼疏，翡翠珠玑，幕络连饰，万民罢极，此二殆也。贤者匿于山林，谄谀强于左右，邪伪立于本朝，谏者不得通入，此三殆也。饮酒沉湎，以夜继昼，女乐俳优，纵横大笑。外不修诸侯之礼，内不秉国家之治，此四殆也。故曰殆哉殆哉。"于是宣王喟然而叹曰："痛乎无盐君之言！乃今一闻。"于是拆渐台，罢女乐，退谄谀，去雕琢，选兵马，实府库，四辟公门，招进直言，延及侧陋。卜择吉日，立太子，进慈母，拜无盐君为后。而齐国大安者，丑女之力也。

　　不论历史上有无钟离春其人，这都是个很有意义的故事。对于一个封建帝王来说，他掌握着无上的权力，可以为所欲为，迷恋女色是很常见的，能够做到重德不重色是很不容易的。不知有多少统治者坠入骄奢淫逸之中，《尚书》中就提出"玩人丧德，玩物丧志"的警语。作为一个女性，钟离春虽然不具备美人的外部条件，但心地善良，并且有高尚的思想和对国家的责任感，难能可贵。国王而娶丑女，丑女而为王后，确实是一段历史的美谈。

钟离春说齐王
山东嘉祥县武梁祠东壁画像。画面分五层，本图在第四层，此为摹本。

# 036　齐义继母

　　这是关于一位母亲的故事。齐国有一位继母，前妇生一子，自己生一子。丈夫去世之前，嘱她善待前子，她满口答应了。两个孩子在路边玩，正巧有人相斗，有一人死在了路边。官兵来追捕时他们正好在旁边，便被抓起来审问。哥哥没有办法，只好承认是自己杀的，但弟弟也争着说是自己杀的。相持不下，便禀报于齐王。齐王认为不能两个都治罪，让相国问他们的母亲，两人的善恶和品行。母亲含泪说：可杀小儿子，因为大儿子是前妇生的。她曾答应丈夫照顾前妇之子。

　　刘向《列女传·节义传》：

　　齐义继母者，齐二子之母也。当宣王时，有人斗死于道者，吏讯之，被一创。二子兄弟立其傍。吏问之，兄曰："我杀之。"弟曰："非兄也，乃我杀之。"期年，吏不能决，言之于相，相不能决，言之于王。王曰："今皆赦之，是纵有罪也。皆杀之，是诛无辜也。寡人度其母，能知子善恶。试问其母，听其所欲杀活。"相召其母问之曰："母之子杀人，兄弟欲相代死，吏不能决，言之于王。王有仁惠，故问母何所欲杀活。"其母泣而对曰："杀其少者。"相受其言，因而问之曰："夫少子者，人之所爱也。今欲杀之，何也？"其母对曰："少者，妾之子也。长者，前妻之子也。其父疾且死之时，属之于妾曰：'善养视之。'妾曰：'诺。'今既受人之托，许人以诺，岂可以忘人之托而不信其诺耶！且杀兄活弟，是以私爱废公义也；背言忘信，是欺死者也。夫言不约束，已诺不分，何以居于世哉！子虽痛乎，独谓行何！"泣下沾襟。相入言于王，王美其义，高其行，皆赦不杀，而尊其母，号曰义母。

　　古人称此为"义"。而更重要的是人与人的正常关系，是"情"，当然其中也包含着"诚"与"信"。在一般的情况下，许诺是一回事，可是在突发的非常事件中需要做出某种抉择时，很可能是另一回事。这位母亲之所以伟大，不仅是疼爱自己的骨肉，也怜及其他的亲人。所谓"故人不独亲其亲，不独子其子"，实际做起来并不容易。

嘉祥武梁祠画像石中的《齐义继母》图，画的是三人面对追吏，前母之子拿着匕首承认杀人，可是齐继母却指着后母之子（也就是她亲生的儿子），说是他杀了人。这不是"谦让"，而是对于生命的决定。人与人的关系就是如此复杂而微妙，正由于此，才塑造出了人间的文明。

**齐义继母**

上图：山东嘉祥县武梁祠东壁画像。原石画面分五层，本图在第二层。此为《金石索》木刻摹本。

下图：此为嘉祥《齐义继母》图之拓本。原石残破严重，拓本已经修补，两图可相互参照。

# 037　鲁义姑姊

古人说：“义，谓各得其宜。”也就是说，义是合宜的道德，公正合宜的道理或举动。这是个抽象的概念，为了使它形象化，古人选了一些“义士”“义女”，把义当成个人的“威仪”；所谓“成教化，助人伦”，也就是进行宣传。“鲁义姑姊”的故事便是其一。

《太平御览》卷四二二引《说苑》曰：

齐遣兵攻鲁，见一妇人将两小儿走，抱小而挈（牵）大；顾见大军且至，抱大而挈小。使者甚怪，问之。妇人曰：“大者妾夫兄之子，小者妾之子。夫兄子者，公义也；妾之子者，私义也。宁济公而废私耶？”使者怅然，贤其辞，即罢军。还对齐王说之曰：“鲁未可攻也。匹妇之义尚如此，何况朝廷之臣乎。”

在《列女传》中也记有这个故事。称“鲁义姑姊者，鲁野之妇人也”，在齐攻鲁的战争中她竟将自己的儿子舍弃了。待她向齐将讲了一番道理后，齐人回报于齐国国王，齐王不但放弃了攻打鲁国，并且赏赐了鲁义姑姊。

鲁义姑姊　山东嘉祥县武梁祠后壁画像。原石已残，画面分四层，本图在第一层。原题“鲁义姑姊舍儿”。

鲁义姑 1972年河南唐河县南关（针织厂内）汉墓出土。图上有一人，一手拉痛哭女子，一手扶一童子；另一人执笏面向
轺车；下为车骑队伍。

义妇
山东嘉祥县武氏祠前石室第七
石。原石残蚀严重。画面分四
层，本图在第一层。画面刻一妇
女怀抱婴儿，另一小儿躺在她身
后哭；前有二人站立。有榜题
三，曰："义妇亲子""义妇""口
将"。可能与"鲁义姑姊"有关。
附于此。

# 038　梁节姑姊

一家不幸失火。梁国妇人的儿子与其兄长的儿子正在室内。她不顾火势凶猛欲救兄之子，结果在浓烟中救出的是自己的儿子。此时火势已大，无法再入室救人。但是，她不想落个"不义之名"，毅然跳进了火海，再也没有出来。

刘向《列女传·节义传》：

梁节姑姊者，梁之妇人也。因失火，兄子与己子在内中，欲取兄子，辄得其子，独不得兄子。火盛，不得复入。妇人将自趣火。其友止之曰："子本欲取兄之子，惶恐卒误得尔子，中心谓何，何至自赴火？"妇人曰："梁国岂可户告人晓也？被不义之名，何面目以见兄弟、国人哉？吾欲复投吾子，为失母之恩。吾势不可以生。"遂赴火而死。

这是两千多年前的事，因为强调"义"而被记录下来，流传到了今天。那么，在今天如果遇到这类灾难，应该怎样去救人呢？

梁节姑姊
山东嘉祥县武梁祠东壁画像。原石画面分五层，本图在第二层。此为《金石索》木刻摹本。

# 039　梁寡高行

一个梁国的妇人，容貌秀美，品性高洁，早寡不嫁。不少贵人想求娶她，都被拒绝了。梁王听说后，也派人送来聘金。寡妇无奈，便"自刑"割去了鼻子。梁王只好还她自由，并尊称她"梁高行"。

刘向《列女传·贞顺传》：

高行者，梁之寡妇也。其为人荣于色，而美于行。夫死早寡不嫁。梁贵人多争欲娶之者，不能得。梁王闻之，使相聘焉。高行曰："妾夫不幸早死，先狗马填沟壑，妾守养其幼孤，曾不得专意。贵人多求妾者，幸而得免。今王又重之。妾闻妇人之义，一往而不改，以全贞信之节。今忘死而趋生，是不信也；见贵而忘贱，是不贞也；弃义而从利，无以为人。"乃援镜持刃，以割其鼻。曰："妾已刑矣。所以不死者，不忍幼弱之重孤也。王之求妾者，以其色也。今刑余之人，殆可释矣。"于是相以报，王大其义，高其行，乃复其身，尊其号曰高行。

在封建社会，帝王拥有至高无上的权力。一个女人如果被他看中，可谓荣幸，可是这位梁寡妇竟然不从。那个时代是由不得自己的，只好割去自己的鼻子。今天的人们看两千年前的故事，不要脱离当时的历史背景。任何悲剧的发生，背后都有不公正的因素。

梁寡高行
山东嘉祥县武梁祠后壁画像。原石画面分四层，本图在第一层。原题"梁高行拒"。

# 040　京师节女

　　两千多年前，一位长安城的普通妇女，代替丈夫被仇人杀死了。虽然她是情愿的，或说是为了对父亲的"孝"和对丈夫的"义"，以生命作了牺牲。但是对今天的中国人来说，总感到不是滋味。

　　刘向《列女传·节义传》：

　　京师节女者，长安大昌里人之妻也。其夫有仇人，欲报其夫而无道径，闻其妻之仁孝有义，乃劫其妻之父。使要其女为中谍。父呼其女告之。女念不听之则杀父，不孝；听之则杀夫，不义。不孝不义，虽生不可以行于世。欲以身当之，乃且许诺。曰："旦日在楼上新沐（洗头），东首卧则是矣。妾请开户牖得之。"还其家，乃告其夫，使卧他所，因自沐，居楼上东首，开户牖而卧。夜半，仇家果至，断头持去。明而视之，乃其妻之头也。仇人哀痛之，以为有义，遂释不杀其夫。

　　这是一种极为消极的做法。可是在那个时代，一个弱女子，能有什么强者的办法呢？所谓"孝"与"义"，看人怎样对待。因为我们不知道他们之间是什么"仇"，也无从议论化解的问题。

京师节女
山东嘉祥县武梁祠东壁画像。原石画面共分五层，本图在第二层。刻"京师节女"躺在床上，正准备替丈夫受死；另一个是要杀人的"怨家攻者"，也就是她丈夫的仇人，正从窗子爬进来。此为《金石索》木刻摹本。

# 041　曾母投杼

这是曾子青少年时代的一个故事。

曾子（前505—前435），名参，字子舆，春秋时鲁国南武城（今属山东平邑县）人。他是孔子的学生，比孔子小46岁。《汉书·艺文志》有《曾子》18篇，已佚。《大戴礼记》中有《曾子》10篇，宋明时期有人将曾子的言论汇集成册，至清代阮元重新厘定，并加注释，定为《曾子》四卷。相传儒家经典中的《大学》为他所写。

孔子曾说曾参"鲁"，有些注释家解释为"迟钝"，应该是"敦厚"更为确切。孔子看中他即在于此。《史记·仲尼弟子列传》："曾参……孔子以为能通孝道，故授之业。作《孝经》，死于鲁。"

在《论语》等著作中有曾参的不少言论。他提出"吾日三省吾身"的修身方法。认为"忠恕"是孔子一贯的思想。提出"慎终追远，民德归厚"的主张，即慎重地办理父母的丧事、虔诚地追念祖先，可使民德归厚。在人与人的关系上，他主张"犯而不校（计较）"。

曾参以孝著称。《韩诗外传》云："曾子曰：'吾尝仕为吏，禄（俸禄）不过钟釜（很少），尚犹欣欣而喜者，非以为多也，乐其逮亲也。既没之后，吾尝南游于楚，得尊官焉，堂高九仞（厅堂高大），榱题三尺（房檐深宽），转毂百乘（马车百辆），然犹北向而泣涕者，非为贱也，悲不逮吾亲也。'"《孔子家语》说："齐尝聘，欲以为卿而不就。曰：'吾父母老，食人之禄，则忧人之事，故吾不忍远亲而为人役。'"曾参确实是个孝子，为了父母，竟然连大官也不做了。在历史上，人们将曾参与闵损合称"曾闵"，成为孝行的代表。《后汉书·显宗孝明帝纪》永平十二年诏："昔曾、闵奉亲，竭欢致养。"唐代元稹诗曰："昔公孝父母，行与曾闵俦（辈）"。自汉武帝尊崇儒家、推行"罢黜百家，独尊儒术"以来，历代封建王朝都以孔子为"圣人",不但每年定期祭祀,并且对孔子的后代和孔门弟子给予封号。曾参是孔子的学生,被尊为"宗圣"。

嘉祥武梁祠画像石中所刻的曾参,表现的是他青少年时代的故事。一个与他同名的族人杀了人,有人来告诉他的母亲(曾母)是他杀了人。曾母起初不相信,三次之后,开始怀疑了。故事载于《战国策·秦策》,甘茂对秦武王说:

昔者,曾子处费(在费国),费人有与曾子同名族者而杀人。人告曾子母曰:"曾参杀人。"曾子之母曰:"吾子不杀人。"织自若。有顷焉,人又曰:"曾参杀人。"其母尚织自若也。顷之,一人又告之曰:"曾参杀人。"其母惧,投杼逾墙而走。夫以曾参之贤与母之信也,而三人疑之,则慈母不能信也。(末句"信"字,高诱注:"犹保也。")

这故事带有寓言性质。意思是说,以曾子之贤,曾母之信,仍经不住谗言三至,曾母不免投杼而走。由此可见流言之可畏。唐代韩愈《释言》说:"市有虎,而曾参杀人,谗者之效也。"

曾母投杼
山东嘉祥县武梁祠西壁画像。
原石画面共分五层,本图在
第三层。

## 042　闵子骞失棰

闵子骞（前536—前487），名损，字子骞，春秋鲁国人。他是孔子的学生，在孔门中以德行与颜渊并称。

从《论语》的记述中可以看出孔子很喜欢闵子骞：

"德行：颜渊、闵子骞……"——（跟随我的学生中）德行好的，有颜渊、闵子骞……（《先进》）

"闵子侍侧，誾誾如也。……子乐。"——闵子骞在孔子身边的时候，和悦而温顺的样子，孔子很高兴。（《先进》）

"子曰：孝哉闵子骞！人不间于其父母昆弟之言。"——孔子说：闵子骞真是孝顺啊！人们对于他的父母和兄弟赞扬他的话，没有什么可挑剔的。（《先进》）

"季氏使闵子骞为费宰。闵子骞曰：'善为我辞焉！如有复我者，则吾必在汶上矣。'"——季氏派人来请闵子骞去做费国的长官。闵子骞对使者说：请你好好替我辞掉吧！要是再来找我，那我一定跑到汶水那边（齐国）去了。（《雍也》。《史记·仲尼弟子列传》引孔子的话，评闵子骞"不仕大夫，不食污君之禄"。）

"鲁人为长府。闵子骞曰：'仍旧贯，如之何？何必改作。'子曰：'夫人不言，言必有中。'"——鲁人改建国库。闵子骞说："照老样子做，怎么样？为什么一定要改建呢？"孔子说："闵子骞这个人不爱说话，一说话就说到要害上。"（《先进》。所谓"要害"，是指改建国库"长府"，关系到贵族之间的权力斗争。）

闵子骞是个很有个性、很有主张的人，同时他又是个闻名的孝子。作为孝子的闵子骞，表现出的是充分的人情味。

《太平御览》卷四一三引师觉授《孝子传》：

闵损，字子骞，鲁人，孔子弟子也，以德行称。早失母，后母遇之甚酷，损事之弥谨。损衣皆藁枲为絮，其子则绵纩重厚。父使损御（驾车），冬寒失辔（马缰），后母子御则不然。父怒，诘之，损默然而已。后视二子衣，乃知其故。将欲遣妻。谏曰："大人有一寒子，犹尚垂心，若遣母，有二寒子也。"父感其言，乃止。

在嘉祥武梁祠西壁的画像石上，有榜题曰："闵子骞与假母居，爱有偏移；子骞衣寒，御车失棰。"棰就是赶车的鞭子。但画面所刻的并非因寒冷而丢掉了鞭子，而是父亲在车上回身正在抚慰儿子。据张学授《孝子传》所记，为"闵子骞兄弟二人，母死，其父更娶，复有二子。子骞为其父御车，失辔。父持其手，寒，衣甚单。父则归，呼其后母儿，持其手，衣甚厚温。即谓其妇曰：'吾所以娶汝，乃为吾子。今汝欺我，去，无留。'子骞前曰：'母在一子单，母去四子寒。'其父默然。故曰：'孝哉！'"《艺文类聚》也有类似的记载。看来大同小异，可能是流传之故。

闵子骞失棰　山东嘉祥县武梁祠西壁画像。原石画面共五层，本图在第三层。此为《金石索》木刻摹本。
武氏祠前石室第七石之第一层，原有闵子骞图，画面已残破不全。

## 043　楚昭贞姜

嘉祥武梁祠画像石有一幅"楚昭贞姜"的画面，刻楚昭王之妻贞姜溺死渐台的故事。刘向《列女传·贞顺传》曰：

贞姜者，齐侯之女，楚昭王之夫人也。王出游，留夫人渐台之上而去。王闻江水大至，使使者迎夫人，忘持其符。使者至，请夫人出。夫人曰："王与官人约，令召宫人必以符。今使者不持符，妾不敢从使者行。"使者曰："今水方大至，还而取符，则恐后矣。"夫人曰："妾闻之：贞女之义不犯约，勇者不畏死，守一节而已。妾知从使者必生，留必死，然弃约越义而求生，不若留而死耳。"于是使者取符，则水大至，台崩，夫人流而死。王曰："嗟夫！守义死节，不为苟生，处约持信，以成其贞。"乃号之曰"贞姜"。

看了这个故事，我们只能说晓得了什么叫"守义死节"。在封建社会，妇女要遵从"三从四德"的礼教，这实际上是对女性的严重束缚。

楚昭贞姜
山东嘉祥县武梁祠后壁画像。原石画面已残，本图是《金石索》木刻摹本。

# 044　范睢受袍

范睢（一作范且，或范雎），字叔，战国时魏国人。善游说，但因家贫无以自理，便先在魏中大夫须贾门下做事。须贾为魏昭王出使齐国，范睢随从。他在齐国住了数月。齐襄王听说范睢善辩，便派人赐给他十斤黄金和牛酒，范睢推辞不敢接受。须贾知道这件事后非常生气，以为范睢可能里通外国，把魏国的重要秘密告诉给了齐国，才得到这样的馈赠。

他们回到魏国之后，须贾将这事告诉了魏相魏齐。魏齐大怒，派人将范睢狠狠地打了一顿，打得肋骨也折断了，牙齿也脱落了。范睢装死，被人用草席卷着丢在了厕所里。魏相为了"僇辱以惩后，令无妄言者"，任由那些醉酒者在范睢的身上撒尿。

范睢在厕所中受辱，后来买通了看守的人逃出，藏匿起来，并让人故意在魏相面前说范睢已死。范睢改名曰张禄。

不久，秦昭王派使者王稽来魏国访问。私下里问接待的人："魏有贤人可与俱西游者乎？"也就是问有没有贤人愿意跟他到秦国去。有人推荐了范睢。于是，范睢入秦。在秦国成了"魏有张禄先生，天下辩士也"。

范睢在秦国，与秦昭王讲了"远交近攻，加强王权"的策略，不仅取得了秦王的信任，并且屡次打败了韩、赵的军队，终于当了秦国的国相。

《史记·范睢传》曰："范睢既相秦，秦号曰张禄，而魏不知，以为范睢已死久矣。"这时候，魏国听说秦国要东伐韩、魏，魏国便派须贾出使秦国。范睢知道后，便穿了一件破衣服微行，在须贾住的客馆外边闲步，见到了须贾。他们两人的一段对话是很有趣的：

须贾见之而惊曰:"范叔固无恙乎!"

范雎曰:"然。"

须贾笑曰:"范叔有说(游说)于秦邪?"

曰:"不也。雎前日得过于魏相,故亡逃至此,安敢说(游说)乎!"

须贾曰:"今叔何事?"

范雎曰:"臣为人庸赁(佣人,雇工)。"

须贾听了范雎的话很难过,请他吃了一顿饭,感叹地说:"范叔一寒如此哉!"还取了一件绨袍(丝织的袍子)送给他。

接着,须贾问范雎:"秦相张君(张禄),你知道吗?听说秦王很信任他,凡是国家大事都由他来决定。我来秦国的目的,就是想能见到他,了解一些情况。不知你有没有认识的人?"

范雎说:"我的主人或许知道。但我也得去请求他,我尽力想办法让你能够见到张君。"

然后须贾说他的马病了,车轴也坏了,能不能替他借一辆四匹马的驷马大车?他要乘着驷马大车去见秦相张君。于是,范雎回去赶了一辆四匹马拉的大车来,亲自为须贾驾车,直奔秦国的相国府而去。

到了相国府,范雎说我先进去通报一下,进去就没有出来。须贾在门外等了很久,便问门下:范叔为何还不出来?门下人说:这里没有范叔。须贾感到奇怪,告诉门人,就是刚才同他一齐来的那个驾车者。门下人说,那人"乃吾相张君也"。

这是须贾万万没有想到的,不禁惊慌和惭愧。至于须贾进了

范雎受袍
1972年河南唐河县南关（针织厂内）汉墓出土。在墓室的北主室南壁西门楣。

相国府之后，结局如何，范雎怎样对待他，将是另一个故事：范雎辱魏须贾。

河南唐河画像石所表现的，是"范雎受袍"的一个情节。须贾不知范雎就是秦相张禄。须贾身后站着侍从，范雎装穷躬身站在那里，正在接受须贾赠赐的东西，包括一件丝织的绨袍。

# 045　范雎辱魏须贾

接着"范雎受袍"的故事讲下去。

范雎在魏国遭受魏相魏齐和大夫须贾的迫害污辱后，设法逃到秦国，改名张禄，于秦昭王四十一年（前266）当了秦国的国相，并受封于应（今河南宝丰西南），称"应侯"。魏国听说秦国要伐魏，魏王便派须贾出使秦国，实际上是打听消息。当他设法去谒见秦相张君（张禄）时，才知道张禄就是自己曾经诬陷和污辱过的冤家范雎。

有趣的是，在须贾进入张相府之前，已经见到范雎。因为范雎系微服，装得很穷，须贾甚至可怜他，送给他一件丝织的袍子。

到了张相府，情况就大不一样了。《史记·范雎传》描写得很精彩：

须贾大惊，自知见卖，乃肉袒膝行，因门下人谢罪。于是范雎盛帷帐，侍者甚众，见之。须贾顿首言死罪，曰："贾不意君能自致于青云之上，贾不敢复读天下之书，不敢复与天下之事。贾有汤镬之罪，请自屏于胡貉之地，唯君死生之！"范雎曰："汝罪有几？"曰："擢贾之发以续贾之罪，尚未足。"范雎曰："汝罪有三耳。昔者楚昭王时而申包胥为楚却吴军，楚王封之以荆五千户，包胥辞不受，为丘墓之奇于荆也。今雎之先人丘墓亦在魏，公前以雎有外心于齐而恶雎于魏齐，公之罪一也。当魏齐辱我于厕中，公不止，罪二也。更醉而溺我，公其何忍乎？罪三矣。然公之所以得无死者，以绨袍恋恋，有故人之意，故释公。"乃谢罢。入言之昭王，罢归须贾。

须贾与范雎谈话之后，范雎大设宴席，遍请各国诸侯的使者，食饮非常丰盛。但须贾却不在此列。他被安排在堂下，盘子里是铡碎的喂马的草料，由两个受"黥刑"（脸上刺字）的犯人"夹而马食"。范雎严厉地对须贾说："替我告诉魏王，赶快将魏齐的头拿来！否则，我要屠灭大梁（魏国）！"

据说魏齐听到后很害怕，偷偷地逃到了赵国，投靠到平原君的门下。

嘉祥画像石所刻，便是"范雎辱魏须贾"的情节。

至此，虽然汉画没有表现，但故事还没有完。因为范雎的主要仇人是逃跑藏匿的魏相魏齐。范雎的观点是"一饭之德必偿，睚眦之怨必报"。也就是说，受人之惠即使是一碗饭，也要知恩以偿；怨恨相对即使是瞪眼怒视，也要谋图报复。秦昭王称范雎为"叔父"，要为他报仇，写信给平原君，愿与他为"布衣之友"，并作"十日之饮"，实际上是扣留，让他交出魏齐的头来。又以交战威胁赵王。赵王围逼魏齐，魏齐又出逃。因欲奔信陵君，信陵君犹豫未肯见，于是魏齐拔剑自杀。赵王听说后，派人取了魏齐的头致秦，秦昭王也放了平原君回赵国。

**范雎辱魏须贾**

山东嘉祥县武梁祠后壁画像。原石画面已很模糊，此为《金石索》木刻摹本。

魏须贾跪坐在地上，正在与侍者招呼，身前的一个容器，可能装的是马食之类。对面是范雎（榜题刻作"范且"），也在用手相招，不知是客气，还是有意的讽刺。画面只有三人，虽没有文字描述的大场面和待遇的鲜明对比，却也能够看出被冷落的尴尬。

# 046　伯乐相马

　　马是一种役用家畜。经过驯育的马，温驯而敏捷，在挽车、骑乘和驮运等方面起着很重要的作用，特别是在古代。由于马有着多种用途，因此人们就积累起一些选择马的经验知识，出现了专门"相马"的人。春秋战国时期，相马者非常活跃，其中具有代表性的人物就是伯乐。《吕氏春秋》说："得十良马不若得一伯乐，得十良剑不若得一欧冶，得地千里不若得一圣人。"可见人才之重要。

　　伯乐，春秋中期秦穆公时人，有说他姓孙，名阳，以善相马著称。在《列子·说符》中有秦穆公与伯乐的一段对话：

　　秦穆公谓伯乐曰："子之年长矣，子姓有可使求马者乎？"伯乐对曰："良马可形容筋骨相也。天下之马者，若灭若没，若亡若失。若此者，绝尘弭辙。臣之子皆下才也。可告以良马，不可告以天下之马也。臣有所与公担纆薪菜者，有九方皋，此其于马，非臣之下也。请见之。"

　　穆公见之，使行求马。三月而反报曰："已得之矣，在沙丘。"穆公曰："何马也？"对曰："牝而黄。"使人取之，牡而骊（纯黑色的马）。穆公不说（悦），召伯乐而谓之曰："败矣，子所使求马者！色物、牝牡尚弗能知，又何马之能知也？"伯乐喟然太息曰："一至于此乎！是乃其所以千万臣而无数者也。若皋之所观天机也，得其精而忘其粗，在其内而忘其外；见其所见，不见其所不见；视其所视，而遗其所不视。若皋之相者，乃有贵乎马者也。"马至，果天下之马也。

　　在这段对话中，伯乐没有鼓吹自己的后代，而是向秦穆公推荐了相马的九方皋（或作九方堙），并且讲述了一个富有深刻意义的道理，即相千里马必须"得其精而忘其粗，在其内而忘其外"。

这里体现着事物的内在关系和外部表现，须全面观察，对于马是如此，对于其他事物也是如此。这段文字的基本内容也见于《淮南子·道应训》。由于马的重要，人们对马也倍加爱护，更尊重相马的人。即使在当时，伯乐在一般人的心目中，已经成为带有神话色彩的人。只有一个庄子唱反调。他为了说明他的无为自化、清静自正和回归自然的思想，认为马的真性是自由自在，无拘无束，所谓"伯乐善治马"，不外是符合于人的需要，但马的真性就改变了。所以，"马之知而态至盗者，伯乐之罪也"。(《庄子·马蹄》)意思是说，伯乐对于马的知识，用来改变马的真性，如同盗窃一样，是一种罪过。当然，这是一个哲学命题，庄子不过是以此为例，却也从不同的角度说明了伯乐相马的高超本领。

在汉代，不只是推崇相马，连画马也是特别精妙。汉代人所画动物非常生动，除了那些想象中的异兽，表现现实中的马尤其用心，不论是骑乘的、驾车的、休闲的马，都是活灵活现，甚至连龙也是以马为原型。

伯乐相马
江苏徐州栖山汉墓出土。原石为中棺头档。画面由十字形双线格进行区划，上为铺首衔环，下为人与马。本图在整个画面的右下。

# 047  神医扁鹊

扁鹊姓秦，名越人（一说字），渤海郡鄚（故城在今河北任丘市鄚州镇）人。他是战国时著名的医学家，擅长各科，有丰富的医学经验，反对巫术治病。除在齐（山东）、赵（河北）为医外，又遍游各地行医，影响很大。《汉书·艺文志》载有《扁鹊内经》和《扁鹊外经》，已佚；现存《难经》系后人的托名之作。司马迁的《史记》中有《扁鹊仓公列传》，仓公是另一位齐国的医学家。

《扁鹊传》一开篇便带有神话的色彩：

扁鹊者……少时为人舍长（管理旅馆），舍客长桑君过，扁鹊独奇之，常谨遇之。长桑君亦知扁鹊非常人也。出入十余年，乃呼扁鹊私坐，闲与语曰："我有禁方，年老，欲传与公，公毋泄（不能泄露）。"扁鹊曰："敬诺。"乃出其怀中药予扁鹊："饮是以上池之水，三十日当知物矣。"乃悉取其禁方书尽与扁鹊。忽然不见，殆非人也。扁鹊以其言饮药三十日，视见垣一方人（隔墙看见那边的人）。以此视病，尽见五脏症结（直接看到五脏的症结），特以诊脉为名耳。为医或在齐，或在赵。在赵者名扁鹊。

文献中留下了他的一些病案。他能通过人的外表看出病因。"疾之居腠理（皮肤）也，汤熨之所及也；在血脉，针石（针灸）之所及也；其在肠胃，酒醪之所及也；其在骨髓，虽司命（命运之神）无奈之何。"扁鹊在虢国，虢太子刚死，虢君悲不能自止。但扁鹊诊断，是所谓"尸蹶"，经过治疗，起死回生。当时传闻，说扁鹊"能生死人"（能将死人变活）。他说："越人非能生死人也，此自当生者，越人能使之起耳。"

《扁鹊传》说："扁鹊名闻天下。过邯郸，闻贵妇人，即为带下医（妇科）；过洛阳，闻周人爱老人，即为耳目痹医（五官

神医扁鹊　1954年山东济南大观园汉墓出土。原石在墓室南门东壁。

① 叶又新：《神医画像石刻考》，《山东中医学院学报》，1986年第4期。

科）；来入咸阳，闻秦人爱小儿，即为小儿医（儿科）；随俗为变。"医名甚著。就是这样一个千载难逢的神医，竟然"以其伎见殃"。在他诊治秦武王的病之后，受到了秦太医令李醯的妒忌，被李醯派人刺杀了。

在中国古人的心目中，凡能人、贤人必有神助。在人与神之间并没有严格的界限。好人做好事可以成神，神为了帮助人可以成人。不论在现实生活中还是在幻想的世界里，这类例子是很多的。扁鹊便是一个。

从战国到东汉，经过了五个世纪，汉朝人想象中的扁鹊，已经是个带来吉兆的喜鹊。否则他为什么叫"扁鹊"呢？有人考证说："清梁玉绳在《汉书人表考》中说：扁鹊的'扁'，'似当音篇，乃词鹏省文，取鹊飞鹏鹏之义'。东汉石工在神鸟'山鹊'的身上增加了持医具的双手，塑造的是齐渤海良医扁鹊的神话形象，殆无疑义。它不仅把秦越人的别名形象化了，也意味着和神鸟'山鹊'一样，具有增寿的神力。……有些关于扁鹊的传说，例如《史记·赵世家》所记扁鹊能知赵简子的梦境；《列子·汤问》所说扁鹊给鲁公扈、赵齐婴二人剖胸换心，都带有浓厚的神话色彩。《后汉书·赵壹传》所记赵壹的书信中，有'秦越人还虢太子结脉，世著其神'之说；东汉石工塑造的扁鹊形象，也反映了当时人们已公认他是神医。"①

扁鹊不但是"神医"，而且被称为"鹊王"。在河北唐山西南有逢鹊山，相传扁鹊与虢太子（可能就是那个死而复生的虢太子）曾在此山采

**神医扁鹊**

（共四石）山东微山县两城镇出土，原来可能是地面上的一个小"享堂"。

① 画面分三层，此为中层。

② 本图在画面下层水榭旁。

③ 画面分三层，此为第二层。

④ 中断裂，画面分两层，本图在上层之右。

药，故名"逢鹊山"。据《畿辅通志》卷六四《舆地》十九《山川》所记，山下有一座"鹊王庙"，供的便是扁鹊。

扁鹊的形象变成了喜鹊，那喜鹊拖着华丽的长尾，体形矫健，长着人头和人的双臂。从画面上看，一只手用来切脉，一只手进行针灸。病人则排列成行，有男也有女。这是人们对他的赞美，就像我们的祖先伏羲、女娲是人首蛇身一样。因为古人认为，蛇是智慧和灵敏的象征，同样，喜鹊是"灵鹊报喜"，并且能使人长寿。人们创造艺术，从来就是用艺术进行歌颂与揭露。歌颂那些美好的人与事，揭露那些丑恶的行为。即使今天人的观念变了，判断事物和评价标准与古人不同，但对是非正邪的认知都是基本一致的。扁鹊是个道德和医术很高的人，诊治了很多疑难病症，理应受到爱戴。至于表现的方式，必然有时代的差异。我们不会把扁鹊画成喜鹊的模样，但仍然崇敬这位伟人。

扁鹊的喜鹊形象，在全国并不普遍，好像只是在山东的画像石上出现，可能这一带是他当时活动较多的地区，影响也深远。有趣的是，画像石上的扁鹊固然以喜鹊为多，但也有穿着长袍的，除了手里拿着砭石之外，在衣服的下边还露出了美丽的尾羽，两条腿也细如鸟爪。

# 048　名医仓公

扁鹊是战国初人，仓公是西汉初人，两人相距至少250年以上。而在社会影响上，扁鹊在全国的名气要大得多。司马迁写《史记》，专设《扁鹊仓公列传》，将仓公和扁鹊并列。考其原因，大约是在同一个地区的缘故。

仓公，姓淳于，名意，齐临淄（今山东临淄）人。曾任齐国的太仓令，故又称太仓。《史记·扁鹊仓公列传》说他从公孙光学医，并从公乘阳庆学黄帝、扁鹊脉书，能辩证审脉，治病多验。《史记》中记载了他的25例病案，称作"诊籍"。这些医案记录了他诊治疾病的成功与失败经验，据说是我国现存最早的病史记录。齐王曾问他："诊病决死生，能全无失乎？"仓公说："意治病人，必先切其脉，乃治之。败逆者不可治，其顺者乃治之。心不精脉，所期死生视可治，时时失之，臣意不能全也。"

仓公有五个女儿而无儿子。有一年，仓公因故获罪当刑，要解送至西安。他恨"生子不生男，缓急无可使者"。于是，小女缇萦随父西去，上书文帝，愿替父以身代罪，感动了皇帝，免了他的罪。班固为此写了一首诗。诗曰："三王德弥薄，唯后用肉刑。太仓令有罪，就递长安城。自恨身无子，困急独茕茕（孤零）。小女痛父言，死者不可生。

名医仓公　1954年山东济南大观园汉墓出土。原石在墓室南门西壁，与"扁鹊"石相对称。

名医仓公　山东嘉祥县宋山村出土。画面分四层，本图在第一层。

名医仓公　山东嘉祥县南武山出土。画面分四层，本图在第一层。

名医仓公　山东嘉祥县宋山村出土。画面分四层，本图在第一层。

以上三图，仓公都为鸟形，大尾而卷起。第一幅正在针灸，可证为仓公无误。手中飘动之物，有人释为巾，可能与诊病有关。最值得注意的是，三个形象都在东王公或西王母之旁，说明神格已经很高。

上书诣阙下，思古歌鸡鸣。忧心摧折裂，晨风扬激声。圣汉孝文帝，恻然感至情。百男何愦愦（糊涂），不如一缇萦！"

　　在汉代画像石上，有的将仓公和扁鹊相对，衣冠楚楚，腰间挂着艾橐（口袋）之类；也有的画成了鸟身人首，但尾羽不同于扁鹊。如果说，扁鹊的形象神化是在那个"鹊"字上，那么，仓公又是为了什么呢？叶又新先生的一个推断很有道理。他说："汉代不仅文尚骈俪，画也多耦对，例如神荼与郁垒、伏羲与女娲、西王母与东王公、神鸟山鹊与仓生等。《史记》是把扁鹊、仓公合写在一篇列传里的，画像石上的扁鹊自然耦对仓公。虽然西汉齐国临淄良医淳于意之所以又名仓公，是因为曾任太仓长，与禽鸟无关，但正像伏羲鳞身耦对女娲蛇躯那样，东汉任城、山阳一带的石工为了耦对状如'山鹊'的神医扁鹊，终于在'仓生'的鸟身上加了人面人手，创造出了这种神医仓公的形象。仓公与'仓生'前一字相同，很容易互相联想。它必然成为当时当地人们理解的艺术语言。"[①]

① 叶文新：《神医画像石刻考》，《山东中医学院学报》1986年第4期。

## 049　荆轲刺秦王

《荆轲刺秦王》的故事发生在战国末年，在民间流传甚广。仅汉代武氏祠画像石就有多处表现，其他地方的画像石也有这一题材。

荆轲本是齐国人，后来迁居于卫国。他好读书和击剑，文武双全，是著名的侠客。战国末年，秦国势力越来越大，兼并了很多国家。秦灭赵之后，又逼近燕国的边境。这时候荆轲来到燕国，经田光的推荐成为燕太子丹的门客。经过策划，燕太子丹请荆轲以燕国使者的身份出使秦国，以投降为名，相机刺杀秦王，逼他立约不侵略燕国。由此引起了一场轰轰烈烈的震动中国的大事件。事见《战国策》《史记》等。

荆轲使秦，由勇士秦武阳为副。燕太子丹为荆轲寻求了最锋利的匕首。他们带着重金，为了表示"诚意"，又带了献给秦王的两件礼物——逃到燕国的秦国叛将樊於期的头颅（秦王曾悬赏捉拿）和燕国督亢（最富庶之地）的地图。燕太子丹等穿上白衣为他送行。他的一位善于"击筑"（似琴的乐器）的好友高渐离也来送行，在易水之上击筑而歌。荆轲悲壮地唱出了"风萧萧兮易水寒，壮士一去兮不复还！"送行的人都落泪哭泣，连头发都竖起来了。

《史记·刺客列传》的描写非常生动：

遂至秦，持千金之资币物，厚遗秦王宠臣中庶子蒙嘉。嘉为

荆轲刺秦王
山东嘉祥县武氏祠前石室第十一石。

先言于秦王曰："燕王诚振怖大王之威，不敢举兵以逆军吏，愿举国为内臣，比诸侯之列，给贡职如郡县，而得奉守先王之宗庙。恐惧不敢自陈，谨斩樊於期之头，及献燕督亢之地图，函封，燕王拜送于庭，使使以闻大王，唯大王命之。"秦王闻之，大喜，乃朝服，设九宾，见燕使者咸阳宫。

荆轲奉樊於期头函，而秦舞阳奉地图柙（匣），以次进。至陛，秦舞阳色变振恐，群臣怪之。荆轲顾笑舞阳，前谢曰："北蕃蛮夷之鄙人，未尝见天子，故振慑。愿大王少假借之，使得毕使于前。"秦王谓轲曰："取舞阳所持地图。"轲既取图奏之，秦王发图，图穷而匕首见。因左手把秦王之袖，而右手持匕首揕（刺）之。未至身，秦王惊，自引而起，袖绝。拔剑，剑长，操其室（剑鞘）。时惶急，剑坚，故不可立拔。荆轲逐秦王，秦王环柱而走。群臣皆愕，卒起不意，尽失其度。而秦法，群臣侍殿上者不得持尺寸之兵；诸郎中（侍卫）执兵皆陈殿下，非有诏召不得上。方急时，不及召下兵，以故荆轲乃逐秦王。而卒惶急，无以击轲，而以手共搏之。是时侍医夏无且以其所奉药囊提（举挡）荆轲也。秦王环柱走，卒惶急，不知所为，左右乃曰："王负剑！"负剑，遂拔以击荆轲，断其左股。荆轲废，乃引其匕首以擿（掷）秦王，不中，中铜柱。秦王复击轲，轲被八创。轲自知事不就，倚柱而笑，箕踞以骂曰："事所以不成者，以欲生劫之，必得约契以报太子也。"

**聂政刺韩相**
山东嘉祥县武氏祠左石室第四石。

荆轲刺秦王　四川江安二号石棺画像（魏晋时期）。

荆轲的故事千古流传。既反映出两千多年前弱小国家对付强大国家的一种办法，又表现了游侠的仗义和勇敢。是以司马迁在《史记》中专为"刺客"立传，说："自曹沫至荆轲五人，此其义或成或不成，然其立意较然，不欺其志，名垂后世，岂妄也哉！"陶渊明《咏荆轲》曰："燕丹善养士，志在报强嬴。招集百夫良，岁暮得荆卿。君子死知己，提剑出燕京。素骥鸣广陌，慷慨送我行。雄发指危冠，猛气冲长缨。饮饯易水上，四座列群英。渐离击悲筑，宋意唱高声；萧萧哀风逝，淡淡寒波生；商音更流涕，羽奏壮士惊。心知去不归，且有后世名。登车何时顾，飞盖入秦庭。凌厉越万里，逶迤过千城。图穷事自至，豪主正怔营。惜哉剑术疏，奇功遂不成。其人虽已没，千载有余情。"荆轲刺秦王的故事除了在汉代画像石上刻画之外，隋唐之前已有小说《燕丹子》流传。近代编入戏曲，有《荆轲传》《荆轲刺秦》《易水曲》《秦廷匕》等。

荆轲刺秦王　山东沂南县北寨村汉墓出土。中室西壁北段之下格。

荆轲刺秦王　浙江海宁长安镇出土（原石画面第二层）。

## 050　聂政刺韩相

聂政（或作聂正）是战国时期的一个勇士，原系韩国轵县（在今河南济源市）深井里人，因"杀人避仇"，与母亲和姐姐迁往齐国，隐于市井之间，以屠狗卖肉为生。

当时，韩国的大臣严仲子（严遂），与韩国的国相侠累（或作韩傀）有仇。严仲子担心被侠累谋害，逃离了韩国，并想找人替自己报仇。他到了齐国，听齐国的人讲，聂政是个勇士，因避仇才当了屠者。严仲子登门拜访，并送黄金百镒（古代20两为一镒），为聂政的母亲祝寿。聂政惊怪于礼物之厚重，不肯受。严仲子讲了来意。聂政说：我所以"降志辱身"，做了屠狗的行当，是因为要奉养老母和一个未出嫁的姐姐。有老母在，不敢将身许人。因此，没有答应严仲子。待聂政的母亲去世，办完了丧事，服完了孝期，他说：

聂政刺韩相
山东沂南县北寨村汉墓出土。中室西壁北段之上格。

嗟乎！政乃市井之人，鼓刀以屠；而严仲子乃诸侯之卿相也，不远千里，枉车骑而交臣。臣之所以待之，至浅鲜矣，未有大功可以称者，而严仲子奉百金为亲寿，我虽不受，然是者徒深知政也。夫贤者以感忿睚眦之意而亲信穷僻之人，而政独安得嘿然而已乎！且前日要政，政徒以老母；老母今已天年终，政将为知己者用。（《史记·刺客列传》）

"士为知己者死"，这是古人的一个信条。所谓"侠者，义也"。聂政西去找到了严仲子，要为他报仇。严仲子说，仇人侠累是韩君的季父，家族众多，兵卫甚严，要给他多派一些车骑和壮士，都被聂政谢绝了，只是一个人"仗剑至韩"。

韩相府戒备甚严，卫兵层层守护。聂政旁若无人，直入韩相府，韩相侠累正坐在大堂上。聂政紧步向前，上阶刺杀侠累，左右乱成一团。聂政大呼，一口气击杀了数十人。随后，为了不使人认出自己，以免连累姐姐，便自毁其皮面，剖腹自杀而死。韩国将聂政的尸体暴于市，重金悬赏能识者，很久没有结果。

聂政的姐姐已经出嫁，听说此事后，意识到可能是弟弟聂政所为。立即出发赶到韩国，一看死者果然是聂政。姐姐伏尸大哭，声言聂政之名后，亦自杀于尸侧。

**聂政刺韩相**

山东嘉祥县武梁祠东壁画像。原石画面共分五层，本图在第四层，此为《金石索》木刻摹本。据史书记载，这可能是一幅错乱了的画面，即把两个不同的故事搅在一起了。首先，榜题为"聂政"和"韩王"，韩王当系"韩相"之误，即"聂政刺韩相"的故事。下左侧的两个人物，前者一手抚琴，一手持匕首，后者似在歌唱。这都与聂政无关。瞿中溶《汉武梁祠堂石刻画像考》认为此图系"高渐离刺秦王"。高渐离虽然擅长击筑（似琴的乐器），但他是在筑内灌了铅，演奏时用以抛击秦王的，并没有手持匕首。由此可见，原来的刻绘者可能是将两个主题错乱了。

# 051　聂政自屠

聂政独闯韩相府，仗义为严仲子刺杀韩相侠累，最后毁容剖腹自杀。韩国将其暴尸于市，并重金悬赏认知者。聂政的姐姐聂荣（一作嫈），得知消息后，为了不埋没弟弟的名声，前往认尸，并三呼苍天，自杀于弟弟的身旁。

在《史记·刺客列传》的《聂政传》中，有一段关于聂荣的描写，读来非常感人：

政姊荣，闻人有刺杀韩相者，贼不得，国不知其名姓，暴其尸而县（悬赏）之千斤，乃於邑曰："其是吾弟与？嗟乎，严仲子知吾弟！"立起，如韩，之市，而死者果政也，伏尸哭极哀，曰："是轵深井里所谓聂政者也。"市行者诸众人皆曰："此人暴虐吾国相，王县（悬）购其名姓千金，夫人不闻与？何敢来识之也？"荣应之曰："闻之。然政所以蒙污辱自弃于市贩之间者，为老母幸无恙（忧），妾未嫁也。亲既以天年下世，妾已嫁夫，严仲子乃察举吾弟困污之中而交之，泽厚矣，可奈何！士固为知己者死，今乃以妾尚在之故，重自刑以绝从，妾其奈何畏殁身之诛，终灭贤弟之名！"大惊韩市人。乃大呼天者三，卒於邑悲哀而死政之旁。

当时，聂荣的事迹传遍了晋、楚、齐、卫等国家，大家都说，非独聂政有为，"乃其姊亦烈女也"。《战国策》《列女传》等亦载有此事。但是在画像石中，有关聂政的画面，并没有刻绘聂荣。近代戏曲编有《聂嫈怨》上演。

就画面而论，《聂政刺韩相》侧重于"刺"，而《聂政自屠》则是侧重于"屠"。河南出土的《聂政自屠》用毛面"剁纹石"刻成，画面虽较粗简，但生动有力。重点刻画聂政的剖腹动态，夸张较大而无矫饰之感，好像从中透露出一种震慑的气度。其他人物不明其意，动作也不大，似带衬托性质，形成动与静的对比。

聂政自屠　均为河南唐河县南关（针织厂内）汉墓出土。
上图在南主室，下图在北主室。
下图的上部刻绘屠牛，可能联想到聂政"以屠为事"。

# 052  专诸刺吴王僚

专诸，春秋时吴国堂邑人，著名刺客。当时，吴公子光（阖闾）为了争夺王位，阴谋刺杀吴王僚而自立，伍子胥向公子光推荐了专诸。吴王僚十二年（前515）四月丙子，公子光将兵士藏于窟室中，而具酒请王僚。专诸将匕首藏在鱼腹中而进之，既至王前，专诸上鱼，便迅速掏出匕首刺王僚，王立死，专诸也被侍卫所杀。吴公子光遂自立为王，即吴王阖闾。事见《史记》《左传》《吴越春秋》等。

《史记·刺客列传》：

光既得专诸，善客待之。九年而楚平王死。春，吴王僚欲因楚丧，使其二弟公子盖余、属庸将兵围楚之灊；使延陵季子于晋，以观诸侯之变。楚发兵绝吴将盖余、属庸路，吴兵不得还。于是公子光谓专诸曰："此时不可失，不求何获！且光真王嗣，当立，季子虽来，不吾废也。"专诸曰："王僚可杀也。母老子弱，而两弟将兵伐楚，楚绝其后。方今吴外困于楚，而内空无骨鲠之臣，是无如我何。"公子光顿首曰："光之身，子之身也。"

四月丙子，光伏甲士于窟室中，而具酒请王僚。王僚使兵陈自宫至光之家，门户阶陛左右，皆王僚之亲戚也。夹立侍，皆持长铍（兵器）。酒既酣，公子光详（伪）为足疾，入窟室中，使专诸置匕首鱼炙之腹中而进之。既至王前，专诸擘鱼，因以匕首刺王僚，王僚立死。左右亦杀专诸，王人扰乱。公子光出其伏甲以攻王僚之徒，尽灭之，遂自立为王，是为阖闾。阖闾乃封专诸之子以为上卿。

这是古代的"宫廷政变"，即所谓"萧墙之祸"，说到底，是一种权力的斗争，而采用谋杀的手段，可见在当时"刺客"的被重视。

　　这个故事，被写进了《东周列国志》，并广为流传。元代李寿
卿有《伍员吹箫》杂剧。近代戏曲重新演绎了这个故事，有《鱼
肠剑》《刺王僚》《专母训子》等。《鱼肠剑》的大意是："牛二与
专诸因讨账争吵，互相角斗。众邻里排解，专诸不从。其妻唤之，
即归家。事为伍员见，疑其惧内，问诸邻里，始知专诸孝母，乃
往拜之。专诸闻其为临潼斗宝之伍员，遂与结义为兄弟。伍吹箫
行乞，吴公子光，遣人邀归，厚待之。伍与柳展雄相见，细诉被
害各节，柳许为复仇。公子光聚众议举事，伍员荐专诸。公子光
以厚礼聘之，共定鱼肠剑之计，图杀王僚。专诸自请当此重任。
归辞母妻，忽变计，欲留家事母，母自尽以决子志。其妻矫母遗
命，令速行。吴王姬僚戒备往赴公子光鱼会，见无可疑之处，始
与公子光痛饮。已而公子光以疾辞，王僚独酌，专诸以鲜鱼进。
众将搜其身，无所获。专诸跪而献鱼，伺机刺僚死，旋为众将所
杀。柳展雄等齐出，尽斩众将。"

**专诸刺吴王僚**　山东嘉祥县武梁祠西壁画像。原石画面面共五层，本图在第四层。有榜题：左为"吴王"；右为"二侍郎口，
专诸炙鱼，刺杀吴王"。此为《金石索》木刻摹本。

《专母训子》显然是从以上故事引申出来的，并带有说教的色彩。大意是："专诸居姑苏城外，以屠为业，事母至孝。伍子胥弃楚投吴，与之结为生死之交。姬光欲刺吴王姬僚，以夺其位，与子胥谋，子胥荐专诸。专诸归家告母，言姬光约己以献鱼为名，行刺王僚，但俟母百年之后，再行此事。专母训以'受人之托，必当忠人之事，不必以母为念。'母子二人料知此行凶多吉少，但为效忠于君，乃置安危于不顾。专诸出门而复回。老母见其犹豫，佯称口渴，命往涧下取水，即自缢而死。专诸取水归，见状，悲恸异常。专妻自田间返，亦恸哭。专诸欲守孝百日，其妻劝其勿违母志，专诸遂行。"①

① 曾白融：《京剧剧目辞典》，中国戏剧出版社，1989年。

# 053　要离刺庆忌

　　吴公子光派专诸刺杀了吴王僚之后，自立为王（即吴王阖闾）。接着又谋杀王僚之子庆忌。庆忌流亡在外，力大而捷疾。

　　刺客要离向公子光献计，让公子光派人砍断了他的右手，又杀死了他的妻子。然后诈称负罪出奔，在卫国见到了庆忌，取得了他的信任。庆忌很高兴，与要离密谋夺回王位。他们回到吴地，一起渡江。船行江中，要离突然拔剑向庆忌刺去。虽刺中了庆忌的要害，但庆忌力大，仍然抓住要离，将要离"三揲其头"后，投入江中。庆忌自己虽然将死，但对要离这种为人舍命的精神深为钦佩，便放他一条生路，令其归吴。要离心想，行刺任务已成，渡至江陵，伏剑自杀。事见《吴越春秋·阖闾内传》。

　　嘉祥武梁祠画像中有《要离刺庆忌》图。舟上三人，为庆忌和两个持戟的卫士。庆忌抓住落水的要离的头发，正在"三揲其头"。构图虽不复杂，却紧凑而生动。

**要离刺庆忌**
山东嘉祥县武梁祠东壁画像。原石画面共分五层，本图在第四层。原石残损严重，此为《金石索》之木刻摹本。

# 054　豫让二刺赵襄子

春秋时期的晋国曾是一个大国，一度成为霸主。但到后期，国内发生内战，晋国被韩、赵、魏所灭，这就是历史上所称的"三家分晋"。

赵襄子即赵无恤，赵鞅之子，春秋末年晋国大夫。他参与了"三家分晋"。智伯（荀瑶）向韩、魏、赵索地，独赵氏不与，智伯率韩魏之师伐赵，围困晋阳（今山西太原西南），引水灌城。赵襄子与韩魏合谋，反把智氏灭亡，三分其地。

豫让是个游侠。先在晋国范氏和中行氏的门下，而无所知名，后投靠智伯，得到了智伯的赏识和尊重。赵襄子灭智伯后，将智伯的头颅髹以漆，当作饮器。豫让要为智伯报仇。最初变名姓伪装为刑人，到宫庭中打扫厕所，谋图刺杀赵襄子，结果被捉住。赵襄子念其"义"而没有杀他。后来，豫让又漆身为厉，全身长了疥疮，并吞炭变哑，使人辨认不出他的声音和模样，欲第二次谋杀赵襄子。当他躲在桥下时又被捉住。赵襄子要杀他。他请求赵襄子将穿的衣服脱下，让他象征性地刺几剑，以便"下报智伯"。赵襄子满足了他的要求。事见《战国策》《吕氏春秋》《说苑》《史记》等。

《史记·刺客列传》：

豫让者，晋人也。故尝事范氏及中行氏，而无所知名。去而事智伯，智伯甚尊宠之。及智伯伐赵襄子，赵襄子与韩、魏合谋灭智伯，灭智伯之后而三分其地。赵襄子最怨智伯，漆其头以为饮器。豫让遁逃山中，曰："嗟乎！士为知己者死，女为说己者容。今智伯知我，我必为报仇而死，以报智伯，则吾魂魄不愧矣。"乃变名姓为刑人，入宫涂厕，中挟匕首，欲以刺襄子。襄子如厕，心动，执问涂厕之刑人，则豫让，内持刀兵，曰："欲为智伯报仇!"左右欲诛之。襄子曰:"彼义人也,吾谨避之耳。且智伯亡无后,而其臣欲为报仇,此天下之贤人也。"卒释去之。

居顷之,豫让又漆身为厉,吞炭为哑,使形状不可知,行乞于市。其妻不识也。行见其友,其友识之,曰:"汝非豫让邪?"曰:"我是也。"其友为泣曰:"以子之才,委质而臣事襄子,襄子必近幸子。近幸子,乃为所欲,顾不易邪?何乃残身苦形,欲以求报襄子,不亦难乎!"豫让曰:"既已委质臣事人,而求杀之,是怀二心以事其君也。且吾所为者极难耳!然所以为此者,将以愧天下后世之为人臣怀二心以事其君者也。"

既去,顷之,襄子当出,豫让伏于所当过之桥下。襄子至桥,马惊,襄子曰:"此必是豫让也。"使人问之,果豫让也。于是襄子乃数豫让曰:"子不尝事范、中行氏乎?智伯尽灭之,而子不为报仇,而反委质臣于智伯。智伯亦已死矣,而子独何以为之报仇之深也?"豫让曰:"臣事范、中行氏,范、中行氏皆众人遇我,我故众人报之。至于智伯,国士遇我,我故国士报之。"襄子喟然叹息而泣曰:"嗟乎豫子!子之为智伯,名既成矣,而寡人赦子,亦已足矣。子其自为计,寡人不复释子!"使兵围之。豫让曰:"臣闻明主不掩人之美,而忠臣有死名之义。前君已宽赦臣,天下莫不称君之贤。今日之事,臣固伏诛,然愿请君之衣而击之,焉以致报仇之意,则虽死不恨。非所敢望也,敢布腹心!"于是襄子大义之,乃使使持衣与豫让。豫让拔剑三跃而击之,曰:"吾可以下报智伯矣!"遂伏剑自杀。死之日,赵国志士闻之,皆为涕泣。

武梁祠画像中的《豫让二刺赵襄子》,表现的正是第二次行刺的场景。马受惊了,赵襄子的衣裳丢在地上,豫让持剑正要击刺。榜题上刻着"豫让杀身,以报知己"。由于价值观念和行为方式的改变,这种关系和情感,今天的人们可能难以理解,但在两千多年前,却是令人崇敬和挥泪的。

豫让二刺赵襄子　山东嘉祥县武梁祠东壁画像。原石画面共分五层，本图在第四层。有榜题："赵襄子"，"豫让杀身，以报知己"。原石残损严重，此为《金石索》木刻摹本。

# 055　蔺相如完璧归赵

古人重玉，玉被视为崇高的象征。由玉雕琢而成的"璧"，是一种珍贵的礼器，而"和氏璧"更是价值连城的国宝。

"完璧归赵"是个常用成语，通常是用来比喻把原物完整地归还本人。这里的"璧"，即和氏璧。实际上，这个成语背后的历史故事，所表现出来的内容和意义，要丰富得多，深刻得多。由此既可看出，古代大国的霸道和小国的受欺，又可看出，代表小国利益的蔺相如之勇敢和智慧。

战国时的赵国是个弱小的国家，而秦国势力强大。赵国的惠文王得了一块和氏璧，秦昭王听说后想骗取这块玉。便派人来骗赵国说，愿意拿十五座城换此宝玉。赵王不敢拒绝，但又怕上当。蔺相如自愿带着和氏璧到秦国去完成换城的任务，并保证"城入赵而璧留秦，城不入则完璧归赵"。蔺相如到秦国献璧后，见秦王无意给城，便设计取得原璧，送回赵国。以故司马迁说："知死必勇，非死者难也，处死者难。方蔺相如引璧睨柱，及叱秦王左右，势不过诛，然士或怯懦而不敢发。相如一奋其气，威信敌国，退而让颇（即廉颇，后来有"负荆请罪"的故事），名重太山（泰山），其处智勇，可谓兼之矣！"

《史记·廉颇蔺相如传》：

蔺相如者，赵人也，为赵宦者令缪贤舍人。

赵惠文王时，得楚和氏璧。秦昭王闻之，使人遗赵王书，愿以十五城请易璧。赵王与大将军廉颇诸大臣谋：欲予秦，秦城恐不可得，徒见欺；欲勿予，即患秦兵之来。计未定，求人可使报秦者，未得。宦者令缪贤曰："臣舍人蔺相如可使。"王问："何以知之？"对曰："臣尝有罪，窃计欲亡走燕，臣舍人相如止臣，曰：

'君何以知燕王?'臣语曰:'臣尝从大王与燕王会境上,燕王私握臣手,曰"愿结友"。以此知之,故欲往。'相如谓臣曰:'夫赵强而燕弱,而君幸于赵王,故燕王欲结于君。今君乃亡赵走燕,燕畏赵,其势必不敢留君,而束君归赵矣。君不如肉袒伏斧质请罪,则幸得脱矣。'臣从其计,大王亦幸赦臣。臣窃以为其人勇士,有智谋,宜可使。"于是王召见,问蔺相如曰:"秦王以十五城请易寡人之璧,可予不?"相如曰:"秦强而赵弱,不可不许。"王曰:"取吾璧,不予我城,奈何?"相如曰:"秦以城求璧而赵不许,曲在赵。赵予璧而秦不予赵城,曲在秦。均之二策,宁许以负秦曲。"王曰:"谁可使者?"相如曰:"王必无人,臣愿奉璧往使。城入赵而璧留秦;城不入,臣请完璧归赵。"赵王于是遂遣相如奉璧西入秦。

秦王坐章台见相如。相如奉璧奏秦王。秦王大喜,传以示美人及左右,左右皆呼万岁。相如视秦王无意偿赵城,及前曰:"璧有瑕,请指示王。"王授璧,相如因持璧却立,倚柱,怒发上冲冠,谓秦王曰:"大王欲得璧,使人发书至赵王,赵王悉召群臣议,

**蔺相如完璧归赵**

山东嘉祥县武梁祠后壁画像。原石画面共分四层,本图在第三层之右。原石残破较重。此据拓片参照《金石索》木刻摹本复原。

皆曰'秦贪，负其强，以空言求璧，偿城恐不可得'。议不欲予秦璧。臣以为布衣之交尚不相欺，况大国乎！且以一璧之故逆强秦之欢，不可。于是赵王乃斋戒五日，使臣奉璧，拜送书于庭。何者？严大国之威以修敬也。今臣至，大王见臣列观，礼节甚倨；得璧，传之美人，以戏弄臣。臣观大王无意偿赵王城邑，故臣复取璧。大王必欲急臣，臣头今与璧俱碎于柱矣！"相如持其璧睨柱，欲以击柱。秦王恐其破璧，乃辞谢固请，召有司案图，指从此以往十五都予赵。相如度秦王特以诈详为予赵城，实不可得，乃谓秦王曰："和氏璧，天下之共传宝也，赵王恐，不敢不献。赵王送璧时，斋戒五日，今大王亦宜斋戒五日，设九宾（隆重之礼）于廷，臣乃敢上璧。"秦王度之，终不可强夺，遂许斋五日。舍相如广成传（住处）。相如度秦王虽斋，决负约不偿城，乃使其从者衣褐，怀其璧，从径道亡，归璧于赵。

**蔺相如完璧归赵**

山东沂南县北寨村汉墓出土。原石在中室北壁东段之上格。榜题刻"令相如"，应即蔺相如，令、蔺二字同音而误。另一人刻"孟贲"，当与此事件无关。孟贲是秦武王时的力士，早于蔺相如，可能是画家想当然地将秦国力士画上了。

秦王斋五日后，乃设九宾礼于廷，引赵使者蔺相如。相如至，谓秦王曰："秦自缪公以来二十余君，未尝有坚明约束者也。臣诚恐见欺于王而负赵，故令人持璧归，间至赵矣。且秦强而赵弱，大王遣一介之使至赵，赵立奉璧来。今以秦之强而先割十五都于赵，赵岂敢留璧而得罪于大王乎？臣知欺大王之罪当诛，臣请就汤镬，唯大王与群臣孰计议之。"秦王与群臣相视而嘻。左右或引相如去，秦王因曰："今杀相如，终不能得璧也，而绝秦赵之欢，不如因而厚遇之，使归赵，赵王岂以一璧之故欺秦邪！"卒廷见相如，毕礼而归之。

相如既归，赵王以为贤大夫使不辱于诸侯，拜相如为上大夫。秦亦不以城予赵，赵亦终不予秦璧。

小国虽弱，但不能丧失尊严。蔺相如有理有利有节，确实是个"贤大夫"。后来蔺相如屡建大功，被赵王拜为上卿，位在廉颇之右（之上）。廉颇不服，说："我为赵将，有攻城野战之大功，而蔺相如徒以口舌为劳，而位居我上，且相如素贱人，吾羞，不忍为之下。"并宣言："我见相如，必辱之。"蔺相如听说后，不予理会，每逢上朝都要避开廉颇。他的下属深感不平，并以此为耻，甚至要辞他而去。蔺相如对他们说：我不是怕他。试想连秦王我都不怕，难道我会怕廉颇吗？秦国虽强，之所以不敢侵略赵国，就因为有我们两个人在。如果我们两人相斗，那么结果是很明显的。我之所以如此，是"以先国家之急而后私仇也"。廉颇听说后，非常惭愧，于是"肉袒负荆，因宾客至蔺相如门谢罪"，两人结为"刎颈之交"。这就是后来为人们所乐道的并演绎成戏剧的《将相和》。

汉代画像石，如嘉祥画像和沂南画像，所表现的蔺相如完璧归赵的故事，都是侧重于蔺相如"持璧却立，倚柱，怒发上冲冠"的状态。一面振振有词，向秦王说理，一面准备头与璧俱碎于柱。画面紧张生动，表现出一种逼人的气势。

# 056　泗水升鼎

　　冶炼青铜，铸造器物，在中国历史上代表着最先进的科学技术和最高的生产力，曾经历经十多个世纪。从夏代起，特别是在商周两代，青铜器除了用作贵族的实用器具外，更多地被用来作为祭祀、宴飨、婚丧等礼仪的礼器。鼎是其中最大和最重要的一种。河南安阳殷墟出土的一件"司母戊方鼎"，重达875公斤。根据其体积和重量估计，铸造时所需的金属原料，当在一千公斤以上，可以想见其冶炼技术和铸造方式的复杂与难度。

　　鼎的实用及其演变，由食器转向礼器之后，便成为"明尊卑、别上下"的标志。它代表着权力和等级，并形成用鼎规范的严格制度，不能随便逾越。所谓天子用九鼎，诸侯用七鼎，卿大夫用五鼎，士用三鼎或一鼎，至西周便形成了这种"列鼎制度"。因为天子用九鼎，所以九鼎成为象征最高权力的镇国之宝，并说九鼎随权力的更替而因袭。传说禹"收九牧之金，铸九鼎以象九州"，很多皇帝取得政权之后，便自然出现"问鼎"之事，其目的就是在舆论上巩固自己的地位。

　　《史记·秦本纪》："（昭襄王）五十一年，将军摎攻韩，取阳城、负黍，斩首四万。攻赵，取二十余县，首虏九万。西周君背秦，与诸侯约从，将天下锐兵出伊阙攻秦，令秦毋得通阳城。于是秦使将军摎攻西周。西周君走来自归，顿首受罪，尽献其邑三十六城，口三万。秦王受献，归其君于周。五十二年，周民东亡，其器九鼎入秦。周初亡。"◎张守节《正义》："器谓宝器也。禹贡金九牧，铸鼎于荆山下，各象九州之物，故言九鼎。历殷至周赧王十九年，秦昭王取九鼎，其一飞入泗水，余八入于秦中。"

　　《史记·秦始皇本纪》："维秦兼有天下，立名为皇帝，乃抚东土……始皇还，过彭城。斋戒祷祠，欲出周鼎泗水。使千人没水求之，弗得。"

古代的泗水，源出山东泗水县蒙山南麓，因四源并发，故名。全长千数百里，为淮河下游第一大支流，曾南至徐州东北，即秦始皇到过的彭城。金以后自徐州以下一段，为黄河所夺。元代以后鲁桥、徐州间一段，又成为大运河的一部分。明代隆庆、万历间，先后开新运河，泗源被引入新运河。清咸丰五年（1855）黄河北迁，古泗水中下游不复存在。

两千多年前，传说秦始皇在徐州（彭城）的泗水中捞鼎，为的是找回"飞"走的那一件，以凑齐象征九州的九鼎，结果没有找到。这是历史学家笔下的描写。而民间传说却是：鼎是找到了的。当秦始皇派人捞鼎，快要将鼎升到岸上时，忽然从鼎中伸出一个龙头，咬断了拉鼎的绳子。于是，鼎又落入水中，不见了。

《水经注·泗水》说：

周显王四十二年，九鼎沦没泗渊。秦始皇时而鼎见于斯水。始皇自以德合三代，大喜。使数千人没水求之，不得，所谓"鼎

泗水升鼎
山东嘉祥县武氏祠左石室第三石。此为原石画面的右半部分。从视角上看，水面像是一口井，人们站在岸边往下看，实际上是两个角度的组合。

伏"也。……亦云"系而行之，未出，龙齿啮断其系"。

在汉代画像石中，除表现墓主生前生活的燕居、享宴、车马、百戏等活动，以及表现黄老思想的神仙、祥瑞等天国世界外，有关的历史故事和具体人物，从题材上看，数量最多的莫过于"泗水升鼎"了。原因也很明显，是说秦始皇在泗水所捞之鼎的覆没，证明了秦政的短命必亡。故事当然是虚构的，并且带有"谶纬"迷信的色彩。然而从另一方面看，也说明了秦亡之后人们的一种心态。直到汉代，这种心态似乎还没有平静下来。各地画像石上所表现的，也多是龙头从鼎中出来，正在咬断升鼎的绳子。

对于艺术的处理，也表现了那个时期的特点。由于当时还没有解决"透视学"的方法，对于以二维度平面造型的写实性艺术来说，特别是表现野外的大场面，具有很大的局限性。因而很巧妙地创造了一种"组合手法"。即打破了从一个视点看事物的局限，将两个不同的视点组合起来，虽然不是一眼看去的光景，却是从两个不同角度的组合，互为补充，不但说明了问题，看起来也符合逻辑。用现在的话说，还带有很强的装饰性。当然，遥想那时的人不一定是为了装饰。这种"组合手法"在汉画中用得很多。譬如说画两个人对面"六博"（类似现代的对弈），因为人和桌子都是侧面的，桌面上的棋盘和饮具便看不到，于是，再换一个角度，将棋盘竖起来，画在两人的中间，连酒具也画上去，好像是挂在了墙上。在视觉上，会感觉不太合理，但问题却说清楚了。《泗水升鼎》图几乎都是这样处理，人站在了两岸，但河水画了"断面"；人物的动作和关系虽然交代清楚了，可是上面的人仿佛低头向井中看物，实际上是有的在河中，有的在岸边。因为是在野外，两岸的田野便画成整齐的方格，而且是竖起来的，曾有人说那是建筑，其实是农民种的田。现在看来，这种构图是很有意味的。不仅说明了画面的复杂关系，并且突出了主题的中心，一看就知道是在做什么。

泗水升鼎　山东长清孝堂山石祠第五石。此为《金石索》木刻摹本。该书编者认为，两岸方格系"叠石为础"。

泗水升鼎

山东嘉祥县刘村洪福院出土画像石。此为原石的下半部分。画面下方为泗水，水中有鱼；鼎已经出水，鼎下有人托起，两岸的人列队拉鼎。两岸有田，空中飞鸟。画面上端是秦始皇及其随员在岸边观看。忽然，从鼎中伸出一个龙头，咬断了拉鼎的绳子……

泗水升鼎

1983年山东嘉祥县纸坊镇敬老
院出土。本图在原石的中部。

升鼎图

1976年山东微山县沟南村出土。
原石画面横分三格，本图在原石
的右格。有趣的是，画中人物似
在桥头，上有建筑，人在建筑中
观看升鼎。时代已远，开始戏剧
化了。

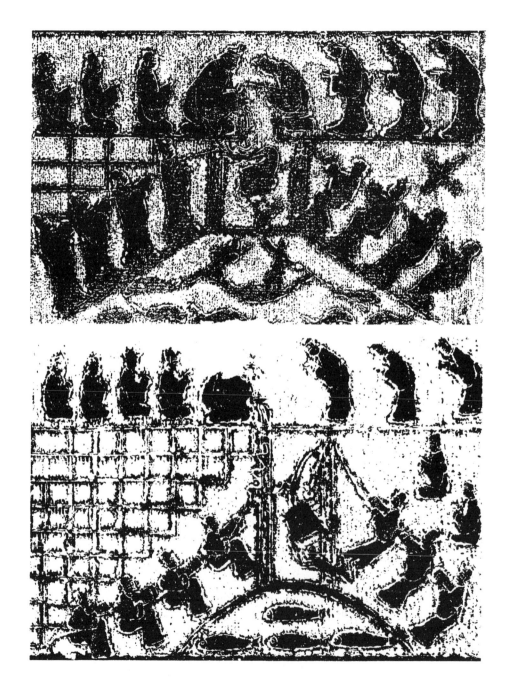

泗水升鼎　均为山东嘉祥县五老洼出土画像石。

刻石采用"凹入平面雕"的方法，"地"高于画面，风格与武氏祠迥异。

泗水取鼎　江苏徐州贾汪出土。本图在原石的下部。

泗水升鼎　江苏徐州铜山大庙村出土。
以上两幅画面已非自然场景的构图，而是采取了对称式的格局，仅为表意而已。

泗水捞鼎　河南南阳出土大型空心画像砖（本图为画面的中间部分）。画面以桥为中心，人们从两岸用绳索拉鼎，桥上击鼓庆祝，却不知龙将要咬断绳索。

秦王取鼎　四川江安二号石棺画像（魏晋时期）。此图与"荆轲刺秦王"刻在一起，由于时代久远，已是为故事而表意了。

# 057　高祖斩蛇

汉高祖刘邦做了皇帝之后，为了掩盖他的出身低微，曾编造了一些有关"真命天子"的故事。譬如《史记·高祖本纪》一开头便说，刘邦的母亲刘媪在大泽边上"梦与神遇"，与蛟龙生了他。他的长相"隆准而龙颜"。（裴骃《史记集解》引文颖曰："高祖感龙而生，故其颜貌似龙，长颈而高鼻。"）又说，他的左股上有七十二黑子。（张守节《正义》说："《合诚图》云：'赤帝（刘邦）体为朱鸟，其表龙颜，多黑子。'按：左，阳也。七十二黑子者，赤帝七十二日之数也。木火土金水各居一方，一岁三百六十日，四方分之，各得九十日，土居中央，并索四季，各十八日，俱成七十二日，故高祖七十二黑子者，应火德七十二日之征也。"）这些所谓的"命定"和"征兆"，现代人多有不信，但汉代人是信以为真的。有关"高祖斩蛇"的故事，也产生于这一时期。

起初，刘邦只是沛地的一个泗水亭长。"亭长"是个什么官呢？是乡村最基层的行政机构，管理地方治安和治理民事。亭长的管辖范围是十里，即所谓"十里一亭"，也就是包括一两个村子。他只有两个兵（卒），一个管"开闭扫除"，一个管"逐捕盗贼"。他还用竹皮制作了一种帽子，即所谓"刘氏冠"（又叫"鹊尾冠"），让捉拿盗贼的"求盗"戴着。刘邦不事生产，好酒及色，常赊贷不还。在一次押送犯人的路上，犯人多逃跑。他酒后说："你们都走吧，我也不干了。"但还有十余人愿意跟随他，从此便走上了推翻秦王朝的道路。他们在夜间行动，不敢走正路，便从泽中小路行走。中途遇到一条大蛇当道，刘邦一剑斩成两段。原来这蛇是"白帝之子"。

《史记·高祖本纪》：

高祖以亭长为县送徒郦山，徒多道亡。自度比至皆亡之，到丰西泽中，止饮，夜乃解纵所送徒。曰："公等皆去，吾亦从此

汉高祖斩蛇　四川雅安姚桥乡高颐石阙画像。

逝矣！”徒中壮士愿从者十余人。高祖被酒，夜径泽中，令一人
行前。行前者还报曰：“前有大蛇当径，愿还。”高祖醉，曰：“壮
士行，何畏！”乃前，拔剑击斩蛇。蛇遂分为两，径开。行数里，
醉，因卧。后人来至蛇所，有一老姬夜哭。人问何哭，姬曰：“人
杀吾子，故哭之。”人曰：“姬子何为见杀？”姬曰：“吾子，白帝子
也，化为蛇，当道，今为赤帝子斩之，故哭。”人乃以姬为不诚，
欲告之，姬因忽不见。后人至，高祖觉。后人告高祖，高祖乃心
独喜，自负。诸从者日益畏之。

　　东汉应劭注释说：“秦襄公自以居西戎，主少昊之神，作西
畤，祠白帝。至献公时栎阳雨金，以为瑞，又作畦畤，祠白帝。
少昊，金德也。赤帝尧后，谓汉也。杀之者，明汉当灭秦也。秦
自渭水，汉初自谓土，皆失之。至光武乃改定。”司马贞《索隐》

高祖斩蛇　1972年河南唐河县南关（针织厂内）汉墓出土。石面较粗，有剁纹，加之人物动势较大，因而显得紧张而生动。

按：“‘至光武乃改’者，谓改汉为火德，秦为金德，与雨金及赤帝子之理合也。”

　　这是古代阴阳学家的一套。对于建立汉朝的皇帝，所需要的是套上“五帝”的一个帝，于是，刘邦成了“赤帝之子”。

　　河南唐河出土的画像石中，有一幅《高祖斩蛇》的画，表现的正是刘邦与大蛇搏斗的场面。持钺人的长杆折断了，刘邦向前拔剑斩蛇，蛇正弯身扑来。刘邦身躯后仰，连帽子也抛在空中了。

# 058　鸿门宴

公元前221年，秦始皇统一全国，成为中国历史上第一位皇帝。但是他只统治了12年便死去，秦二世也仅在位三年便被推翻了。秦之后，中国的封建政权归于谁手呢？这就是"楚汉战争"。

当时的农民起义军中，有两支强大的力量，一支是以项羽为首的楚军，另一支是以刘邦为首的汉军。秦朝灭亡后，项羽自立为王，称"西楚霸王"，封刘邦为"汉王"，还划地分封了其他的一些侯王。后来，刘邦乘项羽出击齐地之际，攻占了秦都咸阳，并派兵驻守函谷关。当时，项羽在军事上处于优势，回军大败刘邦。项羽率40万大军进驻鸿门（今陕西临潼东），与谋士范增定计，准备消灭刘邦。

项伯是项羽的叔父，又与刘邦的谋士张良友善。项伯知道项羽和范增的密谋后，便连夜速驰去告诉了张良，并在项羽面前尽力为刘邦解脱。经项伯的调解，刘邦亲自至鸿门与项羽会见。这就是历史上著名的"鸿门宴"。

在宴会上，引出一段"项庄舞剑"来。《史记·项羽本纪》曰：

项王即日因留沛公（汉王刘邦）与饮。项王、项伯东向坐，亚父南向坐。亚父者，范增也。沛公北向坐，张良西向侍。范增数目项王，举所佩玉玦以示之者三，项王默然不应。范增起，出召项庄，谓曰："君王为人不忍，若（汝）入前为寿，寿毕，请以剑舞，因击沛公于坐，杀之。不者，若属皆且为所虏。"庄则入为寿。寿毕，曰："君王与沛公饮，军中无以为乐，请以剑舞。"项王曰："诺。"项庄拔剑起舞，项伯亦拔剑起舞，常以身翼蔽沛公，庄不得击。于是张良至军门，见樊哙（刘邦的著名将领）。樊哙曰："今日之事何如？"良曰："甚急。今者项庄拔剑舞，其意常在沛公也。"哙曰："此迫矣，臣请入，与之同命。"哙即带剑拥盾入军门。

交戟之卫士欲止不内，樊哙侧其盾以撞，卫士仆地，哙遂入，披帷西向立，瞋目视项王，头发上指，目眦尽裂。项王按剑而跽曰："客何为者？"张良曰："沛公之参乘樊哙者也。"项王曰："壮士，赐之卮（古代的一种盛酒器）酒。"则与斗卮酒。哙拜谢，起，立而饮之。项王曰："赐之彘（猪）肩。"则与一生彘肩。樊哙覆其盾于地，加彘肩上，拔剑切而啖之。项王曰："壮士，能复饮乎？"樊哙曰："臣死且不避，卮酒安足辞！夫秦王有虎狼之心，杀人如不能举，刑人如不恐胜，天下皆叛之。怀王与诸将约曰'先破秦入咸阳者王之'。今沛公先破秦入咸阳，豪毛不敢有所近，封闭宫室，还军霸上，以待大王来。故遣将守关者，备他盗出入与非常也。劳苦而功高如此，未有封侯之赏，而听细说，欲诛有功之人。此亡秦之续耳，窃为大王不取也。"项王未有以应，曰："坐。"樊哙从良坐。坐须臾，沛公起如厕，因招樊哙出。

沛公已出，项王使都尉陈平召沛公。沛公曰："今者出，未辞也，为之奈何？"樊哙曰："大行不顾细谨，大礼不辞小让。如今人方为刀俎，我为鱼肉，何辞为。"于是遂去。乃令张良留谢。

刘邦借故脱走，再也没有回来。多亏了樊哙的勇猛机智，直入营门，斥责项羽，给刘邦解了围。一场惊心动魄的鸿门宴到此结束。此后，在楚汉战争中刘邦击败了项羽。最后，项羽从垓下（今安徽灵璧东南）突围到乌江（今安徽和县乌江镇），自杀。刘邦做了汉朝的皇帝。

鸿门宴

河南南阳汉墓出土。据画面判断，右端持剑者为项羽，对面跽坐者为刘邦，中间舞剑者是项庄，其他为陪臣和侍者。

鸿门宴　山东沂南县北寨村汉墓出土。原石在墓室的中室北壁西段。画分上下两格，外以纹饰围绕。上格为项庄舞剑，项伯也拔剑起舞；下格是范增一手举剑，一手执壶，击破玉斗，对面恭立者是张良。

# 059　王陵母

　　王陵是汉初的大臣，沛县（今属江苏）人。原是本县的富豪，
"为人少文任气，好直言"。楚汉战争时，刘邦攻入咸阳。王陵在
南阳聚集了数千人，既不投靠刘邦，也不归属项羽，是一股不小
的军事力量。待到刘邦还击项羽，他才将军队归属刘邦，转战各
地，立有功勋。汉朝建立后，封为"安国侯"，任右丞相。后因直
言反对吕后封诸吕为王，被罢相，改任太傅。王陵怒而谢病，一
气之下，闭门十年不理朝政，最后病死。

　　当年，在王陵拥兵中立时，项羽将王陵的母亲抓了起来，关
在军中，当作人质，要王陵派人来谈判，欲招纳其军队。王陵的
母亲不满于项羽的作为，对王陵派来的使者说："请转告王陵，要
好好地跟随汉王干，在那里是有前途的。不要因为我在这边就
身怀二心，就说我已经死了。"王陵的母亲说完此话，便伏剑自
杀了。

　　事见《汉书》《列女传》和杜预的《女记》等。刘向《列女
传》卷八《续传》曰：

　　王陵母，汉丞相安国侯王陵之母也。陵始为县邑豪，高祖微
　　时，兄事陵。及高祖起沛，陵亦聚党数千，以兵属汉王。项羽与
　　汉为敌国，得陵母，置军中。陵使至，则东向坐陵母，欲以招陵。
　　陵母既而私送使者，泣曰："为老妾语陵，善事汉王。汉王长者，
　　无以老妾故怀二心。言妾已死也。"乃伏剑而死，以固勉陵。项羽
　　怒，烹之。陵志益感，终与高祖定天下。

　　战争是残酷的，而有的为了赢得战争所采取的手段更残酷。
项羽竟然将王陵的母亲蒸煮了，真是天良丧尽，人性尽失。所谓
"兵不厌诈"，当然也可"诱"，但这样伤及无辜，实在是于理不
通。本书不是对这位"西楚霸王"的评价，但《史记·高祖本纪》

148

中有一段对话是值得回味的：

　　高祖置酒洛阳南宫。高祖曰："列侯诸将无敢隐朕，皆言其
情。吾所以有天下者何？项氏之所以失天下者何？"高起、王陵对
曰："陛下慢而侮人，项羽仁而爱人。然陛下使人攻城略地，所降
下者因以予之，与天下同利也。项羽妒贤嫉能，有功者害之，贤
者疑之。战胜而不予人功，得地而不予人利，此所以失天下也。"
高祖曰："公知其一，未知其二。夫运筹策帷帐之中，决胜于千里
之外，吾不如子房（张良）。镇国家，抚百姓，给馈饷，不绝粮
道，吾不如萧何。连百万之军，战必胜，攻必取，吾不如韩信。
此三者，皆人杰也，吾能用之，此吾所以取天下也。项羽有一范
增而不能用，此其所以为我擒也。"

　　这是汉高祖刘邦的高明之处，也是一条历史的经验。

　　在嘉祥武氏祠的画像中，有两个表现王陵母的画面，所刻人
物与构图大同小异，都是王陵母在同来使谈话的场面，使者身后
有马车，王陵母身后还有持戟的监护者。其中一个在左石室第一
石，画面已残破不清；另一个的原石也是残石，但此画面较完整，
可惜早已流落国外。

王陵母
山东嘉祥县武氏祠早年出土。画
面分上下两层，本图在上层，下
层为"狗咬赵盾"。原石左右残
破，已流失。

# 060 李善抚孤

　　李善是东汉时人，原是李元的家奴。李元家不幸染上疾病，全家人几乎死光，只有一个孤儿存活。奴婢们私下商议，打算杀死婴儿，分其财产。李善不忍，偷偷将孤儿抱出，逃到山中，躲了起来，费尽艰辛，将孤儿养大。孤儿名李续。李续十岁时，李善带他回到家乡，告发了坏人，恢复了家业。县官上书荐举了李善的义行，光武皇帝很是嘉许，将李善和李续都封了官。

　　事见《后汉书》《东观汉记》等。《后汉书·独行传》载：

　　李善，字次孙，南阳淯阳人，本同县李元苍头（家奴）也。建武中疫疾，元家相继死没，唯孤儿续始生数旬，而赀财千万，诸奴婢私共计议，欲谋杀续，分其财产。善深伤李氏而力不能制，乃潜负续逃去，隐山阳瑕丘界中，亲自哺养，乳为生湩，推燥居湿，备尝艰勤。续虽在孩抱，奉之不异长君，有事辄长跪请白，然后行之。间里感其行，皆相率修义。续年十岁，善与归本县，修理旧业。告奴婢于长吏，悉收杀之。时钟离意为瑕丘令，上书荐善行状。光武诏拜善及续并为太子舍人。

　　善，显宗时辟公府，以能理剧，再迁日南太守。从京师之官，道经淯阳，过李元冢。未至一里，乃脱朝服，持锄去草。及拜墓，哭泣甚悲，身自炊爨，执鼎俎以修祭祀。垂泣曰："君夫人，善在此。"尽哀，数日乃去。到官，以爱惠为政，怀来异俗。迁九江太守，未至，道病卒。续至河间相。

　　李善的事迹非常感人。事隔将近两千年，由于社会和人事都起了很大的变化，人们在认识这个故事时自然会联系到他与李元的关系，即主与奴的关系。正因为有这层关系，在封建社会里强调的是他的"忠"，嘉祥武氏祠的画像榜题上也标以"忠孝李善"；实际上，故事本身就表明了人的善恶。李元家的奴婢很多，当遇

到疾病灾难，只剩下一个婴儿存活时，有的家奴却萌生了谋财害命的想法。透过这种人性的对照，便清楚地看出了李善的善良。

嘉祥武氏祠画像石中，有两个表现李善的画面。一个是以孤儿为中心，躺在摇篮中的婴儿，正被一人拉起，这是李家的诸婢，意欲将婴儿抛弃。对面是李善，拱手下跪，请求不要残害婴儿的性命。是非善恶，对照分明。另一个正如《后汉书》所描写，李善官升太守，路经涓阳，在李元的坟前祭奠。故事有始有终。

李善抚孤　山东嘉祥县武梁祠后壁画像。原石画面分四层，本图在第二层。画面已残破，此为《金石索》木刻摹本。

李善祭主　山东嘉祥县武氏祠前石室第十二石之左下层。

# 061　伯俞伤亲

　　韩伯俞，或作"伯瑜"，汉代梁人，是个有名的孝子。每当做错了事，母亲打他，他都不哭。待他年纪大了，有一次挨打痛哭不止。母亲奇怪，问他哭的原因。他说：过去打得痛，说明母亲身强力大；现在打得不痛了，知道母亲已衰老，所以难过。事见刘向《说苑·建本》：

　　伯俞有过，其母笞之，泣。其母曰："他日笞子，未尝见泣，今泣，何也？"对曰："他日俞得罪，笞常痛；今母之力衰，不能使痛，是以泣也。"

　　有人说韩伯俞就是传说中的"老莱子"。三国魏曹植《灵芝篇》曰："灵芝生天池，朱草被洛滨。荣华相晃耀，光采晔若神。古时有虞舜，父母顽且嚚；尽孝于田垄，烝烝不违仁。伯瑜年七十，彩衣以娱亲。慈母笞不痛，歔欷涕沾巾。"嘉祥武梁祠画像中有此画，榜题曰："柏榆伤亲年老，气力稍衰，笞之不痛，心怀楚悲。"有趣的是，因为文字较多，预留的地方刻不下了，竟将"悲"字刻在了柏榆的肩上。

柏榆伤亲
山东嘉祥县武梁祠后壁画像。原石画面分四层，本图在第二层。原石破损较重，此为《金石索》木刻摹本。

# 062　邢渠哺父

　　汉代人提倡孝行，并以孝作为衡量人品的一条重要标准，因而孝子故事流传很多。邢渠哺父便是其中的一例。《太平御览》卷四一一引萧广济《孝子传》说：

　　邢渠失母，与父仲居。性至孝，贫无子，佣（做工）以给（供养）父。父老齿落，不能食，渠常自哺之，专专（专一）然代其喘息。仲遂康休，齿落更生，百余岁乃卒也。

　　嘉祥武氏祠的几个享堂中，至少有三处刻绘邢渠哺父的故事。有的仅画邢渠手拿筷子，跪踞着为父亲喂食；有的在邢渠之后还站着一位妇女，手捧饭碗，可能是邢渠的妻子。

邢渠哺父
山东嘉祥县武梁祠后壁画像。此为《金石索》木刻摹本。

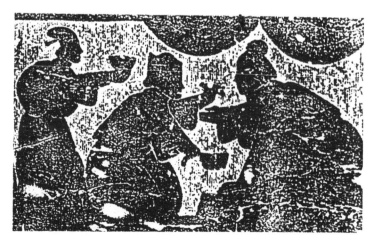

邢渠哺父
山东嘉祥县武氏祠前石室第十二石画像。画面分两层，本图在第二层之左。

# 063　金日磾拜母像

金日磾是匈奴休屠王的太子。汉武帝时骠骑大将军霍去病威震匈奴。休屠王欲谋降汉被杀。他的儿子金日磾与母亲阏氏、弟弟伦俱来降汉。金日磾深得汉武帝的器重，"甚信爱之"。金日磾是个孝子。据《汉书·霍光金日磾传》：

日磾母教诲两子，甚有法度，上闻而嘉之。病死，诏图画于甘泉宫。署曰"休屠王阏氏"。日磾每见画常拜，乡（向）之涕泣，然后乃去。

王充《论衡·乱龙篇》亦记此事：

**金日磾拜母像**
山东嘉祥县武梁祠东壁画像。画面分四层，本图在第二层。原石破损较重，此为《金石索》木刻摹本。

金翁叔（金日磾），休屠王之太子也，与父俱来降汉。父道死，与母俱来，拜为骑都尉。母死，武帝图其母于甘泉殿上，署曰"休屠王焉提"（焉提，即阏氏）。翁叔从上上甘泉，拜谒起立，向之泣涕沾襟，久乃去。夫图画，非母之实身也，因见形象，涕泣辄下，思亲气感，不待实然也。

王充在这里提出了一个艺术理论问题。绘画的写实，并非将人物复活，而是借由形象激发感情。即所谓"思亲气感，不待实然也"。

## 064　孝子赵荀

　　赵荀，孝子，不知是何处人，也不知是何时人，只知道汉朝时他被刻在山东泰安的石头上，至今还能看到他拿着锄头劳作以及他和父亲的安乐生活。

　　这是一幅优秀的绘画：赵荀在田间劳动，身后的推车上坐着一位老人。老人手扶鸠杖，表明已是古稀之年。推车在树荫下，树枝上挂着两个鸟笼似的食盒。这里的人气和风气引来了仙界的"羽人"，飘来飞去，与老人相戏游。两个榜题写得清楚：一是"孝子赵荀"，一是"此荀指父"。由于原石漫漶较重，"指"字不清。如是，当通作"旨"，即美好之意。

　　原石横长两米，刻绘了三个故事。本图之右是孝子丁兰刻木为亲的故事，再右的故事画面不清，已无从查考。

孝子赵荀和丁兰供木人
1960年山东泰安大汶口镇汉墓出土。原石高43厘米，宽200厘米。这两幅画面在左，约占全石的三分之一。

## 065　丁兰供木人

　　丁兰，汉代河内（今河南黄河两岸）人。相传从小失去父母，未及尽孝，便刻木为人，当作父母供养，事之如生，从不间断。《初学记》卷一七引孙盛《逸人传》说：

　　丁兰者，河内人也。少丧考妣，不及供养。乃刻木为人，仿佛亲形，事之若生，朝夕定省。其后邻人张叔妻，从兰妻有所借。兰妻跪报木人，木人不悦，不以借之。叔醉疾来，诤骂木人，以杖敲其头。兰还，见木人色不怿，乃问其妻，妻具以告之。即奋剑杀张叔。吏捕兰，兰辞木人去。木人见兰，为之垂泪。郡县嘉其至孝，通于神明，图其形象于云台也。

　　"云台"是汉宫中的高台。明帝时令画工图绘中兴功臣三十二人于云台。丁兰的事迹被画于云台之上是因为"至孝而通于神明"。曹植《灵芝篇》歌咏曰："丁兰少失母，自伤早孤茕。刻木当严亲，朝夕致三牲。暴子（指张叔）见陵侮，犯罪以亡（忘）刑。丈人（指木像）为泣血。免戾（罪行）全其名。"也就是说，丁兰

丁兰供木人
山东嘉祥县武梁祠西壁画像（画面第三层）。

丁兰供木人
山东嘉祥县武氏祠左石室第八石
画像（画面第一层）。

杀了人，郡县都赞美他至孝通神而免其罪。

　　"孝子丁兰"的故事，汉代以来流传很广，后又被选入"二十四孝"。木人的"神明"也被后人加以渲染，变成一种迷信。当时的社会背景，正是儒家的"谶纬"思想泛滥时期，一些离奇的自然现象被加以附会，以"天人感应"来标榜封建统治者的仁治兴盛。劝善行孝变成了一种说教，孝子们必然会深陷其中。

　　嘉祥武氏祠的画像石中，有两幅表现孝子丁兰的。画面有简有繁，简者仅画丁兰一人，正在跪拜木人；繁者在丁兰的背后还有他的妻子，旁边则有前来借物的邻居。上方有榜题曰："丁兰二亲终殁，立木为父。邻人假物，报乃借与。"

# 066 义浆羊公

　　古有"种玉"的美谈，即所谓"羊田陌其产玉"。羊、杨字通。羊公就是《搜神记》所记的"杨伯雍"。干宝《搜神记》卷一一：

　　杨公伯雍，洛阳县人也。本以侩（买卖中介人）卖为业。性笃孝，父母亡，葬无终山，遂家焉。山高八十里，上无水，公汲水，作义浆于坂（山坡）头，行者皆饮之。三年，有一人就饮，以一斗石子与之，使至高平好地有石处种之，云："玉当生其中。"杨公未娶，又语云："汝后当得好妇。"语毕不见。乃种其石。数岁，时时往视，见玉子生石上，人莫知也。有徐氏者，右北平著姓，女甚有行，时人求，多不许。公乃试求徐氏，徐氏笑以为狂，因戏云："得白璧一双来，当听为婚。"公至所种玉田中，得白璧五双，以聘。徐氏大惊，遂以女妻公。天子闻而异之，拜为大夫。乃于种玉处，四角作大石柱，各一丈，中央一顷地，名曰"玉田"。

　　这个故事流传很广，汉代以来见于不少文籍。故事的主人公无论叫"羊公"，还是叫"杨伯雍"，都反映了古人的一种心态：好人必有好报。

**义浆羊公**
山东嘉祥县武梁祠东壁画像。原石画面分五层，本图在第三层。画面两人，中间有一陶罐和水勺，表现羊公正在让乞浆者饮水。上方的两个动物，说明是在偏僻的野外，这是汉画所常用的手法。

# 067　董永孝亲

孝子董永的故事在民间流传很广，脍炙人口。一方面是历史悠久，另一方面是戏曲《天仙配》演绎传播之故。

《太平御览》卷四一一引刘向《孝子图》载：

前汉董永，千乘（今山东博兴县）人。少失母，独养父。父亡，无以葬。乃从人贷钱一万，永谓钱主曰："后若无钱还君，当以身作奴。"主甚愍（悯）之。永得钱，葬父毕，将往为奴，于路忽逢一妇人，求为永妻。永曰："今贫若是，身复为奴，何敢屈夫人为妻。"夫人曰："愿为君妇，不耻贫贱。"永遂将妇人至。钱主曰："本言一人，今何有二？"永曰："言一得二，于理乖乎？"主问永妻曰："何能？"妻曰："能织耳。"主曰："为我织千匹绢，即放尔夫妻。"于是索丝，十日之内千匹绢足。主惊，遂放夫妻二人而去。行至本相逢处，乃谓永曰："我是天之织女，感君至孝，天使我偿之。今君事了，不得久停。"语讫，云雾四垂，忽飞而去。

这是董永故事的最早版本。干宝《搜神记》亦记此事，情节大同小异：

汉董永，千乘人。少偏孤，与父居。肆力田亩，鹿车载自随。父亡，无以葬，乃自卖为奴，以供丧事。主人知其贤，与钱一万，遣之。永行三年丧毕，欲还主人，供其奴职。道逢一妇人曰："愿为子妻。"遂与之俱。主人谓永曰："以钱与君矣。"永曰："蒙君之惠，父丧收藏。永虽小人，必欲服勤致力，以报厚德。"主曰："妇人何能？"永曰："能织。"主曰："必尔者，但令君妇为我织缣百匹。"于是永妻为主人家织，十日而毕。女出门，谓永曰："我，天之织女也。缘君至孝，天帝令我助君偿债耳。"语毕，凌空而去，不知所在。

两份材料，各有先后，又互有影响。但都是记其父死后之事。

嘉祥武氏祠画像石中的《董永孝亲》图，却不是借贷葬父，而是以佣供养父亲。画面中心是拄着鸠杖、坐在鹿车上的"永父"，他的前面便是孝子董永。董永手持器物，正在侍奉父亲。环境中有树、有兽和攀树的小孩，还有一捆新砍的木柴，说明他们是在野外，正像《搜神记》所描述的董永"肆力田亩"和对父亲"鹿车载自随"。为了表现故事的完整性，最有趣的是，在董永的右上方，飘来了一个带着翅膀的仙女，很明显，那就是他未来的妻子——织女。画家将前后的情节画在一起了。

由此可以看出，在汉代时孝子董永的故事就有两种说法。一种是"永父"生前，董永因家贫借贷养父；另一种是"永父"死后，卖身葬父。汉画所表现的是前一种。

> 董永遭家贫，父老财无遗。
> 举假以供养，佣作致甘肥。
> 责家填门至，不知何用归。
> 天灵感至德，神女为秉机。

两百年后，曹植在《灵芝篇》中所吟咏的也是前一种。

董永孝亲　山东嘉祥县武梁祠后壁画像。原石画面分四层，本图在第二层。原石破损较重。此据拓片参照《金石索》木刻摹本复原。

# 068　魏汤报父仇

这是汉代的一个"孝行"故事。一个"孝子",为了尽"孝道",在父亲去世后,杀死了侮父的少年,以其头祭奠于墓前。《太平御览》卷四八二引萧广济《孝子传》:

> 魏汤少失其母,独与父居,色养蒸蒸,尽于孝道。父有所服刀戟,市南少年欲得之。汤曰:"此老父所爱,不敢相许。"于是少年殴挝汤父。汤叩头拜谢之,不止。行路书生牵止之,仅而得免。后父寿终,汤乃杀少年,断其头以谢父墓焉。

由此可以看出,两千年前的所谓"为父报仇"是个什么样子。在没有法律保障和社会治安缺乏有效维护的景况下,只能是恃力为强,打打杀杀。那个不讲理的恶少年是如此,这个孝子魏汤也是如此。

嘉祥武梁祠的画像石中有此画面,魏氏父子正在向恶少年求情。魏汤身后的树上有鸟,特别标出了"孝鸟",说明当时对此是很推崇的。

魏汤报父仇
山东嘉祥县武梁祠东壁画像。原石画面分五层,本图在第三层。

# 069　义士范赎

　　在嘉祥武氏祠画像石中，有一幅表现义士范赎的画面，查无可考，可能是当时在社会上所流传者。画面上有榜题曰："义主（士）范赎，陈留外黄，兄……赎诣（到）寺门（官署门口），求代考（拷）躯。"另有两人的榜题是"外黄狱吏"和"范赎兄考（拷）"。结合画面人物关系可以看出：在陈留郡的外黄县（今属河南民权），范赎的哥哥犯了罪，手上和脚上都戴着刑具，正被外黄县的监狱吏卒押解回署。范赎是个义士，他在官署的门口，拦住狱吏，请求代替哥哥受刑。

义士范赎　山东嘉祥县武氏祠左石室第一石。原石出土于清乾隆年间，残损较重。画面分两层，本图在第二层。此为《金石索》木刻摹本。

# 070　冯倢伃以身挡虎

两千多年前，在斗兽场的看台上，一头凶猛的野兽向帝王扑来，周围的人们惊慌而逃，有一位妃子挺身而立，挡在了皇帝的身前，保护了皇帝。皇帝受惊之余，也深为感激。在卫士们杀死那头猛兽后，皇帝镇静下来，问这位妃子，为什么会冒着生命危险这样做，她只是说："我担心会伤害到您，想用身子挡住它。"这位皇帝就是汉元帝刘奭，妃子即冯倢伃，事情发生在西汉建昭年间（前38—前34）。汉元帝有一天率群臣到"虎圈"观看斗兽，突然有一头黑熊挣脱了绳索，向着看台扑来，情急之中，出现了前面所说的一幕。此事载于《汉书·外戚传》第六十七下：

> 建昭中，上幸虎圈斗兽，后宫皆坐。熊佚出圈，攀槛欲上殿。左右贵人傅昭仪等皆惊走，冯倢伃直前当熊而立，左右格杀熊。上问："人情惊惧，何故前当熊？"倢伃对曰："猛兽得人而止，妾恐熊至御坐，故以身当之。"元帝嗟叹，以此倍敬重焉。

汉元帝敬重冯倢伃，自不必说，第二年封为"昭仪"，并推为

冯倢伃以身挡虎　山东兖州农技校出土汉墓画像石。原石横长，中间刻连环穿璧图案，两侧为故事画。右侧是泗水捞鼎图，左侧即本图。此为摹绘稿。

后宫的楷模。这个故事所宣扬的无非是忠君。封建皇帝的后宫非常复杂，后妃们相互猜忌，钩心斗角。正因如此，才宣扬这种忠于君王、忠于主人的思想。

表现这一故事题材的画像石不多，此图所刻画者也不十分确定。历史文献中说的是熊，但画面上变成了虎，而且挡虎的不是冯偼伃，而是一个武士。从画面上方所列的人物看，有男性也有女性，其身份可能较高，上边的飞鸟则表示是在野外，似有观看的意味。

# 071　斗鸡图

三国魏时的曹植写过一篇乐府，名为《斗鸡》，其词唱曰：

游目极妙伎，清听厌宫商。
主人寂无为，众宾进乐方。
长筵坐戏客，斗鸡观闲房。
群雄正翕赫，双翘自飞扬。
挥羽邀清风，悍目发朱光。
觜落轻毛散，严距往往伤。
长鸣入青云，扇翼独翱翔。
愿蒙狸膏助，常得擅此场。

这是古代斗鸡的情形。有人说：雄者善斗。不但人与人斗，人与兽斗，而且人还挑逗着动物之间相斗，并且以此作为娱乐，甚至用来赌博。曹植讲得很清楚，是"主人寂无为，众宾进乐方"。当权势者无所事事，寂寞无聊时，自有人会替他想办法。《战国策·齐策一》："临淄甚富而实，其民无不吹竽鼓瑟，击筑弹琴，斗鸡走犬，六博蹹踘者。"汉代袁盎为官不得志，"病免居家，与闾里浮沉，相随行，斗鸡走狗"。（《史记·袁盎传》）由此可见，汉时的斗鸡是很普遍的，而且不分尊卑上下，平民和贵族都有所好。

春秋时的鲁国，有季氏和郈氏两大家族，即季平子、郈昭伯两家。两家相近，但不合。不仅是政治上有矛盾，甚至表现在斗鸡方面。《左传·昭公二十五年》："季、郈之鸡斗。季氏介其鸡，郈氏为之金距。平子怒，益宫于郈氏，且让之。"从这里得知，当时的斗鸡已使用刺激物或金属器械。所谓"芥鸡"，一说是将芥子粉或胶沙撒在鸡的羽毛中，两鸡搏斗时羽毛扑展，芥粉或胶沙散发，刺激对方的眼睛。一说"介，甲也。为鸡着甲"，即用小铠甲保护鸡的头部。所谓"金距"，也就是"以金锴距"，用锐利的金属套在鸡爪上，两鸡搏斗时可以刺伤对方。

这些做法，与以上所引曹植《斗鸡》诗中的"愿蒙狸膏助"是一类伎俩，都是为了制敌取胜。狸即喜欢吃鸡的"山猫"，"狸膏"即狸的油脂。据说将狸膏涂在鸡头上，对方闻到气味，会因畏狸而退避。

除斗鸡之外，古代还有斗鸭、斗鹅、斗鹌鹑、斗蟋蟀等，不一而足。汉代之后，此风不减。三国时魏明帝在宫中专门修筑了"斗鸡台"，吴国的建昌侯孙虑在堂前修了"斗鸭栏"。唐朝时唐玄宗治"鸡坊"于两宫之间。而"斗鸡走狗"也成为一些游手好闲不务正业者的消遣活动。

斗鸡图
山东济宁出土。

斗鸡图　河南南阳英庄汉墓出土。在主室西门楣正面。图中二鸡相对，昂首怒目，中间设一架，似有仪式；鸡后各有一人挥臂唆斗。从斗鸡人的装束和身后的持戟者与侍从看，可能是上层人物。

## 072　公孙阏暗箭射人

这是一个揭露卑鄙小人的故事。他虽然身居高位，却是个没有道德，背后射"暗箭"害人的人，事情发生在春秋时期的郑国。

春秋初期，郑国的势力较强。郑庄公是郑国的国君，曾联合鲁国与齐国消灭了许国。在征伐许国的战争中，大将颍考叔高举着郑国国君的大旗，率领士卒先登上许国的城楼，就在这时，临战的公孙阏（公孙子都）出于妒忌和私仇，自下朝着颍考叔的背后放了一支冷箭，将他射死了。公孙阏与颍考叔都是郑国的大夫，两人早就不和，并有积怨。但在两军争战之际，损伤自己的大将而报私仇，实在是卑鄙可耻，很不光彩。这故事出自《左传·隐公十一年》：

郑伯将伐许。五月甲辰（五月二十四日），授兵（分发武器）于大宫（郑之祖庙）。公孙阏与颍考叔争车，颍考叔挟辀（车辕）以走，子都拔棘（戟）以逐之。及大逵，弗及，子都怒。

秋，七月，公（鲁隐公）会齐侯（齐僖公）、郑伯伐许。庚辰（八月一日），傅（迫近）于许。颍考叔取郑伯之旗蝥弧以先登，子都自下射之，颠。瑕叔盈又以蝥弧登，周麾（遍招）而呼曰："君登矣。"郑师毕登。壬午（八月三日），遂入许。许庄公奔卫。……

郑伯使卒（一百人）出豭（公猪），行（二十五人）出犬鸡，以诅射颍考叔者。君子谓郑庄公失政刑矣。政以治民，刑以正邪。既无德政，又无威刑，是以及邪。邪而诅之，将何益矣！

"诅"即诅咒，即以求神的方式加祸于用暗箭射死颍考叔的人。左丘明的这番议论很有道理，郑庄公赏罚不明，确实是有失"政刑"。试想，一位国君，怎么会用诅咒的办法处理这类重大事件呢？

郑庄公于公元前743—前701年在位。在他以后，经过了近五百年，汉代人还记得这件事，并且将其图绘出来，刻在石头上，

**公孙阙暗箭射人**

上图：山东嘉祥县武氏祠左石室第七石。原石画面分三层，此为第一层。射箭者似为女性。

中图：嘉祥县南武山画像第二石。原石画面分四层，此为第三层。此图与上图基本一致，只是人物形象和布局稍有变化。

下图：嘉祥县宋山画像第八石。原石画面分四层，此为第二层。人物和构图与上两幅大体相同，只是多了野外的鸟和室内的狗。

以此告诫人们，不要同室操戈，警惕那种暗箭伤人的卑鄙小人。

在山东的画像石中，相类似的画面有多幅，其中以嘉祥出土的两幅最有特色。但也有两个疑点：一是所登的不是城楼，而是像房屋的楼梯；二是在背后射箭的人，看其装束，像是女性。因此，有人以为此图另有所指，推测为"大舜故事"，是大舜的后母虐待舜。但舜跑到楼上是无济于事的，况且大舜是传说中的孝子，只应正面表现，如"大象耕田"之类，不必刻意表现他的后母。

我们推测，刻画者以讹传讹，凭着传说，想当然地将"登"城楼
画成了"登"楼梯。至于画成女人的模样，有可能是附会公孙阏的
名字，即"阏"字。因为"阏"字除了作壅水、闸板解释（读è）
外，还是汉代时匈奴王妻妾的称号（yān）。既然"阏氏"为女性，
那么，"公孙阏"也可能是女性了。当然，这只是一种推测，是否
属实，还有待于进一步研究。

公孙阏暗箭射人

上图：山东嘉祥县宋山画像第四石。原石画面分三层，此
为第二层。值得注意的是射箭者似为男性，并且箭已射中。

中图：山东莒县东莞镇出土的石阙画像（东阙背面）。原石
画面分七层，此为第三层右侧部分。

下图：山东嘉祥县纸坊镇敬老院出土画像第九石。原石
画面分五层，此为第三层。射箭情节与前者相似，但没有
楼梯。

# 073 贞妇射书韩朋

在汉代画像石中，有不少画面，表现一个妇女用箭射一个负笼荷锸的男子，不知其具体内容，连摹刻此图的《金石索》也"未知何义"。近读蒋英炬、杨爱国、信立祥、吴文祺著《孝堂山石祠》（文物出版社，2017年），称作"新释读的'韩朋与贞夫的故事'画像"。介绍说："在孝堂山石祠东壁画像第三区（层），即大王车出行下方平行一列人物历史故事的画像……有一女子拉弓箭射前方扛锸状物的男子。……2013年陈长虹发表了《贞夫故事图像考——复原一个汉代失传的列女故事》一文，曾用了此图。作者以敦煌汉简记载的韩朋与其妻子的故事，结合晋干宝《搜神记》和晚唐五代时期抄写的敦煌遗书《韩朋赋》，特别是浙江出土的有'贞夫''宋王'等的铭文铜镜，用画像中图像格套之法，对照寻找山东汉代画像石中这幅画像故事的例证，其中平邑皇圣卿阙东阙画像上也有'信夫'（即贞夫）、'宋王'的榜题。"

根据《韩朋赋》的记载，故事发生在战国时期：韩朋娶妻贞夫（妇）后即出仕宋国，六年未归。贞夫传书与丈夫，致相思之情。韩朋将此书遗失，为宋王所得，近臣梁伯献计宋王，诱贞夫

**贞妇射书韩朋**
山东长清孝堂山石祠东壁画像。原图剥蚀较重，据《金石索》木版摹刻修整。

到宋国。宋王见贞夫貌美，封为王后。宋王残害韩朋，毁其容，罚他去筑清陵台。宋王派人随贞夫探望韩朋，贞夫搭箭射诀别之书，韩朋身死。宋王以礼葬韩朋，贞夫跳进亡夫墓穴中自杀。宋王分葬二人，两坟上分别生出梧桐和桂树，根叶相连。

　　有一点必须说明：本故事的图例，与"公孙阏暗箭射人"多有重复，因其中的楼梯（应是登城楼）而发生异议。不知是原刻的错误还是后人的误解，笔者不想主观认定，也希读者判断。

**贞妇射书韩朋**

山东嘉祥县宋山出土石祠画像。此图与"公孙阏暗箭射人"重复，标题也有别，可互参照。

## 074　以物寄情

夫妻恩爱，死后合葬，表示到了另一个世界也要在一起。这是一种世俗的美好心愿，无论可能与否，都寄托着人们朴素的感情和愿望。

这一画像石所表现的，是一处可观的建筑，有重檐双阙和宽大的厅堂。一对夫妻燕居，两人端坐在榻几上。在当时，刻画人与建筑是没有透视和比例关系的，两个人在室内不考虑活动空间，也没有什么活动，难免显得寂寞、单调，毫无生气，好像日子是很乏味的。

怎么办呢？

不知是墓主人还是刻画者，为其创造了一个烘托气氛的环境。这是黑夜里，天上挂着星星，室左的两只鸟儿在交颈戏耍，室右的一对紧靠着贴在一起，重叠得像是一鸟两头，正在交替地啄食。这是艺术的"以物寄情"手法。室外的热烈衬托着室内的清冷？不！这是告诉人们，外在的情正是内在的爱。艺术是最懂得比喻和隐喻的。

以物寄情　江苏睢宁县张圩散存画像石。徐州汉画像石馆藏。

## 075　累卵之危

　　民间流传有"刘海戏金蟾"的故事，多是画一个蓬发少年，手拿一串铜钱与三足的金蟾相戏，寓意富贵美好。其中夹杂着一些人与事，系拼凑起来的，并非真实的历史。由此引出另一个"累卵之危"的故事。

　　故事的原主人有多种姓名，其中之一叫刘元英，号海蟾子，编造故事的人将"刘海蟾"分成了"刘海"与"蟾"，并涂上了一层浓厚的道教色彩。

　　清代翟灏《通俗编》引《湖广总志》说："刘元英，号海蟾

累卵之危
山东滕州官桥镇出土画像石。两个画面在一石上。

子，广陵人，仕燕主刘守光为相。一旦有道人来谒，索鸡卵十枚，金钱十枚，置几上，累卵于钱，若浮图状。海蟾惊叹曰：'危哉！'道人曰：'人居荣乐之场，其危有甚于此者。'复尽以钱擘为二，掷之而去。海蟾由是大悟，易服从道，历游名山，所至多有遗迹。"

由此看来，这位刘元英是五代时人，距汉代晚了数百年，与汉代的画像石何干呢？是因为我们在山东滕州官桥镇出土的画像石中，看到有类似"累卵"的警示图，故举出此事，说明"古已有之"。

# 076　力士孟贲

在春秋战国时期，诸侯国之间的兼并战争此起彼伏，连年不断。因而许多国家都崇尚勇武和劲力，相沿成风，至汉代依然很盛。自帝王以至庶民，影响及于社会，出现了一些著名的勇士、武士、力士。据史书记载，战国时的秦武王"有力好戏"，有不少力士投靠于他，并且受到重用，做了大官。力士孟贲便是其中的一个。

孟贲或作"孟犇""孟说"，卫国（一说齐国）人。据说他力大无比，与动物博斗能"生拔牛角"。曾与秦武王比赛举鼎，武王因此扭断了胫骨，他也丢掉了性命。

《史记》说：

（秦）武王有力好戏，力士任鄙、乌获、孟说皆至大官。王与孟说举鼎，绝膑（折断了胫骨）。（武王四年）八月，武王死，族（灭）孟说。（《秦本纪》）

盎曰："虽贲、育之勇不及陛下（汉文帝）。"◎《集解》引孟康曰："孟贲、夏育，皆古勇也。"《索隐》引《尸子》云："孟贲水行不避蛟龙，陆行不避兕虎。"（《袁盎传》）

《孟子·公孙丑上》说：

（公孙丑）曰："若是，则夫子过孟贲远矣。"◎孙奭疏《帝王世纪》云："秦武王好多力之人，齐孟贲之徒并归焉。孟贲生拔牛角，是为之勇士也。"

《太平御览》卷四三七引刘向《新序》说：

勇士一呼，三军皆辟易，士之诚也。夫勇士孟贲，水行不避蛟龙，陆行不避虎狼；发怒吐气，声响动天。

在山东沂南的汉画像石中，有一石的画面人物之旁刻着"孟
犇"（孟贲）的名字。但从人物关系和情节上看，与孟贲相对的是
"令相如"（蔺相如），两人之间还有一个盛着二桃的高脚豆。（见
本书第131页）很明显，蔺相如一手举玉璧，所表现的是"完璧
归赵"的故事；中间的两颗桃子是"二桃杀三士"的故事，孟贲
与这两个故事都没有关系，他是与前者不同的力士。可见是雕刻
者将故事的人物错位了。这种错位现象在汉代画像石中是常有的。
如若从画面中题为"孟犇"的形象来看，不难想象当时的勇士之
"勇"是什么模样，确也体态魁梧，表现出一种力量。

力士孟贲
山东沂南县北寨村汉墓出土。

# 077　乌获与五丁力士

　　乌获是战国时的力士。与任鄙、孟贲都以勇力为秦武王所宠用，皆至大官。武王"有力好戏"。据说这几个力士，有的能生拔牛角，有的能拔牛尾，有的能举千钧之重。总之，他们的力量远远地超过了常人，崇敬他们也就等于宣扬力量。因此，战国以来，"乌获"不仅是一个具体的人名，也成了所有力士的通称。

　　另外，在四川一带，古代还有"五力士"的传说。《太平御览》卷九〇〇引《蜀王本纪》曰：

　　秦惠王欲伐蜀，乃刻五石牛，置金其后。蜀人见之，以为牛能大便金，蜀王以为然。即发卒千人，使五丁力士拖牛成道，致三枚于成都。秦道得，石牛力也。后遗丞相张仪等，随石牛道伐蜀也。

　　石牛有多大多重虽然不得而知，但能够被拖着荡出一条路来，是很不容易的。同书中曾提到"天为蜀生五丁力士，能徙蜀山"。说明他们的力气是很大的，并且染上了一层神话的色彩。据说秦王为了伐蜀，得知蜀王好色，便献美女五人于蜀王。蜀王很高兴，便派遣五丁力士迎接美女，路上遇到大蛇，蛇在山洞中。五丁力士一齐拉蛇，竟把山拉得崩塌了，五丁也被压在了山石之下。

　　故事有些离奇，很难说是真实的，然而它却表明了人们对于"力士"的推重。自战国至两汉，崇尚勇力的风气非常普遍。各地的画像石刻画勇士、力士的很多，但大都没有指名道姓，形成一种常见的社会现象，在狩猎、角抵、斗兽等画面中表现出来。徐州洪楼出土的《力士》图刻画了七个力士，分别为持剑、骑虎、拔树、背牛、举鼎、抱鹿、捧壶。尤其是其中的拔树者，刻画得非常生动，使人联想到《水浒传》中花和尚鲁智深倒拔垂杨柳的故事。在武氏祠画像中也有一幅包括拔树在内的狩猎场面，其艺术成就要逊色一些。

南阳画像石（包括画像砖）中的人物和动物，刻画得都很生动，其中有许多精彩的角抵、斗兽的画面。人与人较量固然表现得很勇武，人与兽的搏斗更是紧张，面对野牛的凶猛，还要表现出人的机智。汉代人"重文尚武，尊礼好义"，由对力士的崇尚之风，可以看出那种豁达的胸怀和豪放的品格。

力士图
江苏徐州铜山洪楼村出土。原石为祠堂隔梁。
中为上图之局部。

力士狩猎　山东嘉祥县武氏祠后石室第三石（第四层）。

斗牛图
上图：河南南阳刘洼村汉墓
出土。
中图：河南南阳汉墓出土。

武士搏斗　河南南阳出土空心画像砖。

## 078　材官蹶张申屠嘉

　　弓箭是古人的一项重要发明。恩格斯在《家庭、私有制和国家的起源》一书中说："由于有了弓箭，猎物便成了日常的食物，而打猎也成了普通的劳动部门之一。弓、弦、箭已经是很复杂的工具，发明这些工具需要有长期积累的经验和较发达的智力，因而也要同时熟悉其他许多发明。……弓箭对于蒙昧时代，正如铁剑对于野蛮时代和火器对于文明时代一样，乃是决定性的武器。"在古代战争中，弓箭所起的作用是非常重要的。但弯弓射箭须靠臂力，乃至全身的力量，力量不及者也难以达到良好的效果。

　　用机栝发箭的弓叫"弩"。它运用机械原理，利用弩臂和弩机控制弓弦，可以有力地把矢射出。战国时发明了用青铜制成的弩机，使得弓箭的杀伤力更进了一步。汉弩有两种，以手张者曰"擘张"，以足踏者曰"蹶张"。蹶张弩的杀伤力是擘张弩的2—3倍，可说是一种重武器。

　　然而，蹶张弩并非什么人都能掌握和使用，首要的条件必须是大力士，因此它也是测验人的力气的工具。西汉时的申屠嘉是个力士，最初是当"蹶张士"，也就是力气很大的"材官"（武官）。因为跟随汉高祖射击项羽，便当了"队率"（率队之长），后来又击英布，升为都尉。汉文帝时先是升为御史大夫，后又任丞相，封为故安侯。申屠嘉"为人廉直，门不受私谒"，也就是不开后门，不营私舞弊。班固在《汉书》中评论说："申屠嘉可谓刚毅守节，然无术学。"《汉书·申屠嘉传》载：

　　申屠嘉，梁人也。以材官蹶张从高帝击项籍，迁为队率。从击黥布，为都尉。孝惠时，为淮阳守。孝文元年，举故以二千石从高祖者，悉以为关内侯，食邑二十四人，而嘉食邑五百户。十六年，迁为御史大夫。张苍免相……乃以御史大夫嘉为丞相，因故邑封为故安侯。

从一个"材官蹶张"升为国家的丞相，是很不容易的，但这样的情况也不可能太多。就因为是个孤例，才引起人们的议论。在这里，蹶张本是强弩，竟同最高的官位联系起来，虽说没有普遍性，却也会在人们的心目中留下深刻的印象，这就是力量和权力。汉代画像石上为数不少的蹶张图，并没有标上申屠嘉的名字，但也不能说没有他的影子。

蹶张
① 山东沂南县北寨村汉墓出土（在墓门当中支柱上端）。
② 河南南阳方城县城关镇出土。
③ 河南南阳汉墓出土。

②

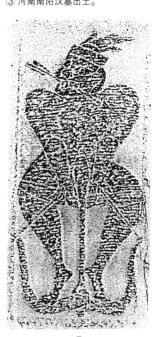

③

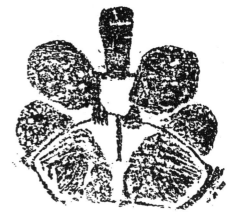

蹶张
左上：河南南阳石桥镇出土。
左下：山东邹城八里河出土。
右上：河南唐河县新店村汉冯孺人墓出土。
右下：四川乐山柿子湾崖墓出土。

# 079　辟除五毒

　　长期的生活经验告诉人们，大自然中许多带毒的虫蛇之类，也会伤害人类。但它们也有自己的生活规律，常常是天暖时开始活跃，天寒时也就冬眠了。东汉崔寔的《四民月令》，就提醒人们：正月"百卉萌动，蛰虫启户"。"五月，芒种节后，阳气始亏，阴慝将萌。煖气始盛，虫蠹并兴。"在民间，有端午节除"五毒"、做"艾虎"、喝"雄黄酒"等习俗，实际上也是提醒人们防害虫，避瘟疫，除邪气。这些习俗以不同的艺术形式表现出来，成为节日的亮点。

　　清代顾禄《清嘉录·五毒符》说：

　　尼庵剪五色彩笺，状蟾蜍、蜥蜴、蜘蛛、蛇、虺之形，分贻檀越，贴门楣、寝次，能魇毒虫，谓之五毒符。……

　　案：《青齐风俗记》："谷雨日画五毒符，图蝎子、蜈蚣、虺蛇、蜂、蝛之状，各画一针刺之，刊布家户，以禳虫毒。"吴俗，则在端五。蔡铁翁《吴歈》注云："五毒：蟾蜍、蜥蜴、蜘蛛、蛇、虺也。"吴曼云《江乡词》小序亦云："杭俗，午日扇上画蛇、虎之属，数必以五，小儿用之。"

　　"五毒"的具体名目各地不一，举凡有毒之虫、伤害于人者，但"数必以五"。其中以蛇为大，称为"大虫"。据《清嘉录·蛇王生日》，在端午之前还有祭"蛇王"的：

　　（四月）十二日为蛇王生日。进香者骈集于娄门内之庙，焚香乞符。归粘户牖，能远毒蛇。人又以是日雨，主坏麦，谓巳日属蛇。麦收忌雨，有此说也。蔡云《吴歈》云："日交蛇位麦登场，日纪蛇生验雨旸。更怪妖氛干正气，丛祠香火拜蛇王。"

案：钱希言《狯园》："蛇王庙，在娄门外，葑门捕蛙者祭献其中。庙旋废，不知何年重建于娄门内，祭赛者不独捕蛙船矣。"钱思元《吴门补乘》："蛇王庙，在娄门内，负城临水，杰阁巍然，与毗陵舣舟亭相似。前殿塑蛇将军，特假蛇耳。或相传蛇王为方正学，正堪喷饭。"

方正学即明代的方孝孺，浙江海宁人，字希直，又字希古，人称正学先生。他是文学家宋濂的弟子，明惠帝时任侍讲学士。燕王朱棣（即明成祖）出兵攻陷京师（南京）后，他因不肯为成祖起草登极诏书而被杀，凡灭十族（九族及其学生），死者达870余人。这是非常残酷的，全国为之震动。至于怎样与"蛇王"结合起来，不得而知，或许是一种婉转地祭奠他的方式。

在古代，蛇害比较严重。《说文解字》解释说："它，虫也。从虫而长，象冤曲垂尾形。上古草居患它，故相问无它乎？"人被蛇咬与否成了相互问安的内容，由此可见一斑。古代文献中记载大蛇为害和勇士斩蛇的故事也很多。

除毒害
山东嘉祥县武氏祠画像（左石室第五石第三层）。

　　山东嘉祥县武氏祠左石室第五石的第三层，刻画两个勇士正在救一个被大蛇缠住的人。那人惊恐万状，两勇士分列两边，一个手举斧头，一个手持铁锤，正在向大蛇打去。大蛇也不示弱，已将头对准了持锤的勇士，勇士也很紧张，连头发都竖起来了。此图右上角有榜而没有刻字，不知是否另有所指。左上角有一个较小的悬空的羽人，一手指向前方，也就是大蛇缠人画面上边的一些毒虫。我们之所以判断是"辟除五毒"，也正是根据大蛇及其上方的那些毒虫。

# 080 为蛇足者亡其酒

有一个成语叫"画蛇添足"，说的是蛇本来没有脚，画蛇时凭空添上几只脚，比喻多此一举。它来自战国时期的一个寓言故事。据《史记·楚世家》，事情发生在楚怀王六年（前323）。齐国人陈轸是战国时的一个游说之士，当时在秦国做官。他以使者的身份来齐国办事，正遇上齐国被昭阳围困。于是他又做了齐国的使者，去见昭阳。他给昭阳讲了"画蛇添足"的寓言，使昭阳明白了其中的道理，并从齐国撤军回楚。

这个寓言在《战国策·齐策二》中写得比较详细：

> 昭阳为楚伐魏，覆军杀将，得八城，移兵而攻齐。陈轸为齐王使，见昭阳，再拜贺战胜，起而问："楚之法，覆军杀将，其官爵何也？"昭阳曰："官为上柱国，爵为上执珪。"陈轸曰："异贵于此者，何也？"曰："唯令尹耳。"

> 陈轸曰："令尹贵矣，王非置两令尹也。臣窃为公譬可也？楚有祠者，赐其舍人卮酒。舍人相谓曰：'数人饮之不足，一人饮之有余。请画地为蛇，先成者饮酒。'一人蛇先成，引酒且饮之，乃左手持卮，右手画蛇，曰：'吾能为之足。'未成，一人之蛇成，夺其卮曰：'蛇固无足，子安能为之足？'遂饮其酒。为蛇足者，终亡其酒。今君相楚而攻魏，破军杀将得八城，不弱兵，欲攻齐。齐畏公甚。公以是为名足矣。官之上非可重也。战无不胜，而不知止者，身且死，爵且后归，犹为蛇足也。"昭阳以为然，解军而去。

意思是说，昭阳替楚国攻打魏国，不但消灭了魏军、杀死了魏将，还夺取了魏国的八座城池，接着又带兵去攻打齐国。陈轸是以齐国使者的身份去见昭阳的，便从昭阳打了胜仗、立了大功谈起，说他应该得到最高的职位令尹，可是楚国已有令尹。于是陈轸便讲了"画蛇添足"的寓言：有个楚国人祭祀祖先之后，把一卮酒赏给家人。因为酒少人多，数人分不过来，一个人喝又太多。于是想了一个办法，让大家在地上画蛇，先画好者喝酒。有一个人先画好了蛇，他拿起卮将要喝酒，却又拿起笔为蛇画上脚。正在画脚时，另一个人已画完蛇，将卮酒夺了过去，说：蛇本来没有脚，你怎么能为蛇添脚呢？便把酒喝了。结果，"为蛇足者，终亡其酒"，酒让别人喝了。

陈轸讲了这个寓言之后，便对昭阳说：战无不胜而不知道适时停止，将会使自己死去，把爵位落在后来者手中，犹如画蛇添足一般。

中国古代的游说者很善于巧妙地使用寓言，这些寓言又丰富了我们的生活。"画蛇添足"的寓言不但避免了两千多年前的一场战争，也在两千多年中劝说了那些做事多此一举的人。

在山东嘉祥县武氏祠的画像石中，左石室第五石的第一层，有一个画面可能表现的就是"画蛇添足"。画面有六个人，左右相对，中间的地面上放着一件器物，上面缠着一条蛇。从前边两个人的动作，似乎可以看出，一人伸手要取那器物，另一人又伸出手来阻止。这动作是符合于"蛇足"故事的。所不同者，在下边

**画蛇添足**
山东嘉祥县武氏祠画像（左石室第五石第一层）。

地上的器物中是不是盛的酒？尤其较难解释的是画面呈现的是缠在器物上的真蛇，而不是在地上画蛇。我们所以判断它表现的是"画蛇添足"，是参照了其他画面的处理手法，诸如省略、变异、错位、富有意象等特点。譬如画子路的装束，为了表现英武，头上可能戴一顶鸡冠帽，或是在帽子上插根野鸡毛，但画像石的雕刻者有的索性在头上画一只鸡。我们知道，从绘画实践的角度看，表现在地上画蛇，要比直接画一条蛇（特别是缠在高颈的器物上）难得多。因为是推测，当然不能十分肯定，唯赖读者去体味了。

# 081　刘邦举兵围鲁

秦朝末年，刘邦与项羽之间的楚汉战争，最终以项羽的失败和西汉王朝的建立而告终。《史记·高祖本纪》载："(楚兵) 大败垓下。项羽卒闻汉军之楚歌（即"四面楚歌"），以为汉尽得楚地，项羽乃败而走，是以兵大败。使骑将灌婴追杀项羽东城，斩首八万，遂略定楚地。鲁为楚坚守不下。汉王引诸侯兵北，示鲁父老项羽头，鲁乃降。遂以鲁公号葬项羽穀城。"

《史记·儒林列传》说：

及高皇帝诛项籍，举兵围鲁，鲁中诸儒尚讲诵习礼乐，弦歌之音不绝，岂非圣人之遗化，好礼乐之国哉？故孔子在陈，曰"归与归与！吾党之小子狂简，斐然成章，不知所以裁之"。夫齐鲁之间于文学（文化思想之学），自古以来，其天性也。

意思是说，刘邦带兵要攻打鲁国，但是在鲁国所看到的情景，不是兵荒马乱，而是讲经、习礼乐。刘邦为之感动，没有屠城，只是把项羽的头颅向鲁国的人们展示后迫其投降。这是由于鲁国人继承了儒家优秀的文化传统，为礼乐之邦，因而避免了一场战争。所以司马迁感慨地称颂说："岂非圣人之遗化，好礼乐之国哉？"

刘邦举兵围鲁
1972年山东临沂吴白庄汉墓出土。原石左断裂。

1972年冬，在山东临沂吴白庄附近的一座汉墓中，出土了一批画像石，石已散乱，共18方，27个画面。其中一石的画面，可能就是表现刘邦举兵围鲁的故事。

画面以桥为中心，车骑正在过桥，桥的左右上方都有成群有序的人物。过桥者前是车马，后为士卒。行车四辆，自右而左，前面是一辆比较华贵的辇车，已经安全地驶过拱桥；紧跟在后面的三辆马车，都有车盖，前边的一辆下坡时马惊车翻，有一个车轮滚到了桥下水中，一人正在撑船打捞，另外还有三个捕鱼者。车后跟随的是两列兵卒，分别手持戟、刀和钩镶之类武器，正在列队快速前进。这座桥可能代表着鲁国的城池，因为在桥的左上方有一排文人书生（八人），正在聚精会神地手捧简书诵读，好像对眼前发生的事没有感觉一样。

判断这幅画像的依据，主要是左上角的一排捧竹简的文人书生。他们对眼前发生的事态不闻不问，认真读经，不但说明了文化的感召力，恐怕也是那马车受惊的原因。而在四辆马车中，平安过桥的第一辆车，正是一个重要的显赫人物，那就是天下至尊的皇帝；皇帝的车辇是不能翻倒的，所以只能让后面的一辆车马惊车翻。由此可以看出创作者构思的周密。这幅图的意涵在于，表现礼治教化胜于武力征服。除了歌颂皇帝尊重儒学的功绩之外，还有教育后人以诗书继世的目的。说不定墓主人就是一个儒生（同墓出土的，还有表现经学之争和党锢之祸的画像）。

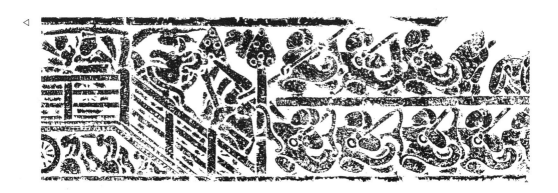

# 082 经学之争

西汉时期，董仲舒向汉武帝提议"推明孔氏，抑黜百家"。这种主张后来被称作"罢黜百家，独尊儒术"。到汉元帝时，儒家思想成为汉王朝的主导思想。到了东汉时期，建初四年（79），为了统一对儒家思想的认识，解决经书版本和解经观点的混乱，汉章帝召集各地名儒于白虎观，开展古、今文经学之辩，统一五经经义。这就是历史上著名的白虎观会议。这次会议的结果，无疑是董仲舒以来的今文经学派取得了胜利，儒家思想的地位进一步得到巩固。《后汉书·肃宗孝章帝纪》：

（建初四年）十一月壬戌，诏曰："盖三代导人，教学为本。汉承暴秦，褒显儒术，建立五经，为置博士。其后学者精进，虽曰承师，亦别名家。……五经章句烦多，议欲减省。……欲使诸儒共正经义，颇令学者得以自助。孔子曰：'学之不讲，是吾忧也。'又曰：'博学而笃志，切问而近思，仁在其中矣。'於戏，其勉之哉！"于是下太常，将、大夫、博士、议郎、郎官及诸生、诸儒会白虎观，讲议五经同异，使五官中郎将魏应承制问，侍中淳于恭奏，帝亲称制临决，如孝宣甘露石渠故事，作《白虎议奏》。

《白虎议奏》也就是《白虎通德论》，省文曰《白虎通》，由班固等编撰。它记录了白虎观经学辩论的结果，成为今文经学政治学说的提要。在山东临沂吴白庄汉墓出土的画像石中，有一个画面，所表现的便是儒生们读经辩论的情景。

读经辩论
1972年山东临沂吴白庄汉墓出土。

# 083 党锢之祸

我国历史上有所谓"党祸""党锢""党禁"之说。是指因结朋党而酿成的灾祸。南宋文学家刘克庄说："党祸，东都最惨，唐次之，本朝又次之。"（《跋山谷书范滂传》）这里所说的"东都"便是指东汉。据史书记载，东汉时期，大的"党锢之祸"就发生过两次，因祸者数百人。

第一次在延熹九年（166）。东汉桓帝时宦官专权，侵犯了士族的利益。世家大族李膺等人和太学生郭泰、贾彪等联合，抨击宦官集团。有人勾结宦官，诬告他们"诽讪朝廷"，李膺等二百多名"党人"被逮捕，后虽释放，但终身不准做官。

第二次在建宁二年（169）。东汉灵帝时外戚窦武专政，起用"党人"，并与太傅陈蕃合谋，诛灭宦官，事泄被杀。灵帝在宦官挟持下，收捕李膺、杜密等一百多人下狱处死，并陆续杀死、流放、囚禁六七百人。熹平五年（176），灵帝在宦官挟持下，又下令将"党人"的门生故吏、父子兄弟，都免官禁锢，并连及五族。

历史上的"党锢之祸"是很残酷的，受害者许多是文人。东汉有一个名叫陈纪的，据《后汉书·陈纪传》："及遭党锢，发愤著书数万言，号曰《陈子》。党禁解，四府并命，无所屈就。"

党锢之祸
1972年山东临沂吴白庄汉墓
出土。

山东临沂吴白庄汉墓的画像石中，除了有表现刘邦举兵围

鲁和经学之争的题材外，还有一幅表现党锢之祸的画面。手中持"麾"的官员正在指挥抓人，被抓者是手捧竹简的文人。说不定该墓的主人与此有关，似乎是一种提示，提醒后人记取"党锢之祸"的教训。

# 084  门大夫

1993年山东莒县东莞镇出土了一批画像石。其中一块画像石上刻题记，记有"唯光和元年八月十日□□琅琊东莞□孙熹，年六十四故世"云云。

题记右侧刻有一人，双手持盾，躬身而立，在他背的上方有榜题"门大夫"。门大夫为列侯的属官。《汉书·百官公卿表》："彻侯，金印紫绶，避武帝讳，曰通侯，或曰列侯，改所食国令长名相，又有家丞、门大夫、庶子。"

为太子配置的职官中也有门大夫，称太子门大夫，为太子东宫司门之官，职比郎将。如西汉政论家晁错，据《史记·晁错传》：便"诏以为太子舍人、门大夫、家令"。曾得太子（即汉景帝）信任，号"智囊"。景帝即位后，任为御史大夫。他主张以农业为本、"重本抑末"的政策，实边防御匈奴，并逐步削夺诸侯王国的封地，以巩固中央集权制度，得到汉景帝的采纳。但不久，吴楚等七国以诛晁错为名，发动了武装叛乱，晁错被杀。"

门大夫
山东莒县东莞镇出土。双手所持为盾，身前为釜灶。

## 085　拥彗小吏

汉画中的官衙和大户人家，门前大都有守卫的小吏，或单或双，手持戟杖之类。其目的是无须解释的。但也有的手持长柄的扫帚，站在那里，是做什么呢？

这是古人的一种礼仪，称作"拥彗"。彗也作"篲"，即扫帚。拥彗便是执帚。古人迎候尊贵客人，常以拥彗致敬，意谓扫除以待客。

这种礼节，不仅用于守门的小吏，大人物也是如此。《史记·孟子荀卿列传》："如燕，昭王拥彗先驱，请列弟子之座而受业。"司马贞索隐："谓为之扫地，以衣袂拥帚而却行，恐尘埃之及长者，所以为敬也。"

拥彗小吏
左门吏：河南南阳出土画像石。
右门吏：河南许昌出土画像石。

# 086 西域胡人

　　"西域"和"胡人"这两个名词，都是泛指，现在已很少应用。所谓"胡人"，系我国古代对北方边地及西域各民族的称呼。而"西域"所指，既包括我国的新疆，又包括新疆之西的广大地区，直到欧洲等地。在汉唐时期，是我国通往西方的主要道路，进行丝绸等商品贸易和文化交流，被称为"丝绸之路"。

　　西域胡人到我国来经商或作其他方面的交流，在当时的中国人看来，是很少见和奇特的。他们长得与我们汉族人不同，生活习惯也不一样。不仅形象上两眼凸出，鼻大而尖，在穿戴方面则是长袍大领，有的是反毛皮裘，腰系皮带。

西域胡人：穿皮裘者与持钱袋者
左为"穿皮裘者"，河南许昌出土画像石。右为"持钱袋者"，河南南阳新野樊集出土画像砖。

# 087　阉牛去势

　　"阉割"亦称"去势"，民间俗称"骟（shàn）"。即为了使驯养的家畜消除野性，性情趋于温顺，便于管理和役用等，在牛、马等的适当年龄，摘除或破坏其睾丸或卵巢，使其失去繁殖能力。如役用牛一般是在一岁半至两岁之间去势。牛体大力强，在农耕时代，曾是重要的生产畜力。据说早先的野牛也很凶猛，古人甚至认为牛能成为精怪。《述异记》卷上说："千年木精为青牛。"在汉代的画像石与画像砖中，常见有牛与虎、熊相斗的画面。

　　南阳方城县城关镇两座砖石墓出土的两幅"阉牛去势"图，画面大同小异，表现阉者持刀，趁牛抬动后腿时，将其睾丸割下。原石均为横长条形，画面较复杂：前者的牛正与熊搏斗，熊后还有一条龙；后者的牛正与虎相斗，虎后有一猿。整个画面，有的释为"驱魔逐疫"。但"阉割"不可能在兽斗中进行。

阉牛去势（均为局部）

上图：1977年河南南阳方城县城关镇东关村出土。

下图：1982年河南南阳方城县城关镇潘河东岸出土。

## 088　狗咬耗子

　　狗为家畜，亦称犬。古代有家犬、猎犬、肉犬之分，但主要的是家犬，把门守家。人们养猫，则是为了捕老鼠，尤其对于养蚕的人家，防鼠最为重要。这也是对家养动物的一种分工。老鼠也称"耗子"，它的门齿发达，无齿根，会终生继续生长，只好借啮物以磨短。所以，除了吃食之外，不论什么都咬，破坏性很大。所以民间有一个著名的童话《老鼠嫁女》，为了高攀，要把老鼠女儿嫁给猫。

　　一般来说，狗是不关心老鼠的。不知为什么，四川郪江崖墓竟刻了一幅"狗咬老鼠"，是不是当地的老鼠太多，还是此狗有此种特别嗜好呢？问题是，它遇到了一个民间俗定的"歇后语"："狗拿（捉）耗子——多管闲事"，以此比喻那种好事的人。

狗咬耗子
四川三台县郪江崖墓内刻石。

## 089　便面

　　在画像石的画面中，便面由人举着，像是一把小旗。实际上它是较硬的片状物，是类似扇子的一种用品，不仅可以摇动生风，更具有障面的作用。如一个持便面者与人照面或是谈话，不愿意让对方看到自己的面部或表情，便将面孔遮起来，所以称作"便面"。这种物品在汉代很流行，在一些公众场合或是谒见尊者，已带有仪式的性质。1972年，湖南长沙马王堆一号汉墓出土了两件竹编的便面，用竹篾编出装饰花纹，柄分长短。长者高176厘米，短者52厘米。边缘及柄均以丝织物缝裹，制作得很精致。小的可举在一只手里，随意摇动；大的用双手持，明显用作仪仗，或有侍者跟在主人的身后。

便面

上图：江苏睢宁县墓山汉墓出土，室内对饮画像。

下图：安徽宿县褚兰镇墓山孜出土，会面画像。

## 090　毕

　　毕，是古代用以捕捉小动物的长柄网，既可徒步使用，也可在马上使用，现已不见。

　　《诗经·小雅·鸳鸯》：

　　　鸳鸯于飞，毕之罗之。
　　　君子万年，福禄宜之。

　　鸳鸯为匹鸟，用带网的毕和罗来捕捉而不是用弋射猎。弋是带绳子的箭。《论语·述而》有所谓"弋不射宿"者，是说用弋射

用毕捕鸟　陕西米脂县官庄汉墓出土。

用毕捕鸟　山东长清孝堂山石祠画像。

的方式打猎时,不射取栖息的鸟兽,反映了孔子的仁爱思想。用网来捕捉鸳鸯可以不伤其体,不会"拆散野鸳鸯"。在汉代之前,古人已用鸳鸯象征男女关系。

《庄子·胠箧》曰:"夫弓、弩、毕、弋,机变之知多,则鸟乱于上矣。"弓、弩、毕、弋这些东西,智巧越多,鸟儿只好在空中乱飞了!

# 091　桔槔

　　人类的生活离不开水。在井未发明之前，古人选择了"傍水而居"。在陶器发明之后，便设计了一种"尖底瓶"，双耳偏下，易于倾斜，可到河边或池边等处汲水，非常方便。后来又发明了水井，学会了开发和利用地下水。但如何将水从地下提上来，是有些难度的。

　　在需要与创造之间，古人运用智慧，在井旁架起了杠杆，一端挂水桶，另一端坠石头，两端一起一落，便轻松地从井中提上水来，这就是"桔槔"（也作"桔皋"）。它大概是最早出现的提水工具。春秋时，《庄子·天运》说："且子独不见夫桔槔者乎？引之则俯，舍之则仰。"汉代的《淮南子·氾论训》说："斧柯而樵，桔皋而汲。"但汉代还出现了一种更加方便的汲水工具——辘轳。它用绳索绞动，是现代化起重绞车的雏形。北魏贾思勰《齐民要术》说："井，别作桔槔、辘轳。"原注："井深用辘轳，井浅用桔槔。"现在农村仍有辘轳。

桔槔与人在井边的活动　山东嘉祥县武氏祠前石室画像。

（二）神话与传说

在远古时代，每个民族和部落都有自己的神话，并且通过口传，一代一代地流传下来，成为一种文化的积淀。这是因为，原始人的思想较单纯，生产力的水平很低，不能科学地解释世界的起源、自然现象和社会生活的矛盾与变化，便借助于想象和幻想，把自然力拟人化。用超人的、超自然的力量，来解释一些他们不理解的现象和头脑中的悬念，甚至会幻想这种超人的力量能帮助自己。在今天看来，有很多不过是奇思妙想。虽然不是现实生活的科学反映，却也表现出古人的思想和追求，具有一定的积极意义。这时候正处在人类的"童年"阶段，遥想神话一定很多，随着时间的推移，有的被遗忘了，有的后来在被文字记录时改变了。即使如此，仍然有一些保留了下来，作为一种艺术形态，至今仍具有很大的魅力。

鲁迅说："昔者初民，见天地万物，变异不常，其诸现象，又出于人力所能以上，则自造众说以解释之：凡所解释，今谓之神话。神话大抵以一'神格'为中枢，又推演为叙说，而于所叙说之神，之事，又从而信仰敬畏之，于是歌颂其威灵，致美于坛庙，久而愈进，文物遂繁。故神话不特为宗教之萌芽，美术所由起，且实为文章之渊源。"（《中国小说史略》第二篇《神话与传说》)

从各种迹象来看，中国古代的神话原本是很丰富的，如《山海经》之成系统。但由于各方面的原因，到汉代时已渐零散。鲁迅认为："中国神话之所以仅存零星者，说者谓有二故：一者华土之民，先居黄河流域，颇乏天惠，其生也勤，故重实际而黜玄想，不更能集古传以成大文。二者孔子出，以修身齐家治国平天下等实用为教，不欲言鬼神，太古荒唐之说，俱为儒者所不道，故其后不特无所光大，而又有散亡。然详案之，其故殆尤在神鬼之不别。天神地祇人鬼，古者虽若有辨，而人鬼亦得为神祇。人神淆杂，则原始信仰无由蜕尽；原始信仰存则类于传说之言日出而不已，而旧有者于是僵死，新出者亦更无光焰也。"（同上）

汉代道教兴起，崇奉黄老之学，将许多神话糅了进去。神话既然成为宗教的一部分，也就必然经过删改以利其用，与后来的神鬼故事混杂在一起，难以分得清楚。至于在神话之间原有的联系，无疑也会搅乱，甚或残缺不全了。

汉代画像石上所刻画的神话故事并不少，从画面看常常使人感觉还处在人神不分的时代。然则统而观之，却也能够比较出，在众多的神话中以"伏羲、女娲"和"西王母"最多，也最重要，很明显是以保护死者为主要目的，好像功利性加强了。在神话中，伏羲、女娲是创造生命之神，西王母是掌管生命之神。道家以黄老为祖，即黄帝和老子。黄老之术的一个重要方面就是"养生求真"，生时轻身养性，死后升天成仙。在汉画中，伏羲、女娲还保留着某些神话的原始形态，成为"人首蛇首"的神怪模样，只是手中加了规矩，以象征创造世界和设计人生。在有的画面上，伏羲、女娲又手托日月，表明了他们的神力和威严。至于西王母，在原始神话中本是一个如人的神怪，其形象是"豹尾，虎齿，蓬发，戴胜，善啸"，可是到了汉代，在汉画中，已演化为一个雍容貌美的女神。并且从对偶的观念出发，还配了一个"东王公"相与为伴，已经完全人间化了。这与《穆天子传》《汉武内传》两部小说对西王母的演绎有关，据说周穆王征西时曾会见过西王母，西王母还来看过汉武帝，并且把三千年结一次果的蟠桃赐给汉武帝。于是，后来又引出了一个各路神仙相聚祝寿的"蟠桃大会"。

据《山海经·西山经》，西王母的神职是"司天之厉及五残"。这是很凶残的一种职务。"厉"是指鞭打、虐害，又通"疠"，为灾害。"五残"是五种残酷的刑罚，如像古代的"五虐""五刑"，包括断耳、截鼻、宫刑、黥刑、大辟、鞭扑等，名目繁多，以后各代都有不同的律法。问题在于，这样一个残酷的角色，怎么会变成雍容平和的美妇人了呢？其关键就在于，能够操人的命运，也能造福于人。神话中的西王母同时还掌有"长生不死"之药（嫦娥便是吃了她的这种药才飞向月宫。只是这种药并不是直接给嫦娥的，而是她的丈夫后羿在人间除害有功，西王母赐药与他，后来被嫦娥偷吃了；她不敢再回到天宫，只好飞到冷清的月亮上）；汉代人有求于西王母，也是希求长寿和永生。至于以后的发展，西王母被演绎成"王母娘娘"，又成了人们求子的"生育之神"，也可说是由"生命之神"的引申。

神话是美丽的。汉代画像石中所刻画的神话故事，除了古代的流传因素之外，也包含了汉代人的想象。

传说即传闻，辗转传述民间长期流传下来的事情，有的为人与事，有的是神怪，也有的纯属虚构，同神仙故事混糅在一起。如四川李冰治理都江堰，他的儿子二郎为守堰同水怪搏斗，被当地群众修庙祭祀，称为"二郎神"。

古人认为，虔诚的人通过长期修炼，能够升仙，进入天界。闻一多先生在《神仙考》中说："神仙是随灵魂不死观念逐渐具体化而产生的一种想象的或半想象的人物，这可从火葬得到证明。""火葬的意义是灵魂是乘火上天而得永生，故古书所载火葬俗流行的地方，也是'不死'传说发生的地方。今甘肃、新疆一带，正是古代羌族的居地，而传说中的不死民、不死之野、不死山、不死树、不死药等也都在这里。很可能齐人的不死观念是当初从西方带进来的。"

为了能使灵魂升天，古人曾仿照火葬的办法，用"自焚"，或是用一把剑"自砍"，合称"自解"。道教兴起之后，研究出"行气"之术，即所谓"吐故纳新""去浊存清"以及"辟谷轻身"等。还有最方便的办法，就是"炼丹"，据说吃了那"仙丹"，便能飘飘然地飞到天上去。

我国的汉字，仙字最早为"僊"。《说文解字》曰："僊，长生。僊去。"什么叫"僊去"呢？原来，"僊僊"二字为飞舞状，像舞蹈的飘动。那么，又"僊去"到哪里？有趣的是，汉代已出现了"仙"字，从"人"从"山"，表明仙在山中。

以下，为神话与传说故事，共61条。

# 092　盘古开天辟地

　　关于盘古的神话，在我国流传很早，不仅见于汉族，也在西南少数民族的古歌中有所流传。但见于文献记载的已是汉代之后的典籍。如三国时吴人徐整所撰的《三五历纪》，原书已佚，据《太平御览》卷二所引：

　　天地浑沌如鸡子，盘古生其中，万八千岁。天地开辟，阳清为天，阴浊为地。盘古在其中，一日九变，神于天，圣于地，天日高一丈，地日厚一丈，盘古日长一丈。如此万八千岁，天数极高，地数极深，盘古极长。后乃有三皇。数起于一，立于三，成于五，盛于七，处于九，故天去地九万里。

　　这是说盘古出世与天地的形成，说明盘古同天地是共同孕育的。又据南朝梁任昉《述异记》：

　　昔盘古氏之死也，头为四岳，目为日月，脂膏为江海，毛发为草木。秦汉间俗说盘古头为东岳，腹为中岳，左臂为南岳，右臂为北岳，足为西岳。先儒说盘古氏泣为江河，气为风。声为雷，目瞳为电。古说盘古氏喜为晴，怒为阴。吴楚间说盘古氏夫妻，阴阳之始也。今南海有盘古氏墓，亘三百里，俗云后人追葬盘古之魂也。桂林有盘古氏庙，今人祝祀。南海中盘古国，今人皆以盘古为姓。昉按：盘古氏，天地万物之祖也，然而生物始于盘古。

　　这是说盘古死后"化身"，演变为万物，说明了万物的起源。在这两段文字中，只是在《三五历纪》中提到"后乃有三皇"。虽然没有直接说明盘古与三皇的关系，也已看出，这三位传说中的古代帝王是在盘古开天辟地之后。所谓"三皇"，传说中有多种说法，各说所指的具体人物不同。其中，《风俗通义·皇霸篇》引《春秋纬运斗枢》指为伏羲、女娲、神农。在汉画像石中也有表现。

画像石中表现伏羲、女娲的画面很多。传说中的伏羲、女娲都是"人首蛇身"，两人（神）的手中分别拿着规和矩，表示创造和设计了人类社会。关于伏羲、女娲的事迹故事，我们另文介绍。在汉画中，有的在伏羲、女娲中间又画了一个更大的神，张开双臂，扶着他们或者抱着他们，这个神是谁呢？说者认为，便是盘古，唯有盘古才具有在他们之上的资格，并且也符合"开天辟地"与"创造人类"的先后次序及历史的逻辑。就画面而论，并没有什么情节，但可以看出，表现神话的人是如何追根究源，想把事物的前因后果都刻画出来。

盘古开天辟地
山东沂南县北寨村汉墓出土。盘古张开双臂，抱着伏羲、女娲。

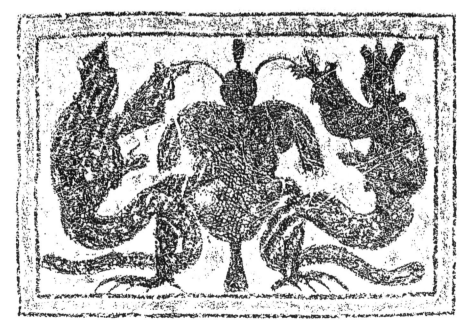

盘古开天辟地
上左：山东嘉祥县花林村出土。
上右：山东嘉祥县纸坊镇敬老院出土。
下图：山东滕州龙阳镇出土。

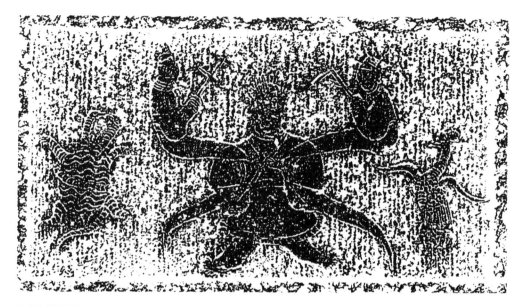

盘古和伏羲女娲　山东平邑县东汉皇圣卿石阙东阙南面画像（第一层）。中间为盘古，两臂抱着伏羲和女娲。左为玄武，右为朱雀，象征着方位和空间。

# 093　伏羲女娲

伏羲和女娲是中国神话中最早的两个神人，传说他们是兄妹结合，也有的说他们本来就是夫妻；是他们创造了人类，并教导人们从事生产和取得生活资料的能力。

伏羲氏一作宓羲、包牺、庖牺、伏戏，亦作牺皇、皇羲，是远古的"三皇"之一。传说他教民结网，从事渔猎畜牧，并制作了八卦。女娲氏亦称女希。传说天地初开之时，没有人民，洪水泛滥，四极不稳，猛兽猖狂。女娲用黄土做人，并炼五色石补天，折断鳌足支撑四极，治平了洪水，杀死了猛兽，使人民得以安居。自古以来，民间称女娲为"人祖"。

关于伏羲，《太平御览》卷七八引：

《皇王世纪》曰："太昊帝庖牺氏，风姓也。蛇身人首，有圣德，都陈。作瑟，三十六弦。燧人氏没，庖牺氏代之，继天而生，首德于木，为百王先。帝出于震，未有所因，故位在东方，主春。象日之明，是称太昊。制嫁娶之礼，取牺牲以充庖厨，故号曰庖牺皇。后世音谬，故或谓之密牺。"

《易下·系》曰："古者庖牺氏之王天下，仰则观象于天，俯则观法于地，中观鸟兽之文与天地之宜，近取诸身，远取诸物，于是始作八卦，以通神明之德，以类万物之情。结绳而为网罟，以畋以渔，盖取诸《离》。"

《春秋内事》曰："伏牺氏以木德王天下，天下之人，未有室宅，未有水火之和。于是，乃仰观天文，俯察地理，始画八卦；定天地之位，分阴阳之数，推列三光，建分八节，以爻应气。凡二十四气，消息祸福，以制吉凶。"又曰："天地开辟，五纬各在其方，至伏牺乃合，故以为元。"

关于女娲，《太平御览》卷七八引：

《帝王世纪》曰："女娲氏，亦风姓也。承庖牺制度，亦蛇身人首。一号女希，是为女皇。未有诸侯，有共工氏，任智刑以强，伯而不王。以水承木，非行次，故《易》不载。"

《山海经》曰："女娲之肠化为神，处粟广之野。"◎郭璞注曰："女娲，古神女而帝者。人面蛇身，一日中七十变，其肠化为此神。粟广，野名也。"

《淮南子》曰："往古之时，四极废，九州裂，天不兼覆，地不周载。火滥焱而不灭，水浩洋（yǎo，水无边际）而不息。猛兽食精（善）民，鸷鸟攫老弱。于是，女娲炼五色石以补苍天，断鳌足以立四极，积芦灰以止淫水（平地出水）。民生皆方州抱周天，和春阳、夏杀、秋约、冬枕，方寝绳（直身而卧）。"

《风俗通》曰："俗说天地开辟，未有人民，女娲抟黄土作人。剧务（繁重事务）力不暇供，乃引绳于泥中，举以为人。故富贵者黄土人也，贫贱凡庸者引絙（大绳）人也。"

伏羲和女娲，在汉代人的心目中，既是人类的创造者，也是人类的保护者。因此，人们崇敬他们，希望得到他们的庇护。在养性保命的黄老思想和厚葬之风的影响下，大多数的祠堂、墓室、石阙上都刻有伏羲、女娲的形象，而且有很多是刻在墓门上或显要的地方。在各地的画像石中，伏羲、女娲的形象变化也很多，但总的特点是一致的，就是"人首蛇身"（或称"人首龙身"）。在当时，人们对"蛇身"（或龙身）是看得很重的，不仅显得神圣，并且象征着智慧和变化。当人们看到伏羲、女娲的蛇身交缠在一起的时候，会感到有一种生命的活力。正因为长得与人不同，才更像神，被人崇敬的神。

伏羲、女娲的另一个特点，是在他们手中各拿着一件工具。

一个是规（圆规），一个是矩（曲尺）。所谓"不以规矩不能成方圆"，因而，规矩成为规划、设计、创造的象征。这可能是汉朝人所赋予的。在嘉祥武梁祠的画像中，西壁的上行是古代传说中的帝王图像，右起第一个便是《伏羲女娲》图。有榜题曰："伏戏仓精，初造王业，画卦结绳，以理海内。"在画面中，女娲手中缺"规"，观察石面，才知原石早有破损，其他的画像石也可参证。最有趣的是，在伏羲、女娲之间刻了一个活泼的小孩，张臂拉着他们两人的衣袖，双腿悬空，像打秋千一样。这不就是人与"人祖"的写照吗！相类似的画面在武氏祠左石室中也有表现，所不同的是那小孩已为成年，他们两两结合，两个"人首蛇身"交缠在一起，快乐地飞舞了。

既然是保护神，就应该是最有权威、最有力量的。所以，伏羲、女娲除了手持规矩象征组织人类社会、引导人民生活之外，有的还将日月托起。伏羲本来就是"继天而生"，具有"定天地之

伏羲女娲（复原图）
山东嘉祥县武梁祠西壁之古代传说帝王画像。

伏羲女娲
山东嘉祥县武氏祠左石室画像
（第四石第三层）。

位、分阴阳之数"的本领；女娲也有补天之力，无疑也都能托着
太阳和月亮运转。

    伏羲、女娲在画面中的布局，除两人的蛇身交缠在一起者外，
多是作对称式的安排。或连臂亲昵，或拱手相对。他们飘舞在太
空，潇洒自在，动态优美，表现出汉代画家的美好想象。

伏羲女娲与日月
山东临沂吴白庄汉墓出土。伏羲
执规，身部刻日轮；女娲执矩，
腹部刻月轮。

伏羲女娲

上左：四川郫县（今成都市郫都区）石棺画
像。伏羲、女娲手托日月。

上右：河南南阳蒲山汉墓出土。二神手持曲
柄伞。

下左：四川江安一号石棺画像（魏晋时期）。

# 094　西王母和东王公

在汉代画像石（和画像砖）中，雕刻最多的是西王母。西王母原是古代传说中的女神，长得也很古怪，似人也似虎豹，掌管上天的灾疫和刑罚，从她的相貌到她的职能，可说是非常凶残的。后来与东王公相对应，东王公虽然也是神人，但与西王母并无事迹可谈。可能是汉朝人从对偶的观念出发，给西王母安排的一个配偶。

从汉代之前的文献看西王母和从汉代画像石上看西王母，大不一样，完全变成了两个不同的形象。也就是说，西王母由一个如虎似豹的凶猛怪物变成了一位雍容华贵的中年妇人。这说明神话也在随着时代的变迁而变化着。

有关西王母神话的记述，最早的材料主要见于《山海经》诸经：

《大荒西经》："西海之南，流沙之滨，赤水之后，黑水之前，有大山，名曰昆仑之丘。有神，人面，虎身，有文，有尾，皆白，处之。其下有弱水之渊环之，其外有炎火之山，投物辄然。有人，戴胜，虎齿，有豹尾，穴处，名曰西王母。此山万物尽有。"

《西山经》："（玉山）是西王母所居也。西王母，其状如人，豹尾，虎齿而善啸，蓬发戴胜，是司天之厉及五残。"◎郭璞注："蓬头乱发；胜，玉胜也。主知灾厉、五刑残杀之气也。"

《海内北经》："西王母，梯几而戴胜杖（案，杖字当衍）。其南有三青鸟，为西王母取食。在昆仑虚北。"

由此可见，西王母的早期形象是一个半人半兽的凶神，只是在"蓬头乱发"上戴了一个"玉胜"，表明她是一个女性，同时也暗示了她是居于我国西部的神。自古以来，西部以出美玉而著名。后来的周穆王与西王母会面也与此有关。

《庄子·大宗师》："夫道，有情有信，无为无形。……西王母得之，坐乎少广，莫知其始，莫知其终。"◎《经典释文》引司马彪云："少广，穴名。"

这时候，西王母虽然还住在洞穴里，但已为得道之人。待到《竹书纪年》和《穆天子传》中，西王母便俨然是个王者了。《古今图书集成·神异典》卷二二二：

《竹书纪年》：舜九年，西王母来朝，献白环玉玦。穆王十七年，王西征昆仑丘，见西王母。其年西王母来朝，宾于昭宫。

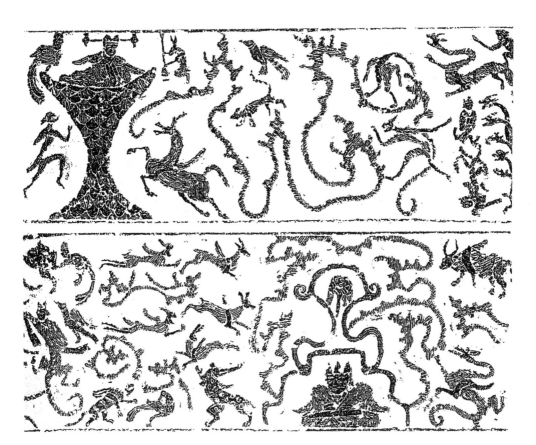

西王母和东王公　山东滕州官桥镇后掌大村出土。西王母居山上，东王公居洞中，周围都有云气缭绕和仙人活动。上下两幅原为一石的左右两端，中间删去了一段。

西王母与侍从　山东滕州桑村镇（今属枣庄市山亭区）户口村出土。

**西王母与伏羲女娲**

山东微山县两城镇出土。

画像石上的西王母和东王公一般都没有榜题，多是在画面的显著位置。这是少见的两幅标有"西王母"名字的图像。（上图将"西"字刻成了"田"字）这两幅图其实并不典型。一个没有戴胜，另一个为人首蛇身。这说明，西王母的造型在汉代并没有统一的规范，工匠仍然凭着自己的想象而雕刻。所谓典型者，不过是通常所见的模式，约定俗成，西王母也就定型了。

汉代之后，六朝人托名汉代班固撰有《汉武故事》和《汉武帝内传》，说西王母降临汉宫，汉武帝从西王母受长生不老之术，内容虽浮诞无稽，但文辞排偶华丽，常为后人所乐道。从表面上看，汉代画像石在前，小说在后，似乎没有关系。估计西王母由灾疫凶杀之神转化为长生不老之神，主要是在这个时期。早起战国，后至六朝，汉代时已经转化完成。因此，西王母变成了一个雍容华贵的中年妇女形象，掌握着"不死之药"，如同掌握着人的命运，连至尊的皇帝也不例外。

鲁迅《古小说钩沉》辑《汉武故事》：

七月七日，上（汉武帝）于承华殿斋，日正中，忽见有青鸟从西方来，集殿前。上问东方朔，朔对曰："西王母暮必降尊像。"……是夜漏七刻，空中无云，隐如雷声，竟天紫气。有顷，王母至，乘紫车，玉女夹驭，载七胜，履玄琼凤文之舄，青气如云，有二青鸟如乌，夹侍母旁。下车，上迎拜，延母坐，请不死之药。母曰："……帝滞情不遣，欲心尚多，不死之药，未可致也。"因出桃七枚，母自啖二枚，与帝五枚。帝留核着前。王母问曰："用此何为？"上曰："此桃美，欲种之。"母笑曰："此桃三千年一著子，非下土所植也。"留至五更，谈语世事，而不肯言鬼神，肃然便去。东方朔于朱鸟牖中窥母。母谓帝曰："此儿好作罪过，疏妄无赖，久被斥退，不得还天，然原心无恶，寻当得还，帝善遇之！"母既去，上惆怅良久。

《汉武帝内传》（中华书局，1985）：

至二唱（二更）之后，忽天西南如白云起，郁然直来，径趋宫庭间。须臾转近。闻云中有箫鼓之声，人马之响。复半食顷，王母至也。县投殿前，有似鸟集，或驾龙虎，或乘狮子，或御白虎，或骑白麟，或控白鹤，或乘轩车，或乘天马，群仙数万，光曜庭宇。既至，从官不复知所在，唯见王母乘紫云之辇，驾九色斑龙。别有五十天仙……咸住殿前。王母唯扶二侍女上殿。……

东向坐，着黄金褡襜，文采鲜明，光仪淑穆，带灵飞大绶，腰分头之剑，头上太华髻，戴太真晨婴之冠，履玄琼凤文之舄，视之可年三十许，修短得中，天姿掩蔼，容颜绝世，真灵人也。

　　帝下席跪谢……（上元）夫人使帝还坐。王母谓夫人曰："卿之戒言，言甚急切，更使未解之人，畏于至意。"夫人曰："若其志道，将以身投饿虎，忘躯破灭，蹈火履水，固于一志，必无忧也。……急言之发，欲成其志耳。阿母既有念，必当赐以尸解之方耳。"王母曰："此子勤心已久，而不遇良师，遂欲毁其正志，当疑天下必无仙人，是故发我阆宫，暂舍尘浊，既欲坚其仙志，又欲令向化不惑也。今日相见，令人念之。至于尸解下方，吾甚不惜。复三年，吾必欲赐以成丹半剂，石象散一具，与之，则彻不得复停。当今匈奴未弥，边陲有事，何必令其仓卒舍天下之尊，而便入林岫？但当问笃向之志，必卒何如。如其回改，吾方数来。"王母因拊帝背曰："汝用上元夫人至言，必得长生，可不勖勉。"帝跪曰："彻书之金简，以身模之焉。"

　　在汉代人的心目中，西王母既是一个主宰神，也是一个保护神。她对于人们的命运至关重要，不仅生时要靠她的保护，死后也要祈求她的保护。《太平御览》引《汉旧仪》说："祭王母于石室，皆有所，二千石、令、长奉祀。"可见在当时是很兴盛的。

　　汉代画像石上西王母的形象，都是盘坐的女性。其特点是：

（一）宽衣大袖，头上戴胜，即称作"方胜"的一种首饰。

（二）有的也生有两翼，个别的还是人首蛇身。

（三）有的扶几打坐，或与东王公相并列。

（四）有的高居仙山，或与东王公遥遥相望。

（五）有的坐在龙虎墩上。

（六）在她周围有三足乌、九尾狐、兔子、蟾蜍和羽人等。

西王母和伏羲女娲　山东滕州桑村镇（今属枣庄市山亭区）大郭村出土。西王母戴胜端坐，有双翼。两侧为伏羲、女娲，手持便面。左右是九尾狐、玉兔、蟾蜍和羽人。下为供养人。

西王母与侍从　二者均为山东嘉祥县宋山村出土。

222

西王母仙境　山东嘉祥县宋山村出土。

献仙草　山东嘉祥县嘉祥村出土。

西王母与侍从　山东嘉祥县洪山村出土。

西王母与侍从 四川彭山江口镇出土石棺画像。

四川出土的汉代画像石，主要是石棺和崖墓中的雕刻，其中西王母也很常见。与别处不同的是，西王母多是坐在龙虎墩上，犹如驾龙骑虎。西汉焦延寿《焦氏易林·临之履》说："驾龙骑虎，周遍天下。为人所使，见西王母，不忧不殆。"西王母坐在龙虎墩上，特别显出一种威仪。

西王母与龙虎墩
四川郫县（今成都市郫都区）竹瓦铺出土石棺画像。

西王母与老人 四川南溪城郊出土石棺画像。

陕西汉画像石主要分布于陕北榆林地区的无定河流域，以绥德、米脂为多，北面也有发现。画像石多是构筑在墓门上，西王母和东王公则居显要位置，左右相对，立于门柱的上部。他们分别端庄地坐在高耸入云的神山之顶，两侧有仙人、仙兽和仙树。除一般造型外，西王母和东王公还有一种动物形的奇异模样，称作"牛首东王公"和"鸡首西王母"，不知有何出典。（见《中国画像石全集》第5卷）

西王母和东王公
陕西榆林郑家沟汉墓墓门立柱上端。

鸡首西王母和牛首东王公
陕西绥德县出土汉墓墓门立柱上端。

**西王母** 河南郑州出土空心砖印纹。

西王母坐在高高的山顶上。虽然有青鸟为其寻食，有玉兔帮助她捣"不死之药"，但毕竟是寂寞的。在她的手中拿着一个"工"字形的东西，有人说那是绕线架，因为她是女性，也在做女红了。

**西王母与异兽**

山东邹城高庄金斗山出土。

西王母凭几而坐，两侧有男女侍者持便面跽侍，其他就是九尾狐等异兽，都在云气缭绕之中。从画面上看，西王母已是持重老态。当神仙也是很累的，那么多的人都要祈福长寿，怎么顾得过来呢？在人与神之间，人们创造神是为了解决自己的困惑，但又必须保持神的尊严，同人保持一定的距离。神只好住在荒寞的深山，与野兽为伍了。

# 095　三足乌与九尾狐

在我国神话中，有一只三条腿的乌鸦和一只九条尾巴的狐狸，它们都是仙禽神兽，同在西王母的身边，为西王母取食。

《山海经·海内北经》：

西王母，梯几而戴胜杖。其南有三青鸟，为西王母取食。在昆仑虚北。◎郭璞注："又有三足乌，主给使。"袁珂案："郭注三足乌，宋本、藏经本作三足乌。《史记》司马相如《大人赋》云：'亦幸有三足乌为之（西王母）使。'《玉函山房辑佚书》辑《河图括地象》亦云：'有三足神乌，为西王母取食。'则作三足乌是也。"

《山海经·西山经》：

又西二百二十里，曰三危之山，三青鸟居之。是山也，广员百里。◎郭璞注："三青鸟为西王母取食者。别自栖息于此山也。"

由此看来，三青鸟也就是三足乌。古人称乌为"孝鸟"和"阳鸟"，引以为瑞。《初学记》引诸书说：

《说文》曰："乌，孝鸟也。"

《春秋运斗枢》曰："飞翔羽翮为阳，阳气仁，故乌反哺也。"

《春秋元命苞》曰："日中有三足乌者，阳精其倭呼也。"（倭呼，温润生长之言）

《孝经援神契》曰："德至鸟兽，则白乌下矣。"

孔子曰："乌，呕呼也，取其助气。故以为乌乎。乌为日中之禽，故为像形也。"

三足乌
四川彭山石棺画像。

三足乌
陕西绥德县四十里铺出土。

三足乌
山西离石马茂出土。

三足乌
山东嘉祥县洪山村出土。

张衡《灵宪》曰:"日阳精之宗,积而成乌。乌有三趾,阳之类数也。"

关于九尾狐,《山海经·南山经》曰:

又东三百里,曰青丘之山,其阳多玉,其阴多青䨼(善丹)。有兽焉,其状如狐而九尾,其音如婴儿,能食人,食者不蛊。◎郭璞注:"即九尾狐。啖其肉令人不逢妖邪之气。或曰:蛊,蛊毒。"

九尾狐
山东嘉祥县洪山村出土。

又《初学记》引《山海经》曰:

武都之山,黑水出焉。其上有玄狐蓬尾。

古人称狐为"妖兽",但又有"三德",以其九尾象征着子孙繁盛。《初学记》引诸书说:

《说文》曰:"狐,妖兽也。鬼所乘也。有三德:其色中和,小前大后,死则首邱。"

九尾狐
四川彭山石棺画像。

《白虎通》曰:"狐死首邱,不忘本也。明不忘危也,德至鸟兽,则九尾狐见者九,配得其所,子孙繁息也。于尾者,后当盛也。"

《春秋潜潭巴》曰:"白狐至,国民利。不至下骄恣。"

"狐邱(丘)"是狐的窟穴根本之处。《礼·檀弓》:"礼,不忘其本。古之人有言曰:狐死正丘首,仁也。"疏:"丘是狐窟穴根本之处,虽狼狈而死,意犹向此丘。"因以为典,称不忘故土或死后归葬故乡为"首邱"(或"首丘")。屈原《九章·哀郢》曰:"鸟飞返故乡兮,狐死必首丘。"

九尾狐
陕西绥德县四十里铺出土。

有一个大禹的故事,见于《艺文类聚·狐》转引《吕氏春秋》(今本无):

禹年三十未娶,行涂山,恐时暮失嗣。辞曰:"吾之娶,必有

三足乌和九尾狐

左图：四川郫县（今成都市郫都区）竹瓦铺汉墓出土石棺画像。此图为部分，在西王母之左。

右图：河南郑州出土空心模印砖。这是唯一的一个独立画面。

应矣。"乃有白狐九尾而造于禹。禹曰："白者，吾服也；九尾者，其证也。"于是，涂山人歌曰："绥绥白狐，九尾庞庞。成于家室，我都攸昌。"于是娶涂山女。

这是古代人的一种带有迷信色彩的所谓"瑞应"。东晋郭璞《山海经图赞》说："青丘奇兽，九尾之狐；有道翔见，出则衔书；作瑞周文，以标灵符。"

汉代画像石上的三足乌和九尾狐，多是雕刻在西王母的周围，作为一种衬托，很少单独构成画面的。正因为他们是西王母的随从，才加强了西王母神格的威严。在造型上，三足乌相对一般，只是加了一条腿。从视觉习惯上看，九尾狐的九条尾巴是很难处理的，所以文献上只好说是"蓬尾"。汉代画像石的雕刻家非常聪明，他们在一条长尾的主线上分了九个叉，解决了造型的问题，是很巧妙的。

## 096　玉兔捣药

在黄老思想的影响下，人们追求长生不老，很重要的一个方式，就是幻想像嫦娥那样，吃了"长生不死之药"，升天做神仙。当然，这种"药"是很难得到的，因为只有西王母才有。为西王母捣药的是两只"玉兔"。

汉代画像石中的玉兔捣药，如同舂米一样，两手持杵向石臼中冲击。玉兔动态各异，非常生动，在西王母的周围增添了一种活跃的气氛，也表露出仙界的神秘性。《初学记》卷二九引诸书曰：

《春秋运斗枢》曰："玉衡散为兔。"

《礼记》曰："祭宗庙之礼，兔曰'明视'。"

《山海经》曰："大池山有兽如兔，鼠首，以其背飞，名飞兔。以背上毛飞去。"

《瑞应图》曰："赤兔者瑞兽，王者盛德则至。"

傅玄《歌辞》曰："兔捣药月间安足道，神乌戏云间安足道。"

**玉兔捣药**
山东嘉祥县洪山村出土。此为局部，在西王母之右。

230

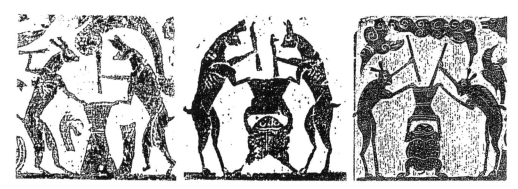

玉兔捣药　左、右为山东嘉祥县宋山出土，中为山东嘉祥县南武山出土。

玉兔捣药　均为画像石的局部。左为山东沂南县任家庄出土。中上为陕西绥德县四十里铺出土。中下为江苏徐州铜山出土。右上为陕西米脂县出土。右下为陕西靖边县寨山村出土。

《太平御览》卷九〇七引诸书曰：

《典略》曰："兔者，明月之精。"

《楚辞·天问》曰："夜光何德，死则又育？"（夜光，月也。育，生也。言月得于天，死而复生也。）

《古艳歌》曰："茕茕白兔，东走西顾。衣不如新，人不如故。"

《乐府歌诗》曰："采取神药山之瑞，白兔捣成虾蟆丸，奉上陛下一玉柈（音盘）。"

以上所引，并非全是汉代或汉代之前的，有的是后世的典籍。由此可以看出，在文化上的历史关系。在现实生活中，人们对动物或植物，总是喜欢赋以人文的内涵。

# 097　金乌玉兔

　　"金乌长飞玉兔走，青鬓长青古无有。"（韩琮《春愁》）这是诗人用金乌玉兔的飞走代表日月交互运行，感叹青春不常。"金乌"和"玉兔"，便是三条腿的乌鸦和捣药的兔子，它们曾是西王母的侍者，在这里却成了太阳和月亮的象征。原来，我国的神话较散，最多是一组一组的成立，并没有统一的体系。这种角色的转换可能最初出处不一，也可能是后来失散，不全了。

　　太阳和月亮这两个运转的星球，一个见于白天，一个见于黑夜，远古的人们不明白是什么原因，便用想象来解释，可能在它们之中有能飞能动的东西，或者是什么鸟载它们运行。

　　关于太阳：

　　《山海经·大荒东经》："大荒之中，有山，名孽摇颢羝。上有扶木，柱三百里，其叶如芥。有谷曰温源谷，汤谷上有扶木，一日方至，一日方出，皆载于乌。"

　　《淮南子·精神训》："日中有踆乌。"◎高诱注："踆，犹蹲也，谓三足乌。"

　　张衡《灵宪》："日者，阳精之宗，积而成鸟，像乌而有三趾。"

金乌、玉兔和蟾蜍
1955年陕西绥德县征集。太阳和月亮在"周穆王会见西王母"画面的两端。

关于月亮：

张衡《灵宪》："月者，阴精之宗，积而成兽，像兔蛤焉。"

《艺文类聚》卷一引傅咸《拟天问》："月中何有？白兔捣药，兴福降祉。"

《淮南子·精神训》："月中有蟾蜍。"又《览冥训》："羿请不死之药于西王母，姮娥窃以奔月。"◎高诱注："姮娥。羿妻。羿请不死之药于西王母，未及服之，姮娥盗食之，得仙，奔入月中为月精。"

古人对于天文的关注很早，不但好奇于日月星辰的变化，也早就发现四时运转与农业的关系。一方面是观察天象，一方面是猜测其奥秘。关于太阳和月亮的神话可以成组，也就是一个接一个的疑问之想象解答，是很有意味的。其中还出现了"嫦娥奔月"的故事。

日月

安徽淮北出土。这是一块完整的画像石，原石为墓室的顶盖。象征着天上的日月并列。日轮中刻展翅的金乌，月轮中刻玉兔捣药和蟾蜍。

日月星辰

山东滕州官桥镇大康留庄出土。这是一个以日月为主体的完整的画面。凤鸟载着日轮，月轮之外绕一大龙。日轮中刻着三足乌（另一只似是天狗）；月轮中刻着玉兔捣药和蟾蜍。天空中群星密布，云气缭绕，神鸟飞舞，伏羲、女娲为凤鸟喂食。

**金乌·蟾蜍**
均为陕西米脂县出土。在云气缭绕中，金乌代表了日轮，蟾蜍代表了月轮。

**月亮**
安徽淮北出土。月轮中除了玉兔捣药之外，蟾蜍亦占了重要位置。

# 098　日月合璧

古人观察天文，特别是看到一些宇宙间少见的现象，常常把主观的想象加以附会，视为祥瑞。譬如说日出月落、日入月升，这是人们习惯了的正常现象。但有时太阳早已从东方冒出了地平线，将灿烂的光辉洒向大地，可是月亮还恋恋不舍地挂在西方的天际，迟迟不愿落下；或是在傍晚时分，太阳还没有落山，而月亮已经悄悄地从东边爬上高空，向着人们微笑了。

汉代刘熙《释名·释天》曰：

朔，月初之名也。朔，苏也，月死复苏生也。弦，月半之名也。其形一旁曲，一旁直，若张弓施弦也。望，月满之名也。月大十六日，小十五日，日在东，月在西，遥相望也。

这是汉代人关于朔望更替的认识。人们称这种"日月东西遥相望"的现象叫作"日月同辉"或"日月相望"。在一条横长的画像石上，两端刻着圆圆的太阳和月亮，中间连接以缭绕的云纹。《史记·天官书》说："若烟非烟，若云非云，郁郁纷纷，萧索轮困，是谓卿云。卿云，喜气也。"所以，"日月同辉"是吉祥、人和的象征。

还有更为少见的一种现象称作"日月合璧"。即在人的视觉上看到日月重叠在一起，日中间被月球遮住了光辉，显得昏晦暗淡，太阳大于月亮，它的光辉从月球的四周放射出光芒，形若玉璧，故称"日月合璧"。这就是日环食。

在汉代画像石中，除了三足乌代表太阳，玉兔和蟾蜍代表月亮，分别被刻在日轮和月轮之中以外，也有将两者刻在一个圆环内，或者重叠在一起，表示"日月合璧"。人们将这一自然现象用神话加以解释，又回转来赋予人文的内涵，所谓"和阴阳而二仪交泰，辨分至而九服融朗"（《文苑英华》卷三卢士开《日月如合璧赋》）。在汉代，阴阳五行思想流行，以日月之合说明"和阴阳而二仪交泰"，将其刻于墓葬的石头上，还有另一层意义，就是用阴阳之和象征"夫妇和睦",就像古乐府《孔雀东南飞》所唱的"结发同枕席,黄泉共为友",以达到夫妇合葬的理想目的。

日月合璧
河南南阳丁奉店村出土。

日月合璧
山东滕州黄家岭出土。

日月同辉
河南南阳出土。

# 099　羲和捧日

我国古代有"羲和主日"之说。《尚书·尧典》："乃命羲和，钦若昊天，历象日月星辰，敬授人时。"由此可见，羲和是上古时代负责观测天象的人。《史记·历书》索隐引《系本》及《律历志》说"黄帝使羲和占日"，又说明羲和是掌管天文的官。这已是进入传说的三皇五帝的时代。但从最早的神话看，羲和是天帝的妻子，最有趣的是她是太阳的母亲，并且生了十个太阳。

《山海经·大荒南经》："东南海之外，甘水之间，有羲和之国。有女子名曰羲和，方浴日于甘渊。羲和者，帝俊之妻，生十日。"◎郭璞注："羲和盖天地始生，主日月者也。"

《山海经·大荒东经》："有谷曰温源谷，汤谷上有扶木。一日方至，一日方出，皆载于乌。"◎郭璞注："言交会相代也。"

这个神话，好像告诉我们，太阳是怎么产生的，为什么每天从东方出来，又从西方落下？并且"十"的数字当与计时有关。神话说羲和生了十个太阳，他们在东海洗澡，在汤谷这地方居住；十个太阳轮流出来，就像值班一样。有的学者引了《左传·昭公五年》的话说："日之数十，故有十时，亦当十位。"认为是计时单位的来源，即甲、乙、丙、丁、戊、己、庚、辛、壬、癸十个天干。

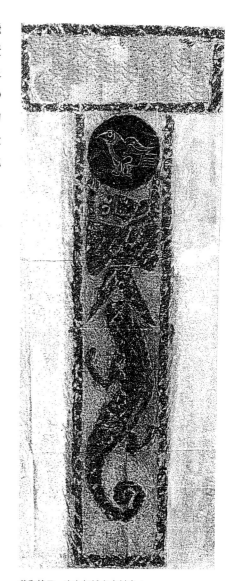

羲和捧日　山东邹城高李村出土。

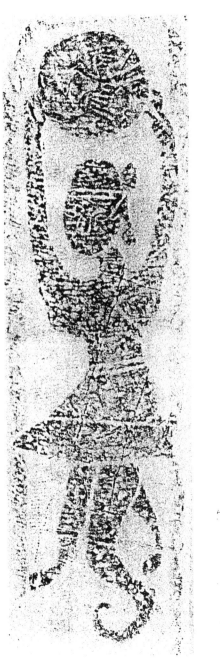

羲和捧日
河南南阳出土。

羲和主日，常羲主月
河南唐河县湖阳镇出土。

# 100　常羲捧月

人们总是把太阳和月亮联系在一起。如果说羲和是太阳的母亲，她生了十个太阳，那么月亮是怎么来的呢？神话说月亮是常羲生的。常羲也是天帝的妻子，她生了十二个月亮。

《山海经·大荒西经》："有女子方浴月。帝俊妻常羲，生月十有二，此始浴之。"

她在给月亮洗澡，这样可以使月亮更明亮一些。月亮有圆有缺，一年中有十二次反复，也就是月亮的生与死。有的学者说，这十二个月亮可能是代表着十二地支，即子、丑、寅、卯、辰、巳、午、未、申、酉、戌、亥的来源，它与十个天干合成六十年甲子的"天干地支纪年法"。在河南南阳出土的画像石上，有的将羲和与常羲合刻在一起，她们人身蛇尾，分别手捧日月，头向相反，各占一头（天干与地支），两尾交缠在一起，成为一个整体。

对于以上引文，袁珂在《山海经校注》中做了一个案语："《世本·帝系篇》（张澍稡辑补注本）云：'帝喾下妃娵訾氏之女，曰常仪，是生帝挚。'羲、仪声近，常羲即常仪也，帝俊亦即帝喾也。《吕氏春秋·勿躬篇》云：'尚仪作占月。'毕沅注云：'尚仪即常仪，古读仪为何，后世遂有嫦娥之鄙言。''鄙言'与否姑无论矣，然其说则诚不可磨也。是'生月十二'之月神常羲神话，乃又逐渐演变而为奔月之嫦娥神话；常羲本为天帝帝俊之妻，又一变而为其属神羿之妻：神话传说之演变无定，多如是也。"

关于"后羿射日"和"嫦娥奔月"的故事，将在下面叙述。

常羲捧月　河南南阳出土。

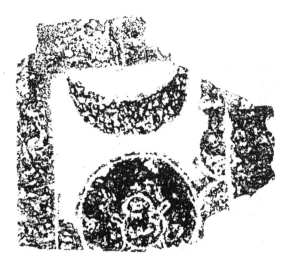

弦月和满月
山东曲阜出土。

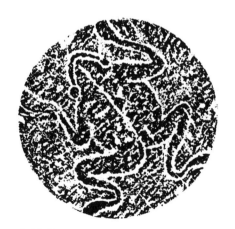

月中蟾蜍
河南南阳出土。

常羲捧月
河南南阳王庄出土。

# 101　十个太阳

自然界的现象错综复杂，有些已为现代科学所解释。譬如"幻日"，即所谓"假太阳"，是由水气和冰晶所造成的，但这对远古的人们来说却是不可思议，甚至无法理解。魏仁华、马法成在《南阳汉画像石中的幻日图像试析》一文中说："在空中大气的高层，不论冬天或夏天都被严寒统治着，那里有大量的冰晶体，它们有着不同的形状，最普遍的是六角形或角锥形。这些冰晶所形成的云，以柱状或片状从高处通过大气缓缓下降时，人们便看到太阳周围出现美丽的光环——日晕。并看到在同一高度上太阳两旁各有一个到两个较亮的光点。各光点的位置不一，有的在一条明亮的水平线的交点上，有的在交点的附近。这种光点就是假太阳，亦即幻日。生活在东汉前期的无神论思想家——王充，虽不知道这些成因，但他已能科学地指出'所谓十日者，殆更自有他物'，是'光质如日之状'的假日，这不能不使我们为之惊叹！"①

然而，神话和科学不是一回事。科学是从本质上解释自然现象的成因，进而掌握它或加以利用；神话则是借助想象来解释自然现象，产生一种美好的幻觉。当原始人看到太阳的"幻日"时，

① 见韩玉祥主编：《南阳汉代天文画像石研究》，民族出版社，1995年。

幻日
河南南阳英庄出土。

便出现了"羲和生十日"的想象。

《山海经·海外东经》:"汤谷上有扶桑,十日所浴,在黑齿北,居水中。有大木,九日居下枝,一日居上枝。"◎郭璞注:"扶桑,木也。……《传》曰:天有十日。日之数十,此云九日居下枝,一日居上枝。《大荒(东)经》又云:'一日方至,一日方出。'明天地虽有十日,自使以次迭出运照。"

由此看来,十个太阳住在汤谷之上,浴于黑齿之北,居于扶桑之间。那扶桑树是神木,据《十洲记》说"长数千丈,大二十围"。十个太阳"九日居下枝,一日居上枝",轮换交替,也就是很有条理、很有秩序地值班。而他们的母亲羲和,在《山海经》中为"日母",在《淮南子》中为"日御"。据高诱注说"日乘车,驾以六龙,羲和御之";从"日出汤谷"到"日西垂,景在树端",在天空中奔驰飞舞,其场面非常壮观,比之"生日"和"浴日",还要瑰丽得多。

在中国神话中,曾有一件不愉快的事情发生:"尧时十日并出,万物焦枯。"这十个顽皮的太阳,扰乱了秩序,竟然一齐挂到了天空,使得万物焦枯,人间热得受不了,引出了"后羿射日"的故事。所以,在古代的天文观察中视"数日俱出"为不祥之兆。魏、马在上文中说:"既然'数日俱出'的天象是不祥之兆,那么汉代人死后为什么还要把这种天象刻绘在墓室里呢?《后汉书·仲长统传》中说:'沆瀣当餐,九阳代烛。'原来在谶纬迷信盛行的汉代,人们有另一番用意,说是得道成仙的人,会把露水当饭吃,用九个太阳代替蜡烛来照明。这就难怪汉代人死后把'九阳'同时出现的天象刻绘在长夜难明的阴宅里了。"

日中三足乌
1972年河南唐河县南关(针织厂内)汉墓出土。

## 102　后羿射日

两千二百多年前，大诗人屈原在《天问》中质问道：

"羿焉彃日？乌焉解羽？"

——后羿为什么要用弓箭射太阳？怎么落下来的是乌鸦的羽毛？

现实是无法回答这个问题的，只有用神话来解释。因为传说在太阳中有一只三条腿的乌。那么，后羿是谁？为什么要射太阳呢？原来是羲和所生的十个太阳惹了祸。在过去，他们十个是轮流值班，天空中只出现一个太阳，其他的九个太阳都在扶桑树下玩耍。不知为什么，顽皮的十个太阳竟然一齐出来了，结果大地被烤焦，庄稼枯死了，人也活不下去。当时的部落首领是尧。尧便派了最善射的后羿用弓箭射下了九个太阳，只留了一个挂在天上，大地恢复了正常。

羿，也称后羿、仁羿、夷羿。在古代传说中有三个，其专长都是善射。一个是夏代有穷氏之国君，也叫有穷后羿，因"不修民事"，被家臣寒浞所杀；第二是射十日的后羿，他的妻子嫦娥奔月为月神；第三是帝喾的射师。我们这里虽然主要是介绍第二个后羿，但古代神话传说常常互相混淆，有些情节串联在一起，几乎难以分开。有关后羿及其射日的事，主要见于以下材料：

《淮南子·本经训》："尧之时，十日并出，焦稼禾，杀草木，而民无所食。猰貐、凿齿、九婴、大风、封豨、修蛇皆为民害。尧乃使羿诛凿齿于畴华之野，杀九婴于凶水之上，缴大风于青丘之泽，上射十日而下杀猰貐，断修蛇于洞庭，禽封豨于桑林。万民皆喜，置尧以为天子。于是，天下广狭险易，皆有道里。"

《山海经·海内经》："帝俊赐羿彤弓素矰，以扶下国，羿是始去恤下地之百艰。"◎郭璞注："言令羿以射道除患，扶助下国。"

后羿本是天神，起初是奉命来到人间，为民除害，成为受人尊敬的英雄。由于射死了九个太阳，因此也就得罪了天帝。郭璞注"羿是始去恤下地之百艰"说："言射杀凿齿、封豕之属也。有穷后羿慕羿射，故号此名也。"袁珂《山海经校注》说："羿射凿齿事已见《海外南经》'羿与凿齿战'节。羿盖东夷民族之主神，故称夷羿，与传说中之夏代有穷后羿，确是两人。羿'扶下国'，乃帝俊所命。'恤百艰'者，正如郭注所云，是'射杀凿齿、封豕之属'也。然其主要功业，乃在于上射十日。而十日者，帝俊之子也。羿射十日，得罪天帝，故《天问》纪其事云：'冯珧利决，封豨是射，何献蒸肉之膏而后帝不若？''不若'云者，天帝有憾于羿之射杀其子也。推想羿必因此降谪凡间，故其后乃有往求不死之药于西王母，嫦娥窃以奔月之事。"

在神话中，后羿虽然有违于天帝的亲情，但他为下界的人民做了好事，是人间的英雄。既然回不了天庭，只好和他的妻子嫦娥留在人间。结果好景不长，又酿成了"嫦娥奔月"的故事。

后羿射日
河南郑州出土空心模印砖拓片。

后羿射日

左图：河南南阳汉墓出土。高
150厘米，宽31厘米。

右图：河南南阳汉墓出土。高
130厘米，宽33厘米。

# 103    嫦娥奔月

　　"嫦娥奔月"的故事在我国流传很广。一般认为，嫦娥是个美女，住在月亮的"广寒宫"里，虽然有点寂寞，却也自有神仙的乐趣。其实，她与后羿的婚姻生活带着几分悲剧的色彩。

　　按照逻辑推理，最初帝俊派后羿到人间帮助除害时，嫦娥作为后羿的妻子，也可能跟着下凡来了。本来，作为神人是有能力回去的，但后羿因射死了帝俊的九个儿子——太阳，被谪降到人间，也就无力再回天宫了。于是，后羿向西王母求得了"长生不死"之药，准备永远留在人间。然而嫦娥并不甘心如此。

　　《山海经·海内西经》："海内昆仑之虚，在西北，帝之下都。昆仑之虚，方八百里，高万仞。上有木禾，长五寻，大五围。面有九井，以玉为栏。面有九门，门有开明兽守之，百神之所在。在八隅之岩，赤水之际，非仁羿莫能上冈之岩。"◎郭璞注："言非仁人及有才艺如羿者，不能得登此山之冈岭巉岩也。羿尝请药西王母，亦言其得道也。"

　　《淮南子·览冥训》："羿请不死之药于西王母，姮娥窃以奔月，怅然有丧，无以续之。"◎高诱注："姮娥，羿妻。羿请不死之药于西王母，未及服之，姮娥盗食之，得仙，奔入月中，为月精也。"（以上为今本。）

　　《初学记》卷一引《淮南子》曰："羿请不死之药于西王母，羿妻姮娥窃之奔月。托身于月，是为蟾蜍，而为月精。"（与今本不同）

　　综合以上材料可以看出，嫦娥的生活过得并不愉快。（鲁迅在《故事新编·奔月》中，说后羿忙于射猎，每天给嫦娥吃"乌鸦的炸酱面"）很可能嫦娥怀恋天宫的生活，才偷吃了不死之药升天。但又不敢回到天宫，帝俊肯定会问她为什么离开丈夫，一个人独

自回来。于是，在飘忽之中只好到月亮上去。再说后羿，看到人
也走了，药也没了，不会长生不老了，只有怅然若失。唐代诗人
李商隐在《常娥》中说：

云母屏风烛影深，长河渐落晓星沉。
常娥应悔偷灵药，碧海青天夜夜心。

嫦娥奔月
河南南阳西关出土。

嫦娥奔月
河南南阳蒲山汉墓出土。

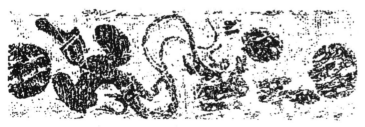

嫦娥奔月
河南南阳英庄汉墓出土。

汉代人眼中的嫦娥，好像与现代人的看法不同。他们并没有将嫦娥人格化，依然让她拖
着一条蛇尾。

## 104　神荼郁垒

　　神人后羿因射日得罪了天帝，不能重回天宫，最后被他的弟子逢蒙所杀。《孟子·离娄下》说："逢蒙学射于羿，尽羿之道。思天下唯羿为愈己，于是杀羿。"孟子讲这故事是教人"取友必端"。《淮南子·诠言训》说："羿死于桃棓。"许慎注："棓，大杖，以桃木为之，以击杀羿。由是以来，鬼畏桃也。"

　　"鬼畏桃木"的传说在我国流传很广，也很久远。《山海经》中有"桃林"，广员三百里，为夸父追日时弃其杖所化。古本又有"桃都山"（或称"度朔山"），山上有大桃树，屈蟠三千里，有神荼（shū）、郁垒（lǜ）二神人住此，专门在"万鬼所出入"的"鬼门"捉拿恶鬼喂虎。因此，众鬼不仅害怕神荼、郁垒，甚至见到桃木都胆战心惊。传说桃木能驱鬼辟邪，主要据此。《论衡·订鬼》：

　　《山海经》又曰："沧海之中，有度朔之山，上有大桃木，其屈蟠三千里，其枝间东北曰鬼门，万鬼所出入也。上有二神人，一曰神荼，一曰郁垒，主阅领万鬼。恶害之鬼，执以苇索而以食虎。于是黄帝乃作礼以时驱之，立大桃人，门户画神荼、郁垒与虎，悬苇索以御。"（今本《山海经》无此文，唯在《大荒北经》有"有盘木千里"语，疑即"屈蟠三千里"之"大桃木"之属。）

　　在古人的观念中，路有路神，桥有桥神，门有门神。自从有了神荼、郁垒，门神便有了专人的特指。尤其是刻版印刷普及之后，彩印的门神遍贴家家户户。"爆竹声中一岁除，春风送暖入屠苏。千门万户曈曈日，总把新桃换旧符。"（王安石《元日》）这是一种民俗。是在新春时节除旧布新，讨个吉利。最早的"桃符"是在桃木板上写上神荼、郁垒的名字，挂在大门两边。后来演变成春联和门神，将两位神人披胄挂甲，俨然变成了武士。再以后又有了以"秦琼、敬德"（秦叔宝和尉迟恭）为门神，这已是唐代的典故，与神荼、郁垒相去甚远了。

　　在汉代画像石上，不论门阙还是墓门，一般都有守门的门吏，或是辟邪的瑞兽之类，直接称为门神的不多。河南南阳东关汉墓出土的神荼、郁垒图，既带有原始神话的色彩，又符合两位神人的身份，是非常难得的。

神荼·郁垒
1964 年河南南阳东关出土。

# 105　火神祝融

祝融在汉画像中或写作"祝诵",是为传说中的火神、古帝。罗泌《路史·前纪》卷八说:"祝诵氏,一曰祝稣,是为祝融氏……以火施化,号赤帝,故后世火官,因以为谓。"一说为帝喾时的火官,后人尊为火神。《吕氏春秋·孟夏》:"其帝炎帝,其神祝融。"高诱注:"祝融,颛顼氏后,老童之子吴回也,为高辛氏火正,死为火官之神。"以后又多与"灶君(灶神)"相混称。

另一说是祝融为黄帝"六相"之一。《管子·五行》说:"昔者黄帝……得祝融而辩(明察)于南方。……黄帝得六相而天地治,神明之至也。"祝融后为西周时南方楚国的建立者,死后葬于衡山之最高处,因名祝融峰。今衡山南岳镇尚存祝圣寺,为其纪念地。

山东嘉祥汉武梁祠画像石有祝融像,称作"祝诵"。榜题为:"祝诵氏无所造为,未有耆欲,刑罚未施。"《金石索》形容他"冠有两翅,衣不掩膝",又说:"《两汉金石记》引《通鉴前编》云,祝诵氏时天下治和,听弇州鸣鸟以为乐歌。以火施化,亦号赤帝。今画两手作抟击状,盖取征伐共工氏事也。"

火神祝融　原石在山东嘉祥县武梁祠,剥蚀较重。此为《金石索》木刻摹本。

# 106　高禖神

"高禖"即媒神。媒与禖同音。《说文解字》释读:"禖,祭也。"高禖为帝王祀以求子之神。《礼记·月令》仲春之月:"玄鸟(燕子)至。至之日,以大牢祠于高禖,天子亲往。"汉代郑玄注:"高辛氏之出,玄鸟遗卵,娀简吞之而生契。后王以为媒官嘉祥而立其祠焉。变媒言禖神之也。"清代王引之《经义述闻·礼记上》以为高者"郊"之借字,古音高与郊同。

古代帝王求子所祭的神、高禖祠等都在郊外,故又称"郊禖"。《诗经·大雅·生民》:"以弗无子。"毛传:"弗,去也;去无子求有子,古者必立郊禖焉。玄鸟至之日,以大牢祠于郊禖。"郑玄笺:"姜嫄之生后稷如何乎?乃禋祀上帝于郊禖,以祓除其无子之疾而得其福也。"

以上说明,在最初的造神运动中,"高禖"并非一般的男女婚配之媒神,而是为了解决帝王无嗣。帝王没有儿子,统治不能继续,怎么能够嫡传呢?只是这种神职,后来有所变化,其对象已不同,连名称也有所区别。

《周礼·地官》有"媒氏":"掌万民之判(半),凡男女,自成名(婴儿出生三月命名)以上,皆书年月日名焉。令男三十而娶,女二十而嫁。……中春之月,令会男女。"已经规定了若干条例。关于"万民之判",郑玄注说:"判,半也。得耦为合,主合其半,成夫妇也。"在汉代画像石中,有所谓"高禖"神的两旁,立有男女者,可能属于这种情况。

汉代人所想象的远古人,也包括汉之前的有关文献,为了显现其古,多说成半神半人,有的画成"人首蛇身",但不全然如此。以伏羲和女娲最典型,不但将这两位远古的"人皇"刻画成人首蛇身,并且使两个蛇身绞缠在一起;两人分别手持圆规与矩尺，表示"初建王业"和"补天造人"，也即谓"不以规矩不能成方圆"。还有的为了表示两人的伟大，让他们分别托着太阳和月亮（"日轮"和"月轮"）。在远古的传说时代，各种传说的流传不可能成为一个系统，甚至产生矛盾，这是不能责怪古人的。其中有一说，伏羲女娲是兄妹婚，因为大洪水后无人，必须传代于后世，女娲并用"黄土造人"，即现代的我们。可见他们不会有无嗣之忧，决不会去请求高禖的帮助！

画像石中的人首蛇身形象，绝不能简单化地笼统称作"伏羲女娲"。但请注意，在不少伏羲女娲的图像中，不是还有不少的大

**高禖神**
左图：1972年河南唐河县南关（针织厂内）汉墓出土（西汉晚期）。
右图：1933年河南南阳市区出土（东汉时期）。

大小小的人首蛇身者吗？况且，有的造型也已起了变化，有的人首蛇身在两旁长出了两条腿，中间的蛇身变成了一条长尾巴。可见画像中的人物形象并不是统一的。传说中的"三皇五帝"，文献中的黄帝也是"人首蛇身"，只是很少见于画像石上。现代人认为的"嫦娥奔月"是美丽的，但在画像石中也是一条蛇身子；直到唐代，李商隐还说"常娥应悔偷灵药，碧海青天夜夜心"。

本书选了两个图例，一个是西汉晚期的，一个是东汉的。两者相距有年，但同是出土于南阳地区。前者的画面，在高禖两边的二人已有腿，手中所举之物似是写有姓氏的标牌，证明两姓不同，可以通婚。后者的画面，在高禖两边的二人拖着蛇身，相互揖敬，表示为合婚庆幸。在这里，汉朝人之所以将婚配者画成人首蛇身，无非是说明这是古老的传统，远古人的习俗。但两者所载的书上，其说明不妥，在此提出商讨，可否斟酌，以就正于读者。

# 107  风雨雷电

遥想原始人的思维，不但看到日月星辰的运行和黑夜白天的交替不可理解，对于风雨雷电这些自然现象无疑也是捉摸不透。为什么天上会乌云密布，刮风下雨呢？又为什么在阴雨时会雷电交加呢？而这些自然现象又直接关系着他们的生活，甚至他们的生命。特别是对于结束了游猎生活，定居不久的部落来说，经验证明，农耕生产最重要的是"风调雨顺"。干旱和水涝都会影响农作物的收成，如果遇到天灾，日子怎么过呢？于是，一系列的问题困扰着人们，是不是在天上有一种超人的力量，掌握着风雨雷电。那么，这种超人的力量是什么呢？可能是比人高大、比人智慧、能主宰一切的"神"。每当风雨大作，雷电交加，是不是神在发怒呢？又是谁惹他生气呢？神住在天上，他无求于人，但人必求于神。祈求神的保佑，祈求神的宽恕，祈求神的赐福。《周礼·春官·大司乐》："以祀天神。"郑玄注："谓五帝及日月星辰也。"既然日月星辰是神，管理风雨雷电的也必然是神。于是，人们想象出了水神、河伯、海神，以及风神、雨师、雷公、电母等神灵。

在画像石中，汉代人不仅按照神话传说塑造了各种神灵的形象，并且以自己的生活推测那些神灵的活动。譬如听到雷声以为是天神击鼓，或是拉着一串石球在崎岖的路上滚动，发出轰鸣的声音；闪电就是用斧凿打击火石，迸出的火花；下雨是神仙们提着水罐并排向下倾倒，而云雾则是云师从口中吐出的气，即所谓吐云兴雾者；大风是风伯用嘴吹出来的，甚至可以吹倒房子。这些想法虽然幼稚，但在画面上却展示出一种紧张忙碌的气氛，并带着几分神秘的色彩。

有些综合的画面是很壮观的。众神出游，雷公乘着云车，由许多鱼龙驾驶，一道长虹在天空画出圆穹，是一条两头的龙，跨在两片水域之间；画面中有击鼓的，有拉滚石的，有凿火花的，

海神出行图　山东嘉祥县武氏祠后石室第一石（屋顶后坡）。

雷神出行图　山东嘉祥县武氏祠后石室第四石（屋顶前坡）。

风雨雷电图　河南南阳王庄窑场汉墓出土。

有持罐倒水的，有吐云吹风的。好像在汉代人的心目中，天上掌管风雨雷电的神也是很忙累的。

神是人造的，是在造神运动中的想象与幻想，而其形象的依据仍然是人的自身。所以神多是人格化了的，只有个别的长出两只翅膀，或拖着一条蛇尾。他们也是官阶严格，讲究威仪，每当海神出行，或是发兵讨伐，也是威风凛凛，鱼、鳖、虾、蟹都得出动，似乎连大海也要搅动起来。

# 108   云师与风伯

云师就是兴云之师，亦即云神。屈原有《云中君》篇，便是祭祀云神之作。《楚辞·九歌·云中君》王逸注："云神，丰隆也，一曰屏翳。"但屏翳有说为雨师的。就《楚辞》而言，"云中君"是女神，诗作带有爱情的意味，说云中君到了神堂，歌者对女神产生了爱慕之心，似与汉画的兴云致雨关系不大。画像石中的云师，都是从口中向外吐云的。

风伯即风神。《韩非子·十过》："昔者黄帝合鬼神于泰山之上，驾象车而六蛟龙，毕方并辖，蚩尤居前，风伯进扫，雨师洒道……"由此看来，风伯所吹之风，可以扫净马路上的垃圾。

风伯
山东嘉祥县武氏祠后石室第三石（屋顶前坡）。此为《金石索》木刻摹本。

云师
江苏徐州铜山洪楼村祠堂屋顶坡面。

## 109  风伯拔屋

汉朝末年的高诱注释《淮南子》，说后羿为民除害，在青丘之泽射死的"大风"，就是风伯。

《淮南子·本经训》："（羿）缴（弋射）大风于青丘之泽。"◎高诱注："大风，风伯也。能坏人屋舍。羿于青后之泽缴遮（弋射遮绝），使不为害也。"

但是，这个"大风"也有解释成"鸷鸟"的。鸷鸟是一种如鹰的凶猛之鸟。我们之所以采用高诱的解释，是因为在画像石中有一种画面，可与此对应。画面中的主体是一人面对一座房屋用力吹，从口中喷出放射形的气流，把房柱吹断了，房顶也掀起来了。这样的画面大同小异，所见者有四五幅。与他处不同的是，在孝堂山石祠这幅画像中被毁的房屋内有两人，一人持弓，一人作拱手状。在吹气者的旁边或背后也有人，有的持斧头，有的持农具并抱着水壶，还有的似带翅膀，像是"羽人"。联系到画面整体来看，不知是什么意思，会不会与后羿有关呢？

风伯拔屋
山东长清孝堂山石祠东壁顶端。

260

风伯拔屋　1981年山东嘉祥县五老洼汉墓出土。原石画面分四层，此为第一层。

风伯拔屋　山东汶上县城关镇先农坛出土。原石画面分四层，此为第一层。

风伯拔屋　1981年山东嘉祥县五老洼汉墓出土。原石画面分三层，此为第一层。

# 110　雨师与河伯

　　汉代画像石中，表现雨师的画面多是与雷公电母在一起，有的端着一碗水，有的抱着一个水罐。在人们的想象中，天上向下倒一点水，人间大地上就是一场雨，犹如天上一夜等于人间一年一样。《山海经·大荒北经》曰："蚩尤作兵伐黄帝，黄帝乃令应龙攻之冀州之野。应龙畜水，蚩尤请风伯、雨师，从（纵）大风雨。"由此看来，风伯和雨师在这里又转而帮助蚩尤了。另外在《山海经·海外东经》中还有"雨师妾"，说"其为人黑，两手各操一蛇，左耳有青蛇，右耳有赤蛇"。但该书未提雨事，注释家也没有弄清"妾"字的含义。

　　《楚辞·九歌》中有《河伯》篇。河伯是黄河之神，传说大禹治水时把黄河分成九道，所以黄河也称为"九河"。《河伯》为祭神之歌，由男巫扮河伯与女巫对唱：

　　　　与女游兮九河，冲风起兮横波。乘水车兮荷盖，驾两龙兮骖螭。

　　　　登昆仑兮四望，心飞扬兮浩荡。日将暮兮怅忘归，唯极浦兮寤怀。

　　　　鱼鳞屋兮龙堂，紫贝阙兮珠宫，灵何为兮水中？

　　　　乘白鼋兮逐文鱼，与女游兮河之渚，流澌纷兮将来下。

　　　　子交手兮东行，送美人兮南浦。

　　　　波滔滔兮来迎，鱼鳞鳞兮媵予。

　　自古以来，黄河为灾严重，威不可测，人们对它采取了敬畏而献媚的态度。早在殷商时代的甲骨卜辞中就有"汋婐"的记载，就是将婐幸者沉河，用活人祭祀"河伯"，在卜辞中并有"河妾"

的名称。这说明，河神娶妻纳妾的恶俗是由来已久的。

这也说明，当神话传说同历史行为混淆起来，便成为一种迷信。媚神的陋习和河伯的暴虐骄淫给人们的生活造成了种种危害。传说"羿射河伯"，将河伯射瞎了一只左眼，便是对此的鄙视。

《楚辞·天问》："帝降夷羿，革孽夏民。胡射夫河伯，而妻彼洛嫔？"◎王逸注：《传》曰：河伯化为白龙，游于水旁，羿见，射之，眇（瞎了一只眼睛）其左目。河伯上诉天帝，曰：'为我杀羿。'天帝曰：'尔何故得见射？'河伯曰：'我时化为白龙出游。'天帝曰：'使汝深守神灵，羿何从得犯汝？汝今为虫兽，当为人所射，固其宜也，羿何罪欤？'"

这是很有趣的一段对话。至于"妻洛嫔"，王逸说："洛嫔，水神，谓宓妃也。……羿又梦与洛水女神宓妃交接也。"原来是个梦。朱熹在《楚辞集注》中说："羿又梦与洛水神宓妃交，亦妄言也。"说这是没有的事。

河伯出行图　河南南阳王庄窑场汉墓出土。

# 111　雷公电母

　　盛夏雨多，雷电迅疾，有时会击物伤人，令人震惊而可怕。在远古时代不能科学地进行解释，便想象出不少的原因，其中"雷公"就有好几个。

　　《山海经·海内东经》："雷泽中有雷神，龙身而人头，鼓其腹。在吴西。"◎郝懿行案：《史记·五帝纪》正义引《括地志》云："雷夏泽在濮州雷泽县郭外西北。"又引此经云："雷泽有雷神，龙首人颊，鼓其腹则雷。"

　　《山海经·大荒东经》："东海中有流波山，入海七千里。其上有兽，状如牛，苍身而无角，一足，出入水则必风雨。其光如日月，其声如雷，其名曰夔。黄帝得之，以其皮为鼓，橛以雷兽之骨，声闻五百里，以威天下。"◎郭璞注："雷兽即雷神也，人面龙身，鼓其腹者；橛，犹击也。"

　　这是汉代之前的文献所记之雷兽、雷神。汉代画像石中表现

雷神出行
山东长清孝堂山石祠东壁。

雷电者多为雷公击鼓，或是一群仙人拉着一串石球在崎岖的地上滚动，借以发出隆隆之声。闪电则是用斧凿击出火花。所谓"雷公电母"，并且以配偶形式出现，可能时代已晚，是唐宋时期了。

风·雷·电·闪·雨·虹
山东嘉祥县武氏祠后石室第三石（画面第二层）。

# 112　雷公击鼓

　　鼓声如雷。远古时代的黄帝用夔的皮做成了鼓，"声闻五百里，以威天下"。可以想象，天上发出的雷声，也一定是由专门的神在击鼓。汉代王充在《论衡·雷虚篇》中说：

　　图画之工，图雷之状，累累如连鼓之形。又图一人，若力士之容，谓之雷公，使之左手引连鼓，右手推椎，若击之状。其意以为雷声隆隆者，连鼓相扣击之意也；其魄然若敝裂者，椎所击之声也。其杀人也，引连鼓相椎，并击之矣。

　　王充不相信在天上有雷公击鼓，他认为"夫雷之发动，一气一声也。折木坏屋，亦犯杀人；犯杀人时，亦折木坏屋。独谓折木坏屋者，天取龙；犯杀人，罚阴过，与取龙吉凶不同，并时共声，非道也。论者以为，隆隆者，天怒响吁之声也。此便于罚过，不宜于取龙。罚过，天怒可也。取龙，龙何过而怒之？"然而"世又信之，莫谓不然"。所以，他认为"如复原之，虚妄之象也"。说它虚妄，无可置疑，因为神话本来就不是事实。它

是人类"童年时代"的产物,是人们通过想象和幻想所解释的自然。

　　《楚辞·远游》是一首充满浪漫主义奇思的抒情长诗。屈原"排空御气,浮游八极",惊动了天界,诸神为之相助。连雨师和雷公也来了——"左雨师使径侍兮,右雷公以为卫"。由此可见,雷公之"雷"不仅是隆隆之声,还包含着一种力量。

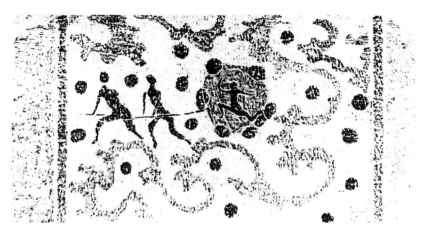

雷公击鼓　河南南阳高庙汉墓出土。

滚石成雷　江苏徐州铜山洪楼祠堂屋顶坡面（局部）。

# 113  风神飞廉

《楚辞·离骚》：

　　路曼曼其修远兮，吾将上下而求索。饮余马于咸池兮，总余辔乎扶桑。折若木以拂日兮，聊逍遥以相羊。前望舒使先驱兮，后飞廉使奔属。

　　这里所提的"飞廉"即神话中的风神。上文王逸注曰："飞廉，风伯也。"洪兴祖补注："应劭曰：'飞廉，神禽，能致风气。'晋灼曰：'飞廉鹿身，头如雀，有角，而蛇尾豹文。'"汉武帝时曾在长安建"飞廉馆"，汉明帝时曾铸铜飞廉置上西门外。汉代人以此为吉祥。

羽人与飞廉　河南南阳引凤庄出土（原石的一部分）。

二飞廉　河南南阳独山汉墓出土（原画面左端还有一人）。

# 114　水神天吴

　　古代的水神很多。左思《吴都赋》曰："汜可休而凯归，揖天吴与阳侯。"天吴和阳侯都是传说中的水神。诗人李贺《浩歌》曰："南风吹山作平地，帝遣天吴移海水。"可见天吴在治水方面的能力是很大的。关于天吴，见于《山海经》的有两条：

　　朝阳之谷，神曰天吴，是为水伯。在䖻䖻北两水间。其为兽也，八首人面，八足八尾，皆青黄。(《海外东经》)

　　有夏州之国，有盖余之国。有神人，八首人面，虎身十尾，名曰天吴。(《大荒东经》)

　　汉唐人很推崇此神，将其刻在石头上和绣在布帛上。山东嘉祥汉代武氏祠石阙上便有天吴的形象，旁边刻图赞："天吴八首，更喜迭怒是也。"杜甫《北征》诗云："天吴与紫凤，颠倒在裋褐。"说明天吴曾被绣在衣服上。

天吴

左图：山东嘉祥县武氏祠东阙南面画像。此为《金石索》木刻摹本。

右图：山东滕州孔集村出土（画面中部）。

## 115　昆仑之守开明兽

　　开明兽身大如虎，威慑百灵，是天帝之下都——昆仑之虚的守护神。亦即"陆吾""肩吾"。见于《山海经》《庄子》等：

　　《山海经·海内西经》："海内昆仑之虚，在西北，帝之下都。昆仑之虚，方八百里，高万仞。上有木禾，长五寻，大五围。面有九井，以玉为槛。面有九门，门有开明兽守之，百神之所在。"

　　"昆仑南渊，深三百仞。开明兽，身大类虎而九首，皆人面，东向立昆仑上。"◎郭璞《图赞》："开明天兽，禀兹金精；虎身人面，表此桀形；瞪视昆山，威慑百灵。"

　　《山海经·西次三经》："(昆仑之丘)是实唯帝之下都，神陆吾司之。其神状虎身而九尾，人面而虎爪。是神也，司天之九部及帝之囿时。"

　　《庄子·大宗师》："夫道……肩吾得之，以处大山。"◎成玄英疏："肩吾，神名也。得道，故处东岳为太山之神。"陆德明《音

开明——九头兽
江苏徐州拉犁山汉墓（门楣部分）。

义》："'肩吾'，司马云：山神，不死，至孔子时。'大山'音泰，又如字。"

画像石中的开明兽，其形状与天吴非常接近，只是九个头与八个头的差别，而从所见之数量看，似乎开明兽为多。推想其原因，当与它的职能有关。试想，作为昆仑之守，威震百灵，将它刻在墓中，保护一个死者不是轻而易举吗？

开明　山东嘉祥县纸坊镇敬老院出土（左上方有朱雀衔一小蛇）。

开明　江苏徐州十里铺汉墓出土。

开明　山东滕州辛庄汉墓出土。

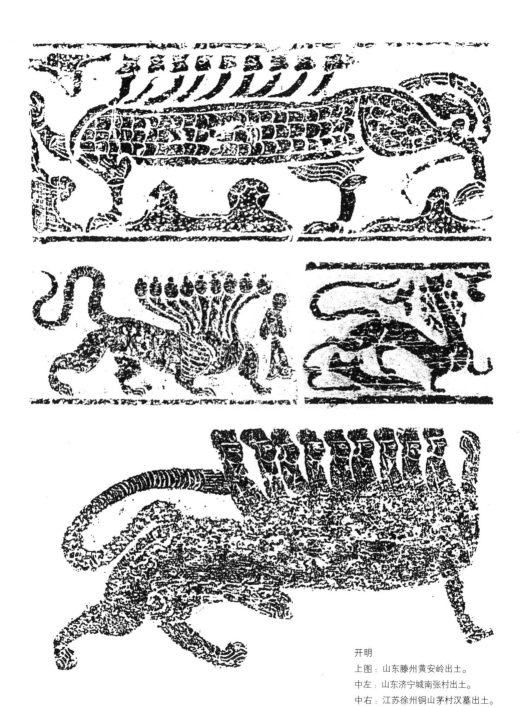

开明
上图：山东滕州黄安岭出土。
中左：山东济宁城南张村出土。
中右：江苏徐州铜山茅村汉墓出土。
下图：山东滕州东寺院出土。

# 116　龙头彩虹

　　雨过天晴，天空中还密布着许多小小的水滴，使人产生湿润的感觉；阳光射入水滴，经折射和反射，便在天空中形成彩色的或白色的巨大圆弧，这就是通常所说的虹。由于反射和折射的次数不同，又分为主虹和副虹两种。主虹外红内紫，色彩鲜艳，也直接称"虹"。副虹称为"霓"，因为比主虹反射要多，色彩不够鲜明。古代人将这一自然现象看作是吉祥的征兆。尤其是看到两道彩虹同时出现，更感到是美好的征兆。汉代画像石对虹的刻画与《山海经》的记述比较接近：

　　《山海经·海外东经》："虫虫在其北，各有两首。一曰在君子国北。"◎袁珂《山海经校注》："虫即虹字之别写。《尔雅·释天》云：'螮蝀，虹。'郭璞注云：'俗名为美人虹。'《诗·螮蝀》：'螮蝀在东，莫之敢指。'螮音帝，螮蝀即螮蝀也。此在东之螮蝀盖暮虹也；虹随日所映，故朝西而暮东也。见于《海外东经》君子国北之'虫虫'，亦暮虹；云'各有两首'者，大约并霓包括言之。《毛诗正义》引《郭氏音义》云：'虹双出色鲜盛者为雄，雄曰虹；暗者为雌，雌曰霓。'虹霓之见，古人以为'阴阳交'（《古微书》辑《春秋元命苞》），《淮南·说山训》云'天二气则成虹'是也。'两首'者，亦'交'之象也。故《诗·螮蝀》以刺奔女。去其封建意识，虹固为爱情幸福之象征。《诗·候人》云：'荟兮蔚兮，南山

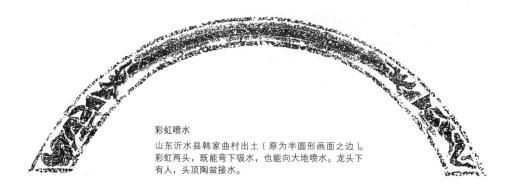

彩虹喷水
山东沂水县韩家曲村出土（原为半圆形画面之边）。
彩虹两头，既能弯下吸水，也能向大地喷水。龙头下
有人，头顶陶盆接水。

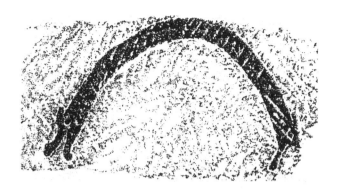

长虹
1972年河南唐河县南关（针织厂内）汉墓出土（原石在墓室北主室之顶部）。

朝隮；婉兮娈兮，季女斯饥。'‘朝隮’即朝虹也，‘斯饥’，饥于爱也：则虹所象征者，亦以明矣。宋玉《高唐赋》所记巫山神女之言：‘妾在巫山之岨，旦为朝云，暮为行雨，朝朝暮暮，阳台之下。’闻一多《高唐神女传说之分析》以为朝云即朝虹，神女即虹霓之所化，说亦近是。"

　　画像石中"虹"的形象是一条龙。长长的身子横跨天空，作圆弧状。有趣的是，它长了两个头，一端一个，据说可以跨越江湖，俯首吸水。彩虹的美丽自不必说，由此转化为爱情幸福的象征是很有意味的。所谓"美人虹"者，是否有"旦为朝云，暮为行雨"之意呢？在汉人的墓葬中，有的把彩虹刻在墓室的盖石上，并且与水伯出游在一起，是富有想象力的。

彩虹出　水神行
江苏邳州占城出土（原为祠堂顶盖部分）。天上两道彩虹出现，连水神也乘着龙车出行了（车为龙轮、鲤鱼驾驶）。

# 117  蟾蜍

蟾蜍，在动物学中为两栖纲蟾蜍科动物的统称。种类很
多，最常见的是"癞蛤蟆"（或称"疥蛤蟆"）。蟾蜍其貌不扬，
背面多呈黑绿色，上面有大小不等的瘰疣，令人看了发麻；
腹面乳黄色，有棕色或黑色的斑纹，也有一些小肉疣。蟾蜍
平时白天多栖于泥穴中，或石下、杂草间，夜晚才出来捕食
昆虫。它的体长可达10厘米以上，经常鼓胀着肚子。元好问
《蟾池》诗："小蟾徐行腹如鼓，大蟾张颐怒于虎。"就是这样
一个丑陋的形象，在神话中竟是美丽嫦娥的化身，成为月亮的
象征。有人说是因为嫦娥偷食了后羿的长生不死之药，独自一
人升天，在月中变为蟾蜍是上天对她的惩罚。

蟾蜍　陕西绥德县出土。

但汉代人对蟾蜍的兴趣可能还有另外的原因，就是它的
药用价值。蟾蜍的耳后腺和皮肤腺有白色的分泌物，可制成
"蟾酥"，治痈疽疔肿之症，在医药上用途很大。李时珍说：

> 蟾蜍锐头皤腹，促眉浊声，土形，有大如盘者。《自然
> 论》云：蟾蜍吐生，掷粪自其口出也。《抱朴子》云：蟾蜍千
> 岁，头上有角，腹下丹书，名曰肉芝，能食山精。人得食之可
> 仙。术家取用以起雾祈雨，辟兵解缚。今有技者，聚蟾为戏，
> 能听指使。物性有灵，于此可推。许氏《说文》谓三足者为
> 蟾，而寇氏非之，固是。但龟、鳖皆有三足，则蟾之三足非怪
> 也。若谓入药必用三足，则谬矣。《岣嵝神书》载蟾宝之法：
> 用大蟾一枚，以长尺铁钉四个钉脚，四下以炭火自早炙至午，
> 去火，放水一盏于前，当吐物如皂荚子大，有金光。人吞之，
> 可越江湖也。愚谓纵有此术，谁敢吞之？方技诳说，未足深
> 信。漫记于此，以备祛疑。（《本草纲目》卷四二）

蟾蜍　山东嘉祥县宋山出土。

我们知道，讲神话不能同历史混为一谈，讲故事不能同
事实混为一谈。它只是属于精神的，是人的一种想象的产物。

蟾蜍　山东嘉祥县洪山出土。

汉代人不但把蟾蜍刻在月轮中，成为月亮的象征，同时也把它置于西王母的身边，或者同各种祥禽异兽在一起，很明显，也是把它当作神灵。在山东出土的画像石中，也有刻画蟾蜍捣药的，有的甚至蟾蜍和玉兔一起捣药。这就明证了捣的是西王母的"不死之药"。在当时，黄老思想弥漫的氛围之下，谁不想长寿延年，甚至成为神仙呢。

蟾蜍
① 四川彭山双河崖墓石棺画像
　（在西王母身边）。
② 河南南阳英庄出土。
③ 山东滕州大郭村出土。

神蟾　河南南阳麒麟岗汉墓出土。仙界神蟾，云气弥漫，口衔仙草，爬行向前。

# 118  方相与熊

在汉代的造型艺术中，包括画像石在内，熊的形象很多。或者与人搏斗，或者作为力量的象征，托举着什么东西，有时也与神话中的祥禽瑞兽在一起，成为驱鬼辟邪的神兽。考其原因，既与古代的"方相氏"有关，也与汉代人的思想相联系。熊和罴，一般认为是两种凶猛的动物，常用来比喻勇武和力量。

熊广布于我国，但我国的熊只限于黑熊，亦称"狗熊"。狗熊体形肥大，长近两米，尾甚短，毛较长。多栖息于树林中，性孤独而不成群。能游泳，善爬树，且能直立行走。罴系熊的一种，俗称"人熊"，毛有黄有赤，《尔雅·释兽》郭璞注曰："似熊而长头高脚，猛憨多力，能拔树木，关西呼曰貑熊。"清郝懿行义疏："今关东人呼为豰貑，声转如云黑虾。"现代东北人称熊为"黑瞎子"，即由此转音。

古人对"熊罴"连称以为是生男子的征兆。《诗·小雅·斯干》："吉梦维何，维熊维罴……大人占之，维熊维罴，男子之祥。"所以后来人们称生男叫"熊梦"，或"熊罴入梦"，是吉祥之兆。

《周礼·夏官》有"方相氏"，为专门掌管驱疫辟邪之神。

《周礼·夏官·方相氏》："方相氏掌蒙熊皮，黄金四目，玄衣朱裳，执戈扬盾，帅百隶而时难，以索室驱疫。大丧，先柩；及墓，入圹，以戈击四隅，驱方良。"◎郑玄注："蒙，冒也。冒熊皮者，以惊驱疫疠之鬼，如今魌头也。时难，四时作方相氏，以难（傩）却凶恶也。……方良，罔两也。（即"魍魉"，为古代传说中的精怪）……《国语》曰：木石之怪夔罔两。"孙诒让疏："《文选》张衡《东京赋》说大傩驱厉云'脑方良'。薛综注云："方良，草泽之神也。"

这本是丧礼中一种驱疫辟邪的仪式，但是后来在民间普遍出现了出殡的"开路神"（闪道神），也称"方相"。此神的模型用竹、布扎制而成，高大狰狞，紧握拳头，两臂甩动起来谁都不敢靠近。《晋书·左贵嫔传》曰："方相仡仡，旌旐翻翻。"仡仡形容勇壮高大，翻翻犹如翩翩翻转，说明殡仪的盛况。

由方相氏的故事，又引出另一个关于黄帝妃的传说。据说嫫母是黄帝的次妃，长得最丑但品德最高。她与"方相氏"有什么关系呢？当然也是传说：

《路史》后纪卷五："（黄帝）次妃嫫母，貌恶德充。"

《琱玉集》卷一四《丑人篇》："嫫母，黄帝时极丑女也。锤额顣頞，形粗色黑，今之魌头是其遗像。而但有德，黄帝纳之，使

方相氏打鬼　江苏徐州贾汪出土。二人头戴面具，举刀挥舞（原石右残，铭刻"直万金"三字）。

训后宫。"

《云笈七签》卷一〇〇辑唐王瓘《轩辕本纪》："帝周游行时，元妃嫘祖死于道，帝祭之以为祖神。令次妃嫫母监护于道，因以嫫母为方相氏。"

从凶猛的熊罴到方相氏作傩驱鬼，从丑女嫫母到辟邪的魌头，都是围绕着一个目的，就是驱鬼辟邪。汉画像石中没有那么复杂，索性直接刻画了熊，或是熊的变体。

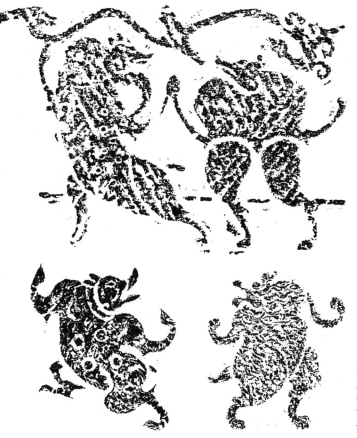

熊
上图：双熊。山东邹城王屈村出土。
下左：山东微山县两城镇出土。
下右：山东邹城黄路屯出土。

熊

上图：山东微山县两城镇出土。

中图：山东滕州黄安岭出土。

下图：山东滕州桑村镇（今属枣
庄市山亭区）户口村出土。

# 119　宗布除害

汉代人的家里，室内挂着宗布神像，求神保佑，禳除灾害。据神话传说，尧时的后羿为天下除害，死后而为宗布。也就是说，宗布是后羿的化身，或者说宗布继承了后羿的除害之德。

《淮南子·氾论训》:"羿除天下之害，死而为宗布。"◎高诱注:"羿，古之诸侯。河伯溺杀人，羿射其左目；风伯坏人屋室，羿射中其膝，又诛九婴、窦窳之属，有功于天下，故死托祀于宗布。……一曰：今人室中所祀之宗布是也。……此尧时羿，非有穷后羿。"

早在汉代之前，周代人为了祈求福祥，维持和平，对人鬼、天神、地祇的祭祀非常频繁，所谓"春秋祭禜""春秋祭酺"，就是对水旱疠疫之神和人物灾害之神的奉祀。刘文典《淮南鸿烈集解》引孙诒让云:"(宗布)窃疑即《周礼·党正》之祭禜，《族师》之祭酺。郑注云:'禜谓雩禜，水旱之神。酺者，为人物灾害之神也。'禜、酺并禳除灾害之祭，羿能除害，故托食于彼，义亦正相应也。"这样，作为一种传统信仰的思维，就圆满解释了后羿与宗布在神话中的渊源关系。

宗布神　河南许昌出土汉代画像砖。

宗布可怖，齿口瞠目。飞鬐猬髭，狰狞魁梧。

## 120　当康鸣瑞

猪　山东微山县两城镇出土。

猪　山东诸城前凉台村出土。

画像石中所刻画的猪，分属于三种情况：一是在田猎图中与野兽群奔跑者，二是在庖厨图中作为家畜被宰割者，三是在祥瑞图中以彰德行者。我们主要谈神话，当是第三种，即祥瑞之猪，在《山海经》中称作"当康"。

《山海经·东次四经》："（钦山）多金玉而无石。师水出焉，而北流注入于皋泽，其中多鳝鱼，多文贝。有兽焉，其状如豚而有牙，其名曰当康，其鸣自叫，见则天下大穰。"◎郝懿行云："当康、大穰，声转义近，盖岁将丰稔，兹兽先出以鸣瑞。"（笔者按："如豚而有牙"，可能是野猪。大穰：大丰收，大兴盛。）

"当康大穰"为丰收鸣瑞，是农耕时代所祈望的喜事。数千年来，农业生产直接关系着广大农民的命运，而猪又是一种重要的家畜。在民间，每当除夕夜晚，有"肥猪拱门"之说，据说"肥猪"会驮着元宝来拱门，以为农业丰收的象征。民间剪纸中也有这一题材，为一年起始的美好祝愿。这与当康的"其鸣自叫"可能有一种精神和理念上的联系。

猪　山东微山县两城镇出土。

# 121  天汉螺女

河南南阳出土的汉代画像石中，有几幅表现"螺神"的，全身卷曲成螺旋形，但为人首，有的正与应龙相戏。汉代和汉代之前的文献不见记载，可是在以后的典籍中记有若干故事。或许故事早有流传而文本较晚，也可能故事晚出，但对照起来相比较，仍有一番趣味。

旧题晋陶潜撰《搜神后记》卷五载有《白水素女》一篇，故事曰：

晋安帝时，侯官人谢端，少丧父母，无有亲属，为邻人所养。至年十七八，恭谨自守，不履非法。始出居，未有妻，邻人共愍念之，规为娶妇，未得。端夜卧早起，躬耕力作，不舍昼夜。后于邑下得一大螺，如三升壶。以为异物，取以归，贮瓮中。畜之十数日。端每早至野还，见其户中有饭饮汤火，如有人为者。端谓邻人为之惠也。数日如此，便往谢邻人。邻人曰："吾初不为是，何见谢也？"端又以邻人不喻其意，然数尔如此，后更实问。邻人笑曰："卿已自取妇，密着室中炊爨，而言吾为之炊耶？"端默然心疑，不知其故。后以鸡鸣出去，平早潜归，于篱外窃窥其家中，见一少女，从瓮中出，至灶下燃火。端便入门，径至瓮所视螺，但见壳。乃到灶下问之曰："新妇从何所来，而相为炊？"女大惶惑，欲还瓮中，不能得去，答曰："我天汉中白水素女也。天帝哀卿少孤，恭慎自守，故使我权为守舍炊烹。十年之中，使卿居富得妇，自当还去。而卿无故窃相窥掩。吾形已见，不宜复留，当相委去。虽然，尔后自当少差。勤于田作，渔采治生。留此壳去，以贮米谷，常可不乏。"端请留，终不肯。时天忽风雨，翕然而去。端为立神座，时节祭祀。居常饶足，不致大富耳。于是乡人以女妻之。后仕至令长云。今道中素女祠是也。

这个故事亦见于南朝梁任昉《述异记》、宋洪迈《夷坚志》

等，内容基本相同。宋无名氏辑《锦绣万花谷》前集卷五引《坡
诗注》"螺女庙"曰：

  谢端钓于江上，获巨螺，置之于家，每归则饮食盈案。潜候
之，有女子具馔于室，执而询之。女曰："我乃螺女，水神，天帝
悯君之孤，遣为具食。我亦当去。"乃留空螺，曰："君有所求，取

**螺神**
河南南阳市妇幼院汉墓出土。
原图为螺神与应龙相戏（此为
螺神）。

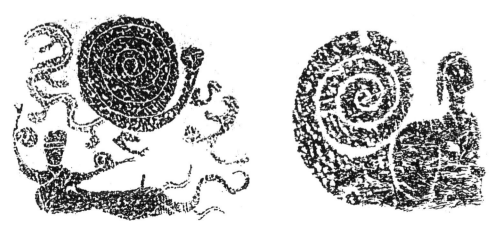

**螺神**　两块画像石均为河南南阳邢营汉墓出土。左边两个，一个卷成螺旋形，一个伸开手臂，两手做蜗牛状。右边一
个，拖着卷曲的身子向前爬行。

之于螺。"出门不见。后端乏食，探螺皆如意。传数世犹在。故有螺女洲、螺女庙，在虔州东南。

以上故事大同小异，只是将谢端务农改成了渔民。在唐皇甫氏《原化记》中还引出了一个县宰，欲图螺女，螺女无奈，便牵了一兽形如犬者来喷火，将县宰烧死。明显是后来的发展。

统观这类故事，在情节的叙述上一般都比原始神话复杂，甚至加进了一些生活的和社会的细节，并且大都有惩恶扬善等说教的意味。遥想汉代距神话的产生已远，在神话传说故事的流传中，也必然会出现类似的现象。

# 122　毕方鸟

　　画像石中的鹤与水鸟之类，多是画长长的两条腿，或者口中衔鱼，表明它是食鱼的动物，以后由此成为"有余"和"得利"的隐喻，也是因为食鱼的关系。但是，有时画得像鹤而长腿者，却是明显地画了一条腿，是不是由于侧面而省略了一条腿呢？按照汉代人画图的习惯，似乎不是。可能是神话中的题材，《山海经》中叫作"毕方"。

　　《山海经·西次三经》："又西二百八十里曰章莪之山，无草木，多瑶碧。……有鸟焉，其状如鹤，一足，赤文，青质而白喙，名曰毕方。其鸣自叫也，见则其邑有讹火。"

　　《山海经·海外南经》："毕方鸟在其东，青水西。其为鸟，人面一脚。一曰在二八神东。"

　　《淮南子·氾论训》："木生毕方。"◎高诱注："木之精也，状如鸟，青色，赤脚，一足，不食五谷。"

　　《文选》张衡《东京赋》："况魃蜮与毕方。"◎薛综注："毕方，老父神，如鸟，两足一翼者，常衔火，在人家作怪灾也。"

　　以上诸说，略有不同，这是神话在流传中经常出现的现象。因此，我们选择了"状如鹤、一足、火鸟"的说法。袁珂《山海经校注》说："《韩非子·十过篇》云：'昔者黄帝合鬼神于西泰山之上，驾象车而六蛟龙，毕方并辖，蚩尤居前，风伯进扫，雨师洒道，虎狼在前，鬼神在后，腾蛇伏地，凤皇覆上，大合鬼神，作为《清角》。'则毕方又是黄帝随车之神鸟。实则'毕方'当是'烨烊'一词之音转。《神异经·西荒经》云：'人尝以竹着火中，爆烊而出，臊（山猱）皆惊惮。''爆烊'即'烨烊'也。或又作'烊烊'，《集韵》曰：'竹火声。''烊烊'——'烨烊'，该无非竹木燃烧时嘈杂作声也。音转而为'毕方',故《淮南子》云：'木生毕方。'《广雅》云：'木神谓之毕方。'《骈雅》云：'毕方兆火鸟也。'则'毕方'者，生于竹木之火，犹今之所谓'火老鸹'也。神话化遂为神鸟毕方，或'见则其邑有讹火'，或'常衔火在人家作怪灾'，又转而为致火之妖物矣。郭璞《图赞》云：'毕方赤文，离精是炳。旱则高翔，鼓翼阳景。集乃灾流，火不炎正。'最能得其概要。"

"火不炎正"四个字非常重要。这是判断毕方是妖邪还是神鸟的界限。而关键在于一个"正"字，也就是说，它的火是只烧邪不烧正的，如果烧正，必然成为妖邪。古人在解读这句话时，有的认为"正"字应为"上"字，其意义不但是缩小了，也失去了作为神鸟的气概。

毕方与龙

原石原镶于山东益都县（今青州市）文庙墙上，出土地点不明。画像石共两方，大小相等，画面相对应。上部之毕方完全对称。本画面下部为龙，另一画面下部为虎。

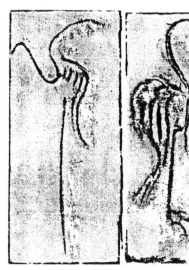

毕方鸟

河南郑州出土（三者均为空心印纹砖）。

# 123　蒙双民

①

在我国神话中，有许多形象怪异的神人、神兽、神禽或虫鱼之类，如人首兽身，或是多头，最多者可达九个头。其中两个头的神人称作"蒙双氏"或"蒙双民"，见于《搜神记》《齐民要术》等。

干宝《搜神记》卷一四："昔高阳氏，有同产而为夫妇，帝放之于崆峒之野，相抱而死。神鸟以不死草覆之。七年，男女同体而生，二头，四手足，是为蒙双氏。"

贾思勰撰《齐民要术》卷一〇引《外国图》："高阳氏有同产而为夫妇者，帝怒放之，于是相抱而死。有神鸟以不死竹覆之。七年，男女皆活。同颈异头，共身四足，是为蒙双民。"

②

以上两文大同小异，是一个兄妹婚的故事。"高阳氏"即颛顼，为古代传说中的"五帝"之一，相传为黄帝之孙。"崆峒之野"，在此指高山荒野之中。画像石中的形象有两种，一种是身躯四足而两端长头者，常在西王母的身边，另一种是在人身之颈部长双头者，汉代人均视为祥瑞。

③

蒙双民
① 山东长清孝堂山石祠出土。
② 山东济宁喻屯镇出土。
③ 山东嘉祥县宋山村出土。
④ 河南南阳十里铺汉墓出土（同阳乌在一个画面）。

④

# 124　三头人离珠

　　一人三头，可以轮流俯仰环顾，他是天帝琅玕树的守卫者，眼睛之明，能够"察针末于百步之外"，其名曰"离珠"（也作离朱）。

　　《艺文类聚》卷九○引《庄子》曰："老子见孔子从弟子五人，问曰：'为谁？'曰：'子路为勇。'其次子贡为智，曾子为孝，颜回为仁，子张为武。老子叹曰：'吾闻南方有鸟，其名为凤，所居积石千里。天为生食，其树名琼枝，高百仞，以璆琳琅玕为实。天又为生离珠，一人三头，递卧递起，以伺琅玕。凤鸟之文，戴圣婴仁，右智左贤。'"（今本无）

　　《山海经·海内西经》："服常树，其上有三头人，伺琅玕树。"

　　《山海经·海外南经》："三首国在其东，其为人一身三首。一曰在凿齿东。"

三头人
左图：山东嘉祥县武氏祠东阙
画像。
右图：山东嘉祥县嘉祥村出土。

郭璞《图赞》:"虽云一气，呼吸异道；观则俱见，食则皆饱；物形自周，造化非巧。"

《文选》嵇康《琴赋》:"乃使离子督墨。"◎李善注:"离子，离朱也。《淮南子》曰:'离子之明，察针末于百步之外。'按《慎子》为离珠。"

离珠之形，或如兽四足、两端长头、背上另生一人；或一人体、颈上生出三个头来。从画面上看，三个头的活动好像很自如。

三头人
左图：山东济宁喻屯镇出土。
右图：河南南阳邢营汉墓出土。

# 125 人首鸟

在汉代画像石中,有很多动物一体多头,并且长着人头。这种现象是在人与神不分的社会中所产生的,也说明了神话传说内容的丰富。所谓"有神则灵",必然要有玄妙感和奇特的本领。仅以鸟类而论,它不但可以生出两个鸟头,甚至可以生出两个人头。当然,形状不同,其作用和功能也不一样。这是由想象力所催发出来的。

人首鸟　山东临沂工程机械厂出土。

有关"人首鸟身"的名目,古文献中有不少记载,如:

玄女(亦称"元女"),"人首鸟形",曾帮助黄帝战败了蚩尤(见《全上古三代文》、明董斯张《广博物志》卷九引《玄女法》)。

双双,"一身二首,尾有雌雄,随便而偶;常不离散,故以喻焉"(见《公羊传》杨士勋疏引)。

凫徯,"其状如雄鸡而人面"(见《山海经·西次三经》)。

人首鸟　江苏邳州陆井墓出土画像石。

鹡鸰,"三首六尾而善笑","服之使人不厌,又可以御凶"(见《山海经·西次三经》)。

橐蜚,"人面而一足","冬见夏蛰,服之不畏雷"(见《山海经·西山经》)。

鹠,状如鹊,"两首四足,可以御火"(见《山海经·西山经》)。

瞿如,"三足人面"(见《山海经·南次三经》)。

人首鸟　山东济宁城南张村出土。

……

为什么会有这些奇异的形象呢？其原因可能是多方面的，但最主要的是神话自身演绎的结果。困难的是，文献中的记述与画像石中的形象不易对得准确，只能笼统地说这些多头鸟和人头鸟都是神话中的题材，在汉画中多是视为祥瑞。

多头鸟　山东滕州龙阳镇出土。

闻一多在《伏羲考》中解释"两头"的动物，他说："谓之'两头'者，无论是左右两头，或前后两头，不用讲，都是两蛇交尾状态的误解或曲解。这可以由参考关于两头鸟和两头兽的几种记载而得到证明。（1）鸟名鹠者两首四足，牛状的天神八足二首，均见《西山经》。神鹿一身八足两头，见《楚辞·天问》王注。鸟有两头，同时也有四足，可见原是两鸟。兽有两头，同时也有八足，可见原是两兽。（2）《公羊传·宣五年》杨疏引旧说曰'双双之鸟，一身二首，尾有雌雄，常不离散'。既雌雄备具，又常不离散，其为两鸟交配之状，尤为明显。（3）两头彘名曰并封（《海外西经》），一作屏蓬（《大荒西经》）。一种名蟜虫的二首神所居的山，名曰'平逢之山'（《中山经》）。'并封''屏蓬''平逢'等名的本字当作'并逢'。'并'与'逢'都有合义。兽牝牡相和合名曰'并逢'，犹如人男女私合曰'姘'（《仓颉篇》）。《周颂·小毖》'予其惩

多头人首鸟　山东长清孝堂山石祠画像（《金石索》木刻摹本）。

双头人面鸟
山东微山县两城镇出土。双头人面鸟站在水榭的屋檐上，下边还有一只小鸟。

多头鸟与人首鸟
上左：山东邹城城关出土。
上右：山西离石马茂庄出土。
下图：山东临沂吴白庄汉墓出土。

而毖后患，莫予荓蜂'，《毛传》曰，'荓蜂，掣曳也。'荓蜂字一作甹夆。《尔雅·释训》'甹夆，掣曳也。'郭注曰'谓牵拕。'荓蜂（甹夆）亦即并逢。交合与牵掣，只是一种行为中向心与离心两种动作罢了。盛弘之《荆州记》描写武陵郡西的两头鹿为'前后有头，常以一头食，一头行'，正是'并逢'所含的'掣曳牵拕'之意的具体说明。(4)《西山经》'其鸟多鸓，……赤黑而两首四足'，'鸓'当与《月令》'累牛腾马'之'累'通，郑注训为'乘匹之名'。'乘匹'的解释，已详上文。'累''腾'同义，而'累'与'鸓'，'腾'与'螣'字并通，然则乘匹之鸟谓之鸓，亦犹乘匹之蛇谓之螣。以上我们由分析几种两头鸟和两头兽的名称与形状，判定了那些都是关于鸟兽的性的行为的一种歪曲记录。"（《神话与诗》）

对于两头动物的这种形象，闻一多称作是"鸟兽的性的行为的一种歪曲记录"。那么，人们为什么对这种"歪曲记录"感兴趣、又编成神话流传呢？毫无疑问，是借此对于男女爱情、忠贞不渝的比喻和赞美，也就是通常所说的象征。在画像石的画面中，所多见的两蛇交缠和鸟兽交颈，都是与此有关的。

# 126  人头兽

如同多头人、多头鸟一样，在汉画像石中也有不少多头兽，有的同样长着人头。这种带有神秘性的艺术形象，同属于一种思维，即在想象的神灵世界中，所有形象都与人不同，但又是在人的基础上变化的。远古时代，人与猛兽共存，经常受到威胁。如果说，一个头的猛兽具备力量，那么多头的猛兽岂不是力量更大吗？况且它已升入神格，只要受人尊敬，是不会侵害于人的。

有关"人头兽身"的名目，古文献中有不少记载，如：

两头兽，"如鹿，前后有头，常以一头食，一头行"（见《汉唐地理书钞》辑盛弘之《荆州记》）。

茶首，"似鹿，两头，其腹中胎，常以四月中取，可以治蛇虺毒"（见《太平御览》卷九〇六引《博物志》，今本无）。

诸犍，"其状如豹而长尾，人首而牛耳"（见《山海经·北山经》）。

狍鸮，"羊身人面"（见《山海经·北次三经》）。

合窳，"状如彘而人面"（见《山海经·东次四经》）。

并封，"其状如彘，前后皆有首"（见《山海经·海外西经》）。

双头人面兽
江苏徐州十里铺汉墓出土。

跰踢，"左右有首"（见《山海经·大荒南经》）。

这些名目，都产生于很早之前，具体原因当然也会相同。既然属于口头传说，各代必然有所增饰，遗憾的是，汉代人是怎样解释的，我们已无从知道了。

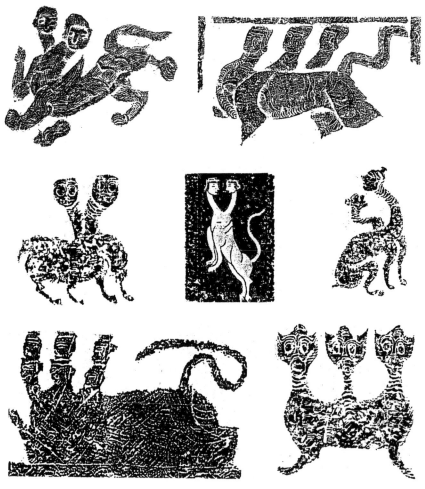

人头兽

上左：山东临沂工程机械厂出土。上右：山东临沂吴白庄汉墓出土。

中左、中右：山东济宁城南张村出土。中中：山东长清孝堂山石祠画像（《金石索》木刻摹本）。

下左：江苏徐州铜山东沿村出土。下右：山东济宁城南张村出土。

# 127　玄鸟

玄鸟就是燕子，是神话中的燕子。

传说商的始祖名契（xiè，亦作偰）。他是帝喾之子，虞舜之臣，曾助禹治水有功，被舜任为司徒，掌管教化，封于商。契的母亲是简狄。传说简狄吞了玄鸟（燕）的蛋，而生了契。

《诗·商颂·玄鸟》："天命玄鸟，降而生商。"

《史记·殷本纪》："殷契，母曰简狄，有娀氏之女，为帝喾次妃。三人行浴，见玄鸟坠其卵，简狄取吞之，因孕生契。"

《吕氏春秋·音初》："有娀氏有二佚女，为之九成之台，饮食必以鼓。帝令燕往视之，鸣若嗌嗌。二女爱而争搏之，覆以玉筐。少选，发而视之，燕遗二卵，北飞，遂不反。二女作歌一终，曰：'燕燕往飞。'实始作为北音。"

玄鸟别名"意而"。《琅嬛记》卷上引《元虚子仙志》："周穆王迎意而子，居灵卑之宫，访以至道；后欲以为司徒。意而子愀然不悦，奋身化作元鸟，飞入云中。故后人呼元鸟为意而。"元鸟即玄鸟，意而也作鹢䲹。《庄子·山水》："鸟莫知于鹢䲹。"陆德明音义："鹢䲹，燕也。"

因为是"天命玄鸟，降而生商"，开启了有商一代，所以燕子在中国历史上受到了重视。然而不知什么原因，玄鸟燕子在画像石中并不多。我国汉代的画像石，主要出土于鲁南、苏北、豫南、陕北和四川等地区，在江南地区非常鲜见。1973年，浙江海宁长安镇出土了一座东汉晚期的画像石墓，在一幅祥瑞图中有一只飞翔的玄鸟。

玄鸟（燕）
1973年浙江海宁长安镇汉墓出土。

# 128 獬豸

獬豸，也作解廌、觟𧣾，是传说中的一角之羊。它能识辨有罪之人，用角去抵触不正直者。因此，成为古代决讼的象征。古文的"法"字为"灋"，即以"廌"字为主体，偏旁为"水"，表示"平之如水"；下边一个"去"字，表示将不直者"去之"。《说文》曰："灋，刑也。平之如水，从水；廌所以触不直者，去之，从去。"

《说文解字》："廌，解廌，兽也，似山牛，一角；古者决讼，令触不直。"又："荐，兽之所食草。……古者神人以廌遗黄帝。帝曰：'何食何处？'曰：'食荐。夏处水泽，冬处松柏。'"

《述异记》卷上："獬豸者，一角之羊也。性知人有罪。皋陶治狱，其罪疑者，令羊触之。"

清陈元龙《格致镜原》卷八二引《神异经》："东北荒中有兽如羊，一角，毛青，四足，似熊，性忠直，见人斗则触不直，闻人轮则咋不正，名曰獬豸，一名任法兽。故立狱皆东北，依所在也。"（今本无）

这是一种美好的想象。如果人间真有神羊獬豸，会减少许多不平的事。汉朝人很相信这一点，他们连法官也戴起了"獬豸冠"。《后汉书·舆服志》说："法冠……执法者服之……或谓之獬豸冠。獬豸神羊，能别曲直，楚王尝获之，故以为冠。"《宋史·舆服志》说："獬豸冠……其梁上刻木为獬豸角，碧粉涂之。"这又变成一种象征了。

獬豸　河南郑州出土空心画像砖。

# 129　氐人国

据说氐人国是炎帝的后裔，其人都是人面鱼身。

《山海经·海内南经》："氐人国，在建木西，其为人人面而鱼身，无足。"

《山海经·大荒西经》："有互人之国。炎帝之孙，名曰灵恝，灵恝生互人，是能上下于天。"◎郝懿行注："互人，即《海内南经》氐人国，氐、互二字，盖以形近而讹，以俗氐正作互字也。"

人首鱼　江苏徐州十里铺汉墓。在中室横额"双龙穿璧"中间。

在汉代画像石中，刻画鱼的画面很多，特别是鲤鱼，或者表现在捕鱼的生活场景中，或者作为水神出游的成员，但是"人面而鱼身"的形象却不多。因此，偶见这类造型，又是在奇异的神话主题之中，很可能就是表现氐人国（或互人之国）的人鱼。

氐人国三鱼人　山东济宁城南张村出土。

关于"人鱼"，文献中有所谓"鲮鱼""龙鱼"者，都是有足、有手、人面。还有出于南海之外的"鲛人"，传说常从水中出来寄居在附近的人家，擅长纺织，能织出名贵的"鲛绡纱"（龙纱），并且能"泣而成珠"，将要离别时，泣珠送给主人。但在画像石中不见此类画面，可能是故事晚出的缘故。

# 130　贯匈国

　　贯匈国，亦称"穿胸国"，出自《山海经》的神话。传说这里的人在胸上都有一个洞，可以穿上一根木棒或竹竿，将人抬着走。

　　《山海经·海外南经》："贯匈国在其东，其为人匈有窍。一曰在载国东。"◎郭璞注："载，音秩，亦音替。《尸子》曰：'四夷之民有贯匈者，有深目者，有长肱者，黄帝之德常致之。'"

　　《淮南子·坠形训》："凡海外三十六国：……从西南到东南方，有……穿胸民……"◎高诱注："穿胸，胸前穿孔达背。"

　　《艺文类聚》卷九六引《括地图》："禹诛防风氏。夏后德盛，二龙降之。禹使范氏御之以行，经南方，防风神见禹，怒射之。有迅雷，二龙升去。神惧，以刃自贯其心而死。禹哀之，瘗以不

穿胸民
山东长清孝堂山石祠西壁顶端之局部。上为原石拓片，下为《金石索》木刻摹本。

死之草，皆生，是名穿胸国。"

晋张华《博物志·外国》："穿胸国。昔禹平天下，会诸侯会稽之野，防风氏后到，杀之。夏德之盛，二龙降之。禹使范成光御之，行域外，既周而还，至南海，经防风。防风氏之二臣，以涂山之戮，见禹使，怒而射之，迅风雷雨，二龙升去。二臣恐，自贯其心而死。禹哀之，乃拔其刃，疗以不死之草，是为穿胸民。"

元周致中《异域志》："穿胸国，在盛海东，胸有窍，尊者去衣，令卑者以竹木贯胸抬之。"（笔者按："盛海"即指"载国"）

长清孝堂山石祠中有此图像，似在颂扬夏禹之德和穿胸之忠。

# 131　哀牢国（龙生十子）

　　这是一个关于古老民族起源的神话，主要流传在西南地区。就像断了线的风筝，已飘失得很远，只留下一个美丽的传说和模糊不清的图像。有关文字见于《后汉书》和《华阳国志》，也见于《风俗通》。

　　《后汉书·西南夷传》：

　　哀牢夷者，其先有妇人名曰沙壹，居于牢山。尝捕鱼水中，触沉木若有感，因怀妊，十月，产子男十人。后沉木化为龙，出水上。沙壹忽闻龙语曰："若为我生子，今悉何在？"九子见龙惊走。独小子不能去，背龙而坐，龙因舐之。其母鸟语，谓背为九，谓坐为隆，因名子曰九隆。及后长大，诸兄以九隆能为父所舐而黠，遂共推以为王。后牢山下有一夫一妇，复生十女子，九隆兄弟皆娶以为妻，后渐相滋长。种人皆刻画其身，象龙文，衣皆着尾。九隆死，世世相继。乃分置小王，往往邑居，散在溪谷。绝域荒外，山川阻深，生人以来，未尝交通中国。

　　哀牢人皆穿鼻儋耳，其渠帅自谓王者，耳皆下肩三寸，庶人则至肩而已。

　　《华阳国志·南中志》亦有大体相同的记载，并明确称永昌郡为古哀牢国。所不同的是称"沙壹"之名为"沙壶"，"九隆"之

哀牢夷龙生十子

四川芦山县樊敏石阙（阙檐下）。

名为"元隆",现在已无从查明是传抄之讹,还是哪个更准确。又说"南中昆明祖之,故诸葛亮为其国谱也"。据说诸葛亮为其作图谱,画了一条神龙,然后"龙生夷"。根据唐代以后的记载,云南的"乌蛮""白蛮"都有祖沙壹、九隆的传说。据《蛮书》卷三所载:唐德宗贞元年中,南诏首领异牟寻献书于剑南节度使韦皋,"自言本永昌沙壶之源也"。据考证家说,这是"乌蛮"祖哀牢之证。哀牢夷在古代是西南夷的一支,系中国的古族名。汉代时分布于今云南西南澜沧江、怒江流域及今缅甸迈立开江流域的广袤地区。其族属至今未有定论。哀牢原为一代首领名。西汉时曾在其地设不韦(治今云南保山市金鸡村)、嶲唐(治今云龙县南)二县。东汉建武二十七年(51)其王贤栗(一作扈栗)受汉封为君长。永平二年(69)于其地设哀牢、博南两县(今云南保山、永平县地),析益州郡西部都尉所领之六县,合为永昌郡。

在四川芦山县沫东乡,遗留有东汉樊敏墓的石碑和石阙,均建于建安十年(205)。樊敏是芦山县人。据碑文载,他曾任职永昌郡长吏,所以在他墓前石阙上雕刻了当地流传的"龙生十子"的故事。此图在阙顶的檐下,横列一行,最明显的是龙舔小子的情节。"龙生十子"的神话因限于一个古民族的起源问题,在我国流传不广,作为汉代画像石的题材也是一个孤例。

对于古代神话的研究,有两种倾向性的意见值得注意:一种是将神话解释成历史,混淆了两者的界限;另一种是否定口传历史的不同程度的真实性。对于这类问题,既不能绝对化、简单化地采取肯定或否定的态度,也不能折中,而是应该具体问题具体分析。在众多的神话传说故事中,须要摸清流传的关系,哪些带有历史的影子,哪些纯属好事者的编造。困难确实存在,但其意义在于传统文化的纯洁与保护,也有利于历史的发展。

# 132　鹳鸟衔鱼

　　鹳是一种大型的涉禽，形似鹤亦似鹭，主食鱼，在我国分布很广。有黑鹳和白鹳两种。黑鹳体长约一米，上体从头至尾、两翼及胸部均为黑色，并泛出紫绿色的光泽，下体则为白色。白鹳的身体比黑鹳还要大，全为白色，或尾部为黑色。由于鹳常活动于溪流近旁，捕鱼为食，夜晚宿于高树，对于离渔猎时代不远的汉朝人来说，像鹳这样的生活是很奇特的，也很潇洒。在画像石中刻画鹳和与其接近的水鸟（如鹭、鹤等）的很多，从表现的内容看，大体属于两类，一类是与捕鱼者在一起，可能是描绘当时的生活情景；另一类是鹳鸟衔鱼，有一只鹳衔一条鱼的，也有两只鹳共同衔一条鱼的。在画画上，这种鹳鸟衔鱼并非是单纯地捕鱼，而往往同其他祥瑞之物甚至龙凤组合在一起，显然是另有寓意。

　　1978年在河南临汝县（今汝州市）阎村出土了一件彩陶大缸，属于新石器时代仰韶文化时期，为庙底沟类型晚期。这是一个带有四个鋬耳的深腹大缸，高47厘米，口径32.7厘米，在缸腹上画着一只鹳鸟衔着一条大鱼，其右侧与其并列的还有一只竖立的石斧，因而定名为《鹳鱼石斧》图。

　　统观全图，绘制者有明显的意图。其中"鹳鸟衔鱼"可能代表着一个部族，或是对于人口繁衍的象征；石斧有可能标志着一种权力。因为它出土于一个具体的墓葬中，当是墓主人的随葬品，象征了一定的地位和身份。如果把这幅图与汉画中较多的"鹳鸟衔鱼"联系起来看，虽然历史延续了几千年，仍然能够看出其中的脉络。

　　《山海经》诸经中有"讙头国"（或作"驩头国"）：

　　《山海经·海外南经》："讙头国在其南，其为人人面有翼，鸟喙，方捕鱼。一曰在毕方东。或曰谨朱国。"◎郭璞注："谨兜，尧臣，有罪，自投南海而死。帝怜之，使其子居南海而祠之。画亦似仙人也。"

《山海经·大荒南经》："有人焉，鸟喙，有翼，方捕鱼于海。大荒之中，有人名曰驩头。鲧妻士敬，士敬子曰炎融，生驩头。驩头人面鸟喙，有翼，食海中鱼，杖翼而行。维宜芑苣，穋杨是食。有驩头之国。"

《山海经·大荒北经》："西北海外，黑水之北，有人有翼，名曰苗民。颛顼生驩头，驩头生苗民，苗民釐姓，食肉。有山名曰章山。"

在《尔雅》中还记有"鹬专"的一种如鹊、短尾的鸟，这种鸟非常敏捷，如果猎人用箭射它，它不但能将箭衔住，并且还能将箭回转来射向猎人。所以连善射的后羿也不敢射它。

《尔雅·释鸟》："鹬鸼、鹠鹅，如鹊短尾，射之，衔矢射人。"◎郭璞注："一名堕羿。"邢昺疏："堕，古以为懈惰字。羿，古之善射者。此言鸟捷劲，虽羿之善射，亦懈惰不敢射也，故以名云。郭（璞）《图赞》云：'鹬鸼之鸟，一名堕羿。应弦衔镝，矢不着地。逢蒙缩手，养由不睨。'"

对于《山海经》和《尔雅》的这些记载，有人认为既是古代民族的模糊记录，也是"鹬鸟衔鱼"神话的后来演变。这是一种说法。另有一种说法，以为鹬鸟（包括鹭、鹤等水禽）衔鱼是对于生殖繁衍和部族兴旺的隐喻。

闻一多在《说鱼》一文中说："我们这里是把'鱼'当作一个典型的隐语的例子来研究的，所以最好先谈谈什么是隐语。隐语古人只称作隐（讔），它的手段和喻一样，而目的完全相反，喻训晓，是借另一事物来把本来说不明白的说得明白点；隐训藏，是借另一事物来把本来可以说得明白的说得不明白。喻与隐是对立的，只因二者的手段都是拐着弯儿，借另一事物来说明一事物，所以常常被人混淆起来。但是混淆的原因尚不止此，纯粹的喻和纯粹的隐，只占喻和隐中的一部分，喻有所谓'隐喻'，它的目的似乎是一壁在喻，一壁在隐；而在多数的隐中，作为隐藏工具的（谜面）和被隐藏的（谜底）常常是两个不同量的质，而前者（谜面）的量多于后者（谜底），以量多的代替量少的，表面上虽是隐藏（隐藏的只是名），实际上反而让后者的质更凸出了。这一来，隐岂不变成喻了吗？这便是说，喻与隐目的虽不同，效果常常是相同的。手段和效果皆同，不同的只是目的，同的占了三分之二，所以毕竟喻与隐之被混淆，还是有道理的。"

他又说："隐语的作用，不仅是消极的解决困难，而且是积极的增加兴趣，困难越大，活动愈秘密，兴趣愈浓厚，这里便是隐语的，也便是《易》与《诗》的魔力的泉源。""为什么用鱼来象征配偶呢？这除了它的蕃殖功能，似乎没有更好的解释，大家都知道，在原始人类的观念里，婚姻是人生第一大事，而传种是婚姻的唯一目的，这在我国古代的礼俗中，表现得非常清楚不必赘述。种族的蕃殖既如此被重视，而鱼是蕃殖力最强的一种生物，所以在古代，把一个人比作鱼，在某一意义上，差不多就等于恭维他是最好的人，而在青年男女间，若称其对方为鱼，那就等于说：'你是我最理想的配偶！'现在浙东婚俗，新

鹳鸟衔鱼
山东曲阜城关镇旧县村出土。

① 闻一多：《闻一多全集·神话与诗》，古籍出版社，1956年。

妇出轿门时，以铜钱撒地，谓之'鲤鱼撒子'，便是这观念最好的说明，上引《寻甸民歌》'只见鲤鱼来摆子'，也暴露了同样的意识。"①

以上两种观点，在历史的发展上会不会存在一定联系呢？因为每个民族或部落都希望人口的繁衍，这是不言而喻的。但若两者比较起来，我更倾向于后一种观点，这是民族或部落兴旺的基础，在画像石中之乐于表现这一题材，大约也与此有关。

**鹳鸟衔鱼**
上、下图：江苏徐州铜山白集东汉墓出土。
中左：山东滕州城郊马王村西汉墓出土。
中右：江苏徐州铜山东汉墓墓门门额。

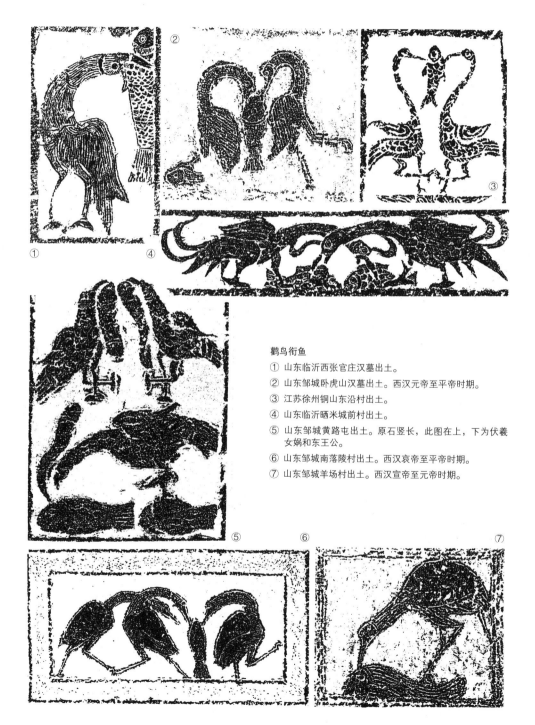

鹳鸟衔鱼

① 山东临沂西张官庄汉墓出土。

② 山东邹城卧虎山汉墓出土。西汉元帝至平帝时期。

③ 江苏徐州铜山东沿村出土。

④ 山东临沂晒米城前村出土。

⑤ 山东邹城黄路屯出土。原石竖长，此图在上，下为伏羲
　女娲和东王公。

⑥ 山东邹城南落陵村出土。西汉哀帝至平帝时期。

⑦ 山东邹城羊场村出土。西汉宣帝至元帝时期。

# 133 鸱鸮

《诗经·豳风》有一首题为《鸱鸮》的禽言诗，一只小鸟在诉说她所遭受的迫害和经历的辛苦。诗的第一段是：

| | |
|---|---|
| 鸱鸮鸱鸮！ | 猫头鹰啊猫头鹰！ |
| 既取我子， | 你抓走我的娃， |
| 无毁我室。 | 别再毁我的家。 |
| 恩（殷）斯勤斯， | 我辛辛苦苦劳劳碌碌， |
| 鬻（育）子之闵斯。 | 累坏了自己就为养娃。（余冠英译） |

《诗经·陈风》还有一首题为《墓门》的诗，是对于不良执政者的讥讽。诗的第二段是：

| | |
|---|---|
| 墓门有棘， | 墓门有棵酸枣树， |
| 有鸮（枭）萃止。 | 猫头鹰儿守着它。 |
| 夫也不良， | 那人不是好东西， |
| 歌以讯止。 | 编支歌儿劝告他。 |
| 讯予不顾， | 劝告他他只当扯淡， |
| 颠倒思予。 | 心里头万事颠倒看。（余冠英译） |

鸱鸮，系鸟纲的一科，古代对猫头鹰一类禽鸟的统称，也简称鸮。鸮与枭通。它的长相与习性都有别于一般的鸟。两眼不似他鸟之生在头部两侧，而位于正前方；眼的四周羽毛呈放射状，形成所谓"面盘"。喙和爪都弯曲如钩，非常锐利；周身羽毛稠密而松软，飞行时无声。由于鸱鸮在夜间活动，叫声凄惨，往往引起人们不吉利的联想，称其为"恶鸟"。其实它是以捕食田间鼠类和大型昆虫为生，应视为农林的益鸟。

鸱鸮亦称鸮鹠，又通"鸱枭"，诸如鸱鸺、鸺鹠、鹠鹠、鸱鸠等名称，都是同一类属。《庄子·秋水》说："鸱鸺夜撮蚤，察毫末，昼出瞑目，而不见丘山，言殊性也。"《淮南子·主术训》亦载此文，称其为"形性诡也"。《广雅·释鸟》说："鸱鸺，怪鸱也。"清王念孙《疏证》："怪鸱，头似猫而夜飞。今扬州人谓之夜猫。"汉扬雄《太玄经》五"聚"："鸱鸠在林，呶彼众禽。"王涯注："鸱鸠，恶鸟。聚林中必为众禽所噪也。"

在古代传说中，枭是"食母"的不孝之鸟，故用其比喻恶人。《说文》："枭，不孝鸟也。日至，捕枭磔之。"汉朝的皇帝在夏至日赐百官"枭羹"，并用来祭祀，其目的是要把它灭绝。《诗经·大雅·瞻卬》："懿厥哲妇，为枭为鸱。"长得很美的褒姒之类，却像恶声之鸟。陆机注曰："鸱大如斑鸠，绿色，恶声之鸟也。入人家凶。"总之，鸱鸮——猫头鹰自古以来，就有不好的名声，在中国人的眼里，是不吉利的象征。

可是，像这样被称为"怪鸟""恶鸟""不孝之鸟"的鸱鸮，为什么又在画像石中大量出现呢？从诗经的"墓门有棘，有鸮萃止"可以看出，那里既是鸱鸮活动的地方，也可能是它的恶名由来之原因。

原来，在人们的传统观念中，鸱鸮是站在阴阳两界之间的一种"灵魂之鸟"。有民间谚语和歇后语说：

不怕夜猫子（猫头鹰）叫，就怕夜猫子笑。

夜猫子（猫头鹰）进宅——凶多吉少。

张天师玩夜猫子（猫头鹰）——什么人玩什么鸟。

语言虽粗俗，但揭示了人们对鸱鸮的寓意内涵。猫头鹰在夜间的叫声是很慑人的，尤其是接连的叫声，确像古怪人的笑声。据说它的嗅觉很敏锐，能够嗅到死人的气味，所以它飞到人家的屋脊上鸣叫时，很可能是嗅到了什么。另一方面，道教在东汉兴起后，张天师在民间成为沟通阴界、辟邪捉鬼的神人，而猫头鹰便是张天师的使者。也就是说，人在活得健康时并不想遇到猫头鹰，可是一旦离开人间，进入另一个世界，却要求助于猫头鹰，它能引导人的灵魂升天。长沙马王堆西汉墓出土的"非衣"，即死者出殡所打的幡，上面便画着一只引魂的猫头鹰。

画像石上所刻画的猫头鹰很多，大都是在建筑物的屋脊或屋檐上，有的与其他鸟禽混杂在一起，单独构成画面的不多。这种处理，是否说明死者正在阴阳两界之间，不知是留恋人间还是在向往天堂。

鸱鸮　1979年江苏徐州东甸子汉墓出土。

鸱鸮
① 河南许昌汉墓墓门画像石。
② 陕西米脂县出土。
③ 江苏徐州铜山东沿村出土。
④ 山东滕州羊庄镇庄里村出土。
⑤ 江苏邳州出土画像石。
⑥ 江苏邳州出土画像石。
⑦ 安徽宿州符离集出土。
⑧ 江苏徐州铜山汉墓墓门门扉。
⑨ 河南许昌汉墓画像石。

## 134　金马碧鸡

汉代黄老思想盛行，道教兴起，神祇不计其数，人们"敬神如神在"，在人与神之间几乎看不出区别。连皇帝也要寻找长生不老之术，求神的保佑。汉宣帝听说益州有"金马碧鸡之神"，便派人"持节而求之"。神虽然没有请到，但从汉画上看，似乎在民间已经流传。

《汉书·郊祀志》："或言益州有金马碧鸡之神，可醮祭而致，于是遣谏大夫王褒使持节而求之。"◎如淳曰："金形似马，碧形似鸡。"

郦道元《水经注》卷三七"淹水"："淹水出越巂（郡）遂久县徼（边界）外。吕忱曰：淹水，一曰复水也。东南至青蛉县。县有禺同山，其山神有金马、碧鸡，光景倏忽，民多见之。汉宣帝遣谏大夫王褒祭之，欲致其鸡、马，褒道病而卒，是不果焉。王褒《碧鸡颂》曰：'敬移金精神马，缥缥碧鸡。'故左太冲《蜀都赋》曰：'金马骋光而绝影，碧鸡倏忽而耀仪。'"

画像石上所刻画的金马碧鸡，为人形而马头和鸡头。多是拱手或跪在东王公的左右。但在陕北的画像石上却是牛头和鸡头，并且取代了东王公和西王母的位置，不知是传说之讹还是另有所据。

金马碧鸡与东王公
山东嘉祥县宋山村出土。金马碧鸡分列于东王公的左右。

东王公与金马碧鸡

1969年山东嘉祥县南武山出土。金马碧鸡列于东王公的侍者之右。

金马碧鸡

1958年山东滕县桑村镇（今属枣庄市山亭区）户口村出土。其位置在东王公之左，前为侍者。金马所持似为矩，碧鸡所持似为杆。

牛头神与鸡头神

陕西米脂县党家沟汉墓（墓门左右立柱）。两神坐在仙山上，《中国画像石全集》释为"牛首东王公"和"鸡首西王母"，不知确否，还是与金马碧鸡有关？

## 135   天女旱魃

在农耕时代，风调雨顺是保证粮食丰收的重要条件。神话中的天女旱魃（也称"女魃"），曾经帮助黄帝战胜了蚩尤，但后来在天旱中又常常招致人们的不满，以致汉画中出现了"虎吃女魃"的画面。

《山海经·大荒北经》："有系昆之山者，有共工之台，射者不敢北乡。有人衣青衣，名曰黄帝女魃。蚩尤作兵伐黄帝，黄帝乃令应龙攻之冀州之野。应龙畜水，蚩尤请风伯雨师，从大风雨。黄帝乃下天女曰魃，雨止，遂杀蚩尤。魃不得复上，所居不雨。叔均言之帝，后置之赤水之北。叔均乃为田祖。魃时亡之。所欲逐之者，令曰：'神北行！'先除水道，决通沟渎。"◎郭璞注："'射者不敢北乡'，言畏之也。"◎郝懿行云：《艺文类聚》一百卷引《神异经》云：'南方有人长二三尺，袒身而目在顶上，走行如风，名曰魃，所见之国大旱，赤地千里。一名貉。遇者得之，投溷中乃死，旱灾消。'是古有逐魃之说也。《魏书》载咸平五年晋阳得死魃，长二尺，面顶各二目。《通考》言永隆元年长安获女魃，长尺有二寸。然则《神异经》之说盖不诬矣。今山西人说旱魃神体有白毛，飞行绝迹，而东齐愚人有打旱魃之事。其说怪诞不经，故备书此正之。"

神话传说的历史流变，表明了强烈的功利目的。对于以农立国的国家来说，田野的干旱是灾难性的。如果庄稼不能成活，粮食没有收成，人们怎么生活呢？女魃对黄帝战争的有功和对农业生产的不利，以致后来出现的"打旱魃"的迷信举动，反映了人们的一种利害取舍，其目的是非常明确的，汉画中的"虎吃女魃"也是如此。我们甚至在《诗经·大雅·云汉》中听到更早的歌声：

旱既大甚，　　　　　干旱得太厉害了，
涤涤山川。　　　　　山无树木河无水滴。

旱魃为虐，　　　　旱神的残酷暴虐，
如惔如焚。　　　　就像用火延烧大地。

天女变成了旱魃，受到了人们的诅咒。在想象中能够解决这
个矛盾的是可以辟邪的虎。于是，出现了"虎吃女魃"。

**虎食女魃**　1972年河南唐河县南关（针织厂内）汉墓出土。

**虎食女魃**　1972年河南唐河县南关（针织厂内）汉墓出土。原石横长，此虎的左右还有三只虎。

# 136　大傩十二神

古代风俗，腊月襜祭以驱除瘟疫，叫作"大傩"，亦作"大难"。其仪式是选120个黄门（宫廷高官）弟子，年龄在10—12岁，为"侲子"（即年幼的善童），都穿着"赤帻皂制"，子执"鼗"（拨浪鼓）；只有12人戴着面具，扮演成十二兽（神），进行驱鬼。

《后汉书·礼仪志》：

先腊一日，大傩，谓之逐疫。其仪：选中黄门子弟年十岁以上，十二以下，百二十人为侲子。皆赤帻皂制，执大鼗。方相氏黄金四目，蒙熊皮，玄衣朱裳，执戈扬盾。十二兽有衣毛角。中黄门行之，冗从仆射将之，以逐恶鬼于禁中。夜漏上水，朝臣会，侍中、尚书、御史、谒者、虎贲、羽林郎将执事，皆赤帻陛卫。乘舆御前殿。黄门令奏曰："侲子备，请逐疫。"于是中黄门倡，侲子和，曰："甲作食凶，胇胃食虎，雄伯食魅，腾简食不祥，揽诸食咎，伯奇食梦，强梁、祖明共食磔死寄生，委随食观，错断食巨，穷奇、腾根共食蛊。凡使十二神追恶凶，赫（肢解）女（汝，你）躯，拉女干，节解女肉，抽女肺肠。女不急去，后者为粮！"因作方相与十二兽舞。欢呼，周遍前后省三过，持炬火，送疫出端门；门外驺骑传炬出宫，司马阙门门外五营骑士传火弃洛水中。百官官府各以木面兽能为傩人师讫，设桃梗、郁櫑、苇茭毕，执事陛者罢。苇戟、桃杖以赐公、卿、将军、特侯、诸侯云。◎谯周《论语》注曰："傩，却之也。"◎《汉旧仪》曰："颛顼氏有三子，生而亡去为疫鬼。一居江水，是为虎（虐鬼）；一居若水，是为罔两蜮鬼；一居人宫室区隅（沤庚），善惊人小儿。"《月令章句》曰："日行北方之宿，北方大阴，恐为所抑，故命有司大傩，所以扶阳抑阴也。"◎《汉旧仪》曰："方相帅百隶及童子，以桃弧、棘矢、土鼓，鼓且射之，以赤丸、五谷播洒之。"谯周《论语》注曰："以苇矢射之。"

　　古代驱除瘟疫的方法和方式很多，大傩只是较突出的一种。虽然在认识上多是同鬼神联系起来，但其实质却是对人的健康的重视。所谓"十二神"也是一种相对的集中。由于神话传说的变异，其中有的神在此有助于人，但在彼却有害于人。譬如"穷奇"，在《山海经》中是个吃人的怪兽而且专食"忠信之人"，可是在此却变成了十二神之一，有助于人了。这是神话传说中常见的现象。

　　河南出土的汉代画像砖，是一种用于墓葬的大型模印空心砖。上面的图画，既有大幅的模印，也有像图章一样捺印上去的，由若干不同的小"图章"组合成画面。大傩"十二神"的形象怎么刻画呢？许昌画像砖的制作者只是塑造了一个典型的形象，连续印了12个，排成一行。此砖为墓中立柱，看起来很有气势。

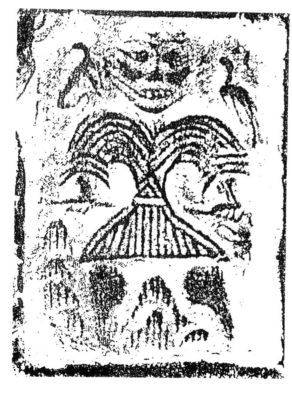

**大傩十二神**
河南许昌出土画像砖。左图为砖的侧面，右图为单独的一个神人。

# 137　鱼龙变化（鲤鱼跳龙门）

　　汉代画像石中的鱼形很多，而且绝大多数是鲤鱼。这是为什么呢？原因可能很多，但其中有两条也可能较重要，第一是黄河鲤鱼，形粗大而味鲜美，《诗经·陈风·衡门》就说："岂其食鱼，必河之鲤？"汉乐府《饮马长城窟行》中有："客从远方来，遗我双鲤鱼。呼儿烹鲤鱼，中有尺素书。"于是，鲤鱼又变成了书信的代称。第二是鲤鱼跳龙门。《太平广记》卷四六六"龙门"条引《三秦记》说：

　　龙门山，在河东界，禹凿山断门，阔一里余。黄河自中流下，两岸不通车马。每暮春之际，有黄鲤鱼逆流而上，得者便化为龙。又林登云，龙门之下，每岁季春有黄鲤鱼，自海及诸川争来赴之。一岁中，登龙门者，不过七十二。初登龙门，即有云雨随之，天火自后烧其尾，乃化为龙矣。

　　清张澍辑《三秦记》复云：

　　江海大鱼薄集龙门下，数千，不得上。上则为龙，不上者鱼，故云曝鳃龙门。

　　《三秦记》是一部失传的地理书。辛氏著。所记山川都邑等都是秦汉时的地理故事，没有提及魏晋。但《汉书·艺文志》和《隋书·经籍志》都未著录。其中内容六朝以来的地理书和类书多有引用。清代有辑本。但在汉代，"鲤鱼跳龙门"仅仅是反映了一种"鱼龙变化"的观念，还没有同后来的科举应试联系起来。孔子的儿子名鲤，"鲤庭"的故事也只是说明了子承父训，其中心是"不学诗，无以言"。唐代李白《赠崔侍御》诗："黄河三尺鲤，本在孟津居。点额不成龙，归来伴凡鱼。"既是发展了这个典故，又深刻地揭示了当时科举考场上的竞争激烈。

　　在汉代百戏中有一种称作"鱼龙漫衍"的变幻戏术，到了唐代叫作"鱼龙杂戏",不但场面大,也表演得虚幻若真。据说这种鱼龙漫衍是从当时的西域传过来的。

《汉书·西域传》赞曰:"设酒池、肉林以飨四夷之客,作巴俞都卢、海中砀极、漫衍鱼龙、角抵之戏以观视之。"◎晋灼曰:"都卢,国名也。"李奇曰:"都卢,体轻善缘者也。砀极,乐名也。"师古曰:"巴人,巴州人也。俞,水名,今渝州也。巴俞之人,所谓賨人也,劲锐善舞,本从高祖定三秦有功,高祖喜观其舞,因令乐人习之,故有巴俞之乐。漫衍者,即张衡《西京赋》所云'巨兽百寻,是为漫延'者也。鱼龙者,为舍利之兽,先戏于庭极,毕乃入殿前激水,化成比目鱼,跳跃激水,作雾障日,毕,化成黄龙八丈,出水敖戏于庭,炫耀日光。《西京赋》云'海鳞变而成龙',即为此色也。"

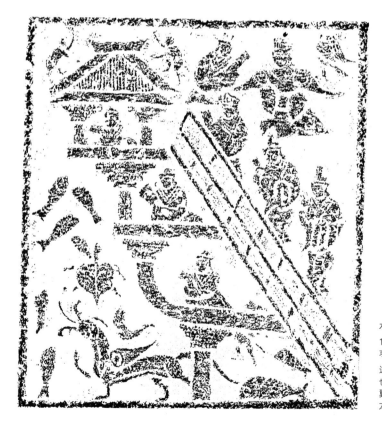

**水榭**

1976年山东滕县山亭乡(今属枣庄市山亭区)驳山头出土。

这好像不是一般的水榭,观景者也非一般的人。右方的打坐者有翼,鱼群旁有龙,很可能与"鱼龙变化"有关。

这可能是一种大型的魔术。"黄龙八丈"，也就是高达26米以上，对于汉朝人来说，既是很不容易做的，也是难于理解的。所谓"海鳞变而成龙"，如果看过这样的"鱼龙漫衍"，确实可谓以假乱真了。

**鱼龙与水鸟**
1986年四川简阳董家埂乡深洞村鬼头山崖墓石棺画像。

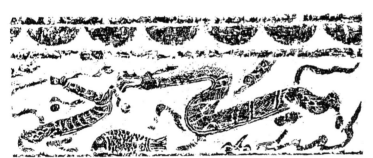

**龙与鲤鱼**
山东滕州刘堌堆村发现。

**鲤鱼与龙** 1991年四川乐山九峰乡崖墓石棺画像。

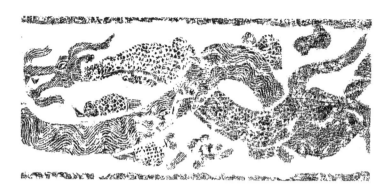

鱼龙变化
上图：山东临沂工程机械厂汉墓
出土。
中图：山东邹城王屈村出土。
下图：山东微山县两城镇出土。

# 138　羽人

　　道家认为，得道之人能长生不死，来去无方。这是一种"境界"，能进入这一境界的人即为神仙。神仙世界是个什么样子呢？因为谁也没有去过，只能凭着想象，而想象又无法脱离现实的基础。于是，幻想仙人们在天空中自由地飞翔飘舞，可是怎样才能飞起来呢，又只好回到现实中来，想象他会长上翅膀，或者身上生出羽毛。因此，"羽人"也就是"仙人"，或者叫"飞仙"。

　　《楚辞·远游》说：

仍羽人于丹丘兮，　　走到飞仙们居住的丹丘，
留不死之旧乡。　　　留在这长生不死的仙乡。（方飞译）

　　◎王逸注："人得道，身生毛羽也。"洪兴祖补注："羽人，飞仙也。"

　　《太平御览》卷六六二引《天仙品》：

飞行云中，神化轻举，以为天仙，亦云飞仙。

　　汉代的王充有着朴素唯物论的思想，他并不这样认为。他认为毛羽之民绝不是因为身上生了毛羽才长寿。他在《论衡·无形篇》中说：

图仙人之形，体生毛，臂变为翼，行于云，则年增矣，千岁不死。此虚图也。世有虚语，亦有虚图。假使之然，蝉娥之类，非真正人也。海外三十五国，有毛民羽民，羽则翼矣。毛羽之民，土形所出，非言为道身生毛羽也。禹、益见西王母，不言有毛羽。不死之民，亦在外国，不言有毛羽。毛羽之民，不言不死；不死之民，不言毛羽。毛羽未可以效不死，仙人之有翼，安足以验长寿乎？

　　王充的话固然有一定道理，但是在他所处的那个时代，神

与人是混杂在一起的，在人们的观念中，人与神也是不分的。为了渲染无忧无虑、自由自在的神仙世界，就在画像石上多刻"羽人"，从而营造出一种神秘的氛围。羽人不仅活动在东王公和西王母的周围，活动在伏羲女娲和各种神仙的周围，也出现在人际活动的地方，甚至站在人家的屋脊上。他们除了向西王母敬献仙草、用仙草喂仙鹿之外，也常常与龙、与瑞兽相戏舞。就像戏剧舞台上的群众演员一样，他们虽带有陪衬性，只是烘托气氛，然而又是不可缺少的，否则"天国"就显得太寂寞了。

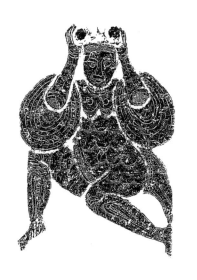

羽人
左上、左下：山东临沂吴白庄汉墓出土。
右上：河南南阳麒麟岗出土。
右下：山东沂南县北寨村汉墓出土。

羽人

① 陕西米脂县墓门左立柱。　② 山东滕县桑村镇（今属枣庄市山亭区）户口村出土。
③ 山东梁山县后集村出土。　④ 山东嘉祥县嘉祥村出土。
⑤ 陕西绥德县汉代王得元墓出土。　⑥ 山东嘉祥县宋山村出土。
⑦ 河南南阳英庄汉墓出土。　⑧ 山东嘉祥县宋山村出土。
⑨ 河南南阳麒麟岗汉墓出土。　⑩ 河南南阳蒲山汉墓出土。（以上 1—8 为局部，9—10 为独幅）

羽人（飞仙） 山东沂南县北寨村汉墓出土（前室西壁北侧石刻局部）。

羽人作倒立状，目光前视，自由自在地飞舞于天空之中。羽翼和衣饰飘动，姿态优美，虽属男性，仍然不失其潇洒和律动之美。在画像石的造型和结构上非常准确，尤其是线条的运用，肯定、流动而富于节奏感。周围是卷云和散落的云朵，陪衬得恰到好处。原画面在羽人之下是一只有翼的虎，这里仅看到一条尾巴。千百年来，人们幻想升天，曾经想了许多办法，特别是运用造型艺术，做出了各种不同的形式。早期佛教的"飞天"也是长着翅膀的，只是后来才利用长曳的飘带，营造出一种视觉上的动感。飞仙则是借助于五彩的云朵，也不用翅膀了。但在这一时期，翅膀是想象中"升天"的唯一可能。这一作品，可说是最具有代表性的。

# 139　仙人与仙丹

仙人住在仙山上。"忽闻海上有仙山，山在虚无缥渺间"，"春日莺啼修竹里，仙家犬吠白云间"。可以想象得出，仙人居住的仙境，是凡人无法接近更不能登临的。

仙人吃的灵药叫"仙丹"。吃了这仙丹，当然是不饥不饿，长生不老。数千年来，富贵的人求之而不得，道士们炼之而不出。为什么呢？从汉画中可以看出，那是神鸟们孕化而成的。

那些口中含着仙丹的神鸟，有的像长尾大冠的凤，有的像鸣喜的鹊，仙人们在它们的身边，是喂养还是索取，我们凡人就不得而知了。

《山海经》等书记有丹山、丹木、丹水、丹鱼和丹穴之山：

《山海经·大荒北经》："有始州之国，有丹山。"◎郭璞注："此山纯出丹朱也。《竹书》曰：'和甲西征，得一丹山。'今所在亦有丹山。丹出土穴中。"

《山海经·西次三经》："［峚（mì）山］其上多丹木，员叶而赤茎，黄华而赤实，其味如饴，食之不饥。丹水出焉，西流注于稷泽。其中多白玉，是有玉膏，其原沸沸汤汤，黄帝是食是飨。是生玄玉，玉膏所出，以灌丹木。丹木五岁，五色乃清，五味乃馨。黄帝乃取峚山之玉荣（玉华），而投之钟山之阳。瑾瑜之玉为良，坚粟精密，浊泽而有光。五色发作，以和柔刚。天地鬼神，是食是飨；君子服之，以御不祥。"◎郭璞注："沸沸汤汤，玉膏涌出之貌也。《河图玉版》曰：'少室山，其上有白玉膏，一服即仙矣。'亦此类也。"

《山海经·西次四经》："西南三百六十里，曰崦嵫之山。其上多丹木，其叶如谷，其实大如瓜，赤符而黑理，食之已瘅，可以御火。"

《太平御览》卷六三："《吕氏春秋》曰:'尧有丹水之战以服南蛮。'注曰:'水出丹鱼,先夏至十日,夜伺之,鱼浮水侧,赤光上照如火,网而取之,割其血以涂足,可以步行水上,长居渊中。'"（今本《吕氏春秋·召类》作"尧战于丹水之浦以服南蛮",无此注。）

《述异记》卷下:"龙巢山下有丹水,水中有丹鱼。欲捕其鱼,伺鱼之浮出水,有赤光如火,网取,割其血涂足,可涉水如履平地。"

《山海经·南次三经》:"又东五百里,曰丹穴之山,其上多金玉。丹水出焉,而南流注于渤海。有鸟焉,其状如鸡,五采而文,名曰凤皇,首文曰德,翼文曰义,背文曰礼,膺文曰仁,腹文曰信。是鸟也,饮食自然,自歌自舞,见则天下安宁。"

由以上记述可知,古人所想象的神仙世界,也包括了丹山、丹木、丹水、丹鱼和丹穴之山的凤皇等,是这些东西为仙人提供了"物质"的基础,也包括了为西王母捣药的玉兔和蟾蜍等,应该说是一个完整的"体系"。人间的帝王羡慕他们,妄图长生不老,只好请道士来炼丹,事实怎么可能呢? 这就是幻想与现实的距离。

羽人与神鸟
左图：江苏徐州铜山贾汪出土。
右图：山东滕州大郭村出土。

羽人与神鸟　江苏徐州十里铺汉墓出土。

羽人与神鸟
上左：山东邹城王屈村
出土。
上右：山东微山县两城镇
出土。
下图：山东微山县两城
镇出土。

仙人与神鸟

① 山东临沂吴白庄汉墓出土。　　② 山东莒县东莞镇出土。

③ 山东微山县两城镇出土。　　④ 山东临沂吴白庄汉墓出土。

⑤ 山东沂水县韩家曲出土。　　⑥ 山东蒙阴县垛庄镇出土。

# 140　牛郎织女

　　牛郎织女是我国脍炙人口的一个神话故事。古人观察天象，将牵牛星和织女星人格化而演绎成为一对夫妻。他们隔银河相对，每年七月七日才能相会一次，是悲是喜，可想而知。

　　《诗经·小雅·大东》是一首怨刺周室的诗。余冠英说："诗人以周人的生活和东人对比，并历举天上星宿有空名无实用，见出不合理的事无处不存在。"其中举了牛郎织女的例子：

| | |
|---|---|
| 维天有汉， | 天上有条银河， |
| 监（鉴）亦有光。 | 照人有光无影。 |
| 跂彼织女， | 织女分开两脚， |
| 终日七襄。 | 一天七次行进。 |
| | |
| 虽则七襄， | 虽说七次行进， |
| 不成报章。 | 织布不能成纹。 |
| 睆彼牵牛， | 牵牛星儿闪亮， |
| 不以服箱。 | 拉车可是不成。（余冠英译） |

　　这是"牛郎织女"故事的雏形。虽然在诗中用作比喻，却也说明在西周时代这故事已经流传。至《古诗十九首》，虽仍为天上二星，然其人物形象已开始具体，颇有呼之欲出之感：

逍逍牵牛星，皎皎河汉女。

纤纤擢素手，札札弄机杼。

终日不成章，泣涕零如雨。

河汉清且浅，相去复几许。

盈盈一水间，脉脉不得语。

　　神话故事由口承流传，被写成诗，至南北朝时，已表现为小说的形式。南朝梁殷芸《小说》：

> 天河之东有织女，天帝之子也。年年机杼劳役，织成云锦天衣，容貌不暇整。帝怜其独处，许嫁河西牵牛郎，嫁后遂废织纴。天帝怒，责令归河东，但使一年一度相会。（《月令广义·七月令》引）

这只是故事的梗概。长期以来，在民间流传的过程，也是增饰、演绎和丰富的过程。袁珂编著的《中国神话传说词典》介绍说："民间传云，织女为天帝孙女，王母娘娘外孙女，于织纴之暇，常与诸仙女于银河澡浴。牛郎则下方一贫苦孤儿也，常受兄嫂虐待，分与一老牛，令其自立门户。其时天地相去未远，银河与凡间相连。牛郎遵老牛嘱，去银河边窃得织女天衣，织女不能去，遂为牛郎妻。经数年，产儿女各一，男耕女织，生活幸福。不意天帝查明此事，震怒非常，立遣天神往逮织女。王母娘娘虑天神疏虞，亦偕同去。织女被捕上天，牛郎不得上，与儿女仰天号哭。时老牛垂死，嘱牛郎于其死后剖皮衣之，便可登天。牛郎如其言，果偕儿女上天。差已追及织女，王母娘娘忽拔头上金簪，凭空划

**牛郎织女**

1973年四川郫县新胜乡（今成都市郫都区新胜镇）出土石棺棺盖，两边可看。画面主体为青龙、白虎捧璧（上图），另一边为牛郎织女（下图）。

之，顿成波涛滚滚天河。牛郎织女隔河相望，无由得过，只有悲泣。后终感动天帝，许其一年一度于七月七日鹊桥相会。"

"鹊桥相会"的"鹊桥"，是由牛郎织女的悲剧所引发派生出来的。他们的爱情感动了喜鹊，喜鹊们在七夕之夜于银河上搭桥，促成一对情人的相见。唐韩鄂《岁华纪丽》卷三引《风俗通》说："织女七夕当渡河，使鹊为桥。"宋陈元靓《岁时广记》卷二六引《淮南子》也说："乌鹊填河成桥而渡织女。"（今本无）由此可知，早在汉代就有七夕鹊桥的说法。宋罗愿《尔雅翼》卷一三说："涉秋七日，（鹊）首无故皆髡。相传以为是日河鼓（此指牵牛，即牛郎）与织女会于汉东，役乌鹊为梁以渡，故毛皆脱去。"数千年

**牛郎织女**

河南南阳白滩汉墓出土。牛郎织女在有关星座之中（上图）。下图为其中的"牛郎织女"单独组合图。

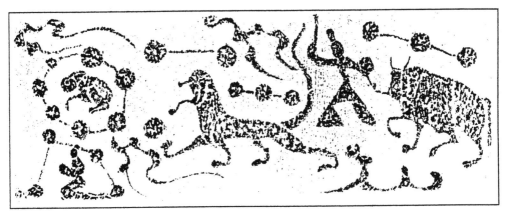

来，"牛郎织女"牵动着中国人的心。不仅是乌鹊搭桥磨去了它们头上的羽毛，如果七夕之夜下雨，也一定是牛郎织女相见又分离落下的眼泪。正如民谚所说的："七月七下雨，织女也可怜。"这是多么朴素的同情心啊！

由七月七日牛女相会而引出一个女孩儿的"乞巧节"，这在民族文化的发展上也是很少见的。在农历七月初七日的晚上，妇女多陈瓜果于庭院内敬牛郎织女，并作"乞巧会"，向织女乞求智巧。南朝梁宗懔《荆楚岁时记》说："七月七日为牵牛织女聚会之夜。是夕，人家妇女结彩缕，穿七孔针，或以金银鍮石为针，陈瓜果于庭中以乞巧。有喜（蟢）子网于瓜上，则以为符应。"

这种风俗，发展到两宋时期已经很盛。陈元靓《岁时广记》卷二六引《岁时杂记》："东京潘楼前有乞巧市，卖乞巧物。自七月初一日为始，车马喧阗。七夕前两三日，车马相次壅遏，不复得出，至夜方散。"又说："京师人七夕以竹或木或麻秸编而为棚，剪五色采为层楼，又为仙楼。刻牛女像及仙从等于上以乞巧。或只以一木、剪纸为仙桥，于其中为牛女，仙从列两傍焉。"孟元老《东京梦华录》卷八"七夕"条："至初六日、七日晚，贵家多结采楼于庭，谓之'乞巧楼'。铺陈磨喝乐、花瓜、酒炙、笔砚、针线，或儿童裁诗，女郎呈巧，焚香列拜，谓之'乞巧'。妇女望月穿针。或以小蜘蛛安合子内，次日看之，若网圆正，谓之'得巧'。"吴自牧《梦粱录》卷四"七夕"条："七月七日，谓之'七夕节'。其日晚晡时，倾城儿童女子，不论贫富，皆着新衣。富贵之家，于高楼危榭，安排筵会，以赏节序，又于广庭中设香案及酒果，遂令女郎望月瞻斗列拜，次乞巧于女、牛。或取小蜘蛛，以金银小盒儿盛之，次早观其网丝圆正，名曰'得巧'。"直到清代，这种风俗延续不衰。潘荣陛《帝京岁时纪胜》说："七夕前数日，种麦于小瓦器，为牵牛星之神，谓之'五生盆'。幼女以盂水曝日下，各投小针，浮之水面，徐视水底日影，或散如花，动如云，细如线，粗如椎，因以卜女之巧。街市卖巧果，人家设宴，儿女对银河拜，咸为乞巧。"宋代杨朴《七夕》诗曰："未会牵牛意若何，须邀织女弄金梭。年年乞与人间巧，不道人间巧已多。"在古代男耕女织的社会，一个女孩子乞求手巧，不仅是巧于针线，会刺绣，善缝纫，更重要的是肯定其在社会和家庭中的地位。因为"女红"乃所谓的"四德"之一，是封建礼教下妇女所要具备的重要修养。

牛郎织女的神话故事是美的，也是值得同情的。汉代画像石刻画了这个故事，正说明它在文化上的流传与意义。至于天文学上的考证，当然应该弄清星座之间的相互关系。《史记·天官书》张守节注云："河鼓三星，在牵牛北……自昔传牵牛、织女七月七日相见，此星也。"对于牛郎、牵牛、河鼓和织女星、须女星等的方位与关系，天文研究是一回事，神话故事（及其图画）则是另一回事。两者常有一些出入，但不能混淆。当被依据的事实插上想象的翅膀，飞入艺术的境界，其情况也就不同了。

## 141  周穆王见西王母

周穆王是西周时期的一代国王。姬姓，名满，是周昭王之子。他曾西击犬戎，东征徐戎。范文澜说："穆王是个大游历家，相传曾到过昆仑山西王母国。一个天子不会冒险远游，当是西方早有通商的道路。"[①]郭沫若主编的《中国史稿》（第一册）说："到周穆王时候，犬戎势力强大，阻碍了周朝和西北许多方国部落的来往。周穆王西征犬戎，'获其五王'，并把一批犬戎部落迁到太原。这就打开了通向大西北的道路，开辟了周人和西北地区友好联系的新篇章。后世广泛流传的周穆王西征的故事，神话式地反映着我国西北各族人民的兄弟关系以及和中亚各族人民的友谊。

"西晋咸宁五年（公元279年），在今汲县西战国墓中发现了大批竹简，其中的《穆天子传》，是叙述周穆王西行的一篇小说。据说穆王自成周启程，渡河沿太行山西侧，经过漳水、盘石（今山西平定东）等地，越钘山（今河北井陉西），沿滹沱河北岸西

① 范文澜：《中国通史简编》修订本第一编，人民出版社，1964年。

周穆王见西王母
1955年陕西绥德县征集汉墓画像石（墓门楣石）。

335

① 郭沫若主编:《中国史稿》第
一册，人民出版社,1976年。

行，通过隃之关隥（雁门关），到达河宗氏居住的地方（今内蒙河
套以北）。从河宗氏继续西行，经乐都、积石等地，到达西夏氏
（今青海省内）。由这里再往前走，经过珠余氏，就到了舂山、珠
泽、昆仑之丘。昆仑盛产玉石，当即今新疆和田河、叶尔羌河一
带地方。从昆仑往西三千余里，到'西王母之邦'，折西北行约
二千里，到了'飞鸟之所解羽'的'西北大旷原'。从道里推算，
这些地方均在中亚地区。去时走天山南路，归时走天山北路，和
后来通西域的路线大体上是一致的。小说中的主人公周穆王在途
经各地时，都和当地方国部落的首领互赠礼物，进行经济和文化
交流，密切了相互间的关系。显然，这是把当时我国西北地区各
族人民以及和中亚地区各族人民之间的友好情谊，通过周穆王西
行形象地表现出来了。"①

　　这是历史学家眼中的历史和神话。然而《穆天子传》还有另
外的一面。原来，在《山海经》中的西王母"其状如人，豹尾虎
齿而善啸，蓬发戴胜，是司天之厉及五残"。到了《穆天子传》已
变成一个雍容华贵的中年妇人。鲁迅说："《穆天子传》今存，凡六
卷；前五卷记周穆王驾八骏西征之事，后一卷记盛姬卒于途次以

至反葬，盖记杂书之一篇。传亦言见西王母，而不叙诸异相，其状已颇近于人王。"（《中国小说史略》）

《穆天子传》：

天子西征……至于西王母之邦。吉日甲子，天子宾于西王母，乃执白圭玄璧以见西王母。好献锦组百纯，白组三百纯。西王母再拜受之。乙丑，天子觞西王母于瑶池之上。西王母为天子谣，曰："白云在天，山陵自出。道里悠远，山川间之。将子无死，尚能复来。"天子答之曰："予归东土，和治诸夏。万民平均，吾顾见汝。比及三年，将复而野。"……天子遂驱升于弇山，乃纪其迹于弇山之石，而树之槐，眉曰"西王母之山"。

周穆王见西王母的故事，既然在汉代之前已经流传，那么，到了汉代，在画像石上理所当然应该有所表现。但许多年来，一直没有这方面的消息。直到《中国画像石全集》出版，在第五卷陕西部分中，收入1955年于陕西绥德县征集的墓门楣石，石高38厘米，宽167厘米，上面刻了"周穆王见西王母"。据图版说明介绍："画面左边有西王母头戴胜杖，拥袖端坐，其两侧各一人执便面跪侍，右侧另有一羽人持仙草跪奉。为西王母觅食的三足乌站立于地，供西王母役使的九尾狐正朝西王母走来；两玉兔手持杵白捣药。画面右边是周穆王，端坐于由三只仙鹤牵引的车上，车后树立铭旌。一驭手右手执双节鞭，左手执勺状物跪于车上，作驱车吆喝状。三只仙鹤双翅振起，奋力向前翱翔。仙鹤前，一裸体人身前倾，右手前伸，左手执棒朝后平举。一只虎两后腿站立，右前爪拿一五弦琴，左前爪作弹琴状。蟾蜍两后腿站立，两前肢上举，手持棒状物。玉兔长耳端竖，肢长尾短，一手执铲，一手执帚。右端日中有金乌，左端月中蟾蜍、玉兔。……"

这幅《周穆王见西王母》，虽然在某些细节的解释上还有待于进一步商榷，但基本主题是可以肯定的。它使我们联系起另外两件画像。一件是1983年在山东嘉祥县纸坊镇敬老院汉墓出土的画

周穆王见西王母　1983年山东嘉祥县纸坊镇敬老院出土。上层为西王母端坐中央，下层周穆王戴高冠，乘云车，前车为仙人引导。

周穆王见西王母　1960年代山东嘉祥县嘉祥村出土。上层为西王母及其侍从，下层的神鸟云车，高冠乘车者疑为周穆王。

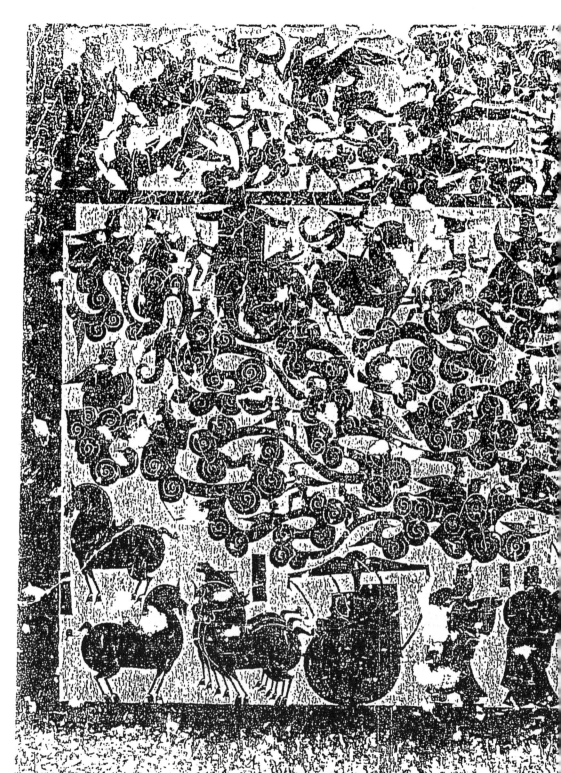

仙界

山东嘉祥县武氏祠后石室第二
石。乾隆五十一年（1786）山
东嘉祥县武宅山村出土。

像。原石画面分上下五层，多认为各层在内容上没有关系。第一层为西王母，王母端坐中间，两边是穿朝袍的人和神兽向她敬礼或敬献。第二层是两辆云车，前面还有导引的仙人。前边的由凤鸟驾驶的云车也是导引的仙人。只是后面的云车上载着一位头戴高冠穿袍的人，驭车者是个羽人。这个乘车者是谁呢？从飞鸟驾车的情况看，与绥德画像的周穆王相近似（原画释为"三只仙鹤牵引"），可能就是周穆王。如是，那么第一层分列西王母两边的穿朝服者，也就是周穆王及其随从。另一件也是山东嘉祥出土的，出土于1960年代城南的嘉祥村。画面也是分五层。第一层是西王母居中，两边是侍从和仙人。第二层除了西王母身边的羽人、九尾狐、玉兔捣药等外，自左而右有一辆三鸟驾驶的云车，乘车者是头戴高冠穿袍的人，前面也有仙人导引。因此，我们推测，这个有别于神仙世界的戴冠人物，又受到仙人们的接待，很可能就是表现"周穆王见西王母"的故事。

《穆天子传》在古代的出现，是对实有其人的假托和对历史的演绎。这正是神话性质的所在，不能说它的产生毫无依据，但也不能说它就是历史。画像石中的《周穆王见西王母》图，表现了古人想象中的人与神的关系。我们在思考这种关系时，也联系了画像石中有些费解的大场面。譬如武氏祠后石室之第二石，分上下两层，整个表现神仙的世界。上层较小，内容是"仙人出行"，自右向左前进，但在最左端有一人持笏相迎。下层画面较大，为云气所缭绕，其上并列者明显是西王母和东王公；下边有一行人物车马。有的说这是"车马临门"，也有的说这是"灵魂升天"。我在想，这样隆重的场面，会不会与周穆王见西王母有关呢？

## 142　四神

　　四神包括青龙、白虎、朱雀、玄武（龟与蛇）四种动物，因为龟与蛇被组合在一起，故当作一神。四神有的也称作"四灵"，但四灵另有所指（即麟凤龟龙），这里的"四神"主要是作为方位神，是由对天象的观念而产生的。

　　《礼记·曲礼》曰："前朱鸟而后玄武，左青龙而右白虎。"

　　《三辅黄图》曰："苍龙、白虎、朱雀、玄武，天之四灵，以正四方。"

　　《尚书》孔颖达疏曰："天之四方，皆有七宿，各成一形：东方成龙形，西方成虎形，皆南首而北尾；南方成鸟形，北方成龟形，皆西首而东尾。"

　　张兼维在《"四神天象图"考》一文中说："四神本来是不相关联的四种动物，经过了第一级的神化，被赋予了神的品格，作为独立的神兽，四神分别出现在古代多种文化艺术场合中。经过神化的第二级媾

四神
河南唐河县南关（针织厂）汉墓出土。

合后，这四种动物被组合成一个方阵结构，有秩序，有定向，有互属共同的整体含义：'苍龙、白虎、朱雀、玄武，天之四灵，以正四方。'它们被视为代表上天以镇守标正四方的神。

"古人还把二十八宿划分为四个大星区，用四神命名。但从古人所绘的二十八宿四宫星图看，四神之相与各星区的象状并不恰切吻合，人们把不成形象的各星虚线联贯，拟诸形象，只能是一种取譬假合罢了。然虽为虚拟假合，天已不再是支离繁杂、浩漫无际的星空，已有其象、有神相应，对于人来说，可感可凭之处便增加了许多，人们对天也能更多地产生出形象思维。"①

在汉画像石和画像砖上，表现四神的形象很多，但四者组合在一起的并不多。其中最常见的是青龙和白虎并列，或青龙和朱雀并列。青龙和白虎被分别刻在墓门上，可能还起了守护神的作用。

千秋万岁长乐未央
传为江苏兴化出土画像砖。砖面模印四神纹。此为《金石索》木刻摹本。

# 143  青龙

殷商前后，人们观察天象，把春天黄昏时出现在南方的若干星群想象为一只鸟形（或称雀），同时把东方的若干星群想象为一条龙，西方的若干星群想象为一只虎，北方的若干星群想象为龟蛇。这就是二十八宿的体系。它分为四组，每七宿组成上述的一种动物形象，称作"四象"。春秋战国时阴阳五行流行，出现了五方配五色的说法，四象也就标上了颜色，成为：青龙、朱雀、白虎、玄武。

青龙也称"苍龙"。在二十八宿中它代表着东方七宿——角宿、亢宿、氐宿、房宿、心宿、尾宿、箕宿。青龙代表东方，后来成为东方之神。《礼记·曲礼上》说："行，前朱鸟（雀）而后玄武，左青龙而右白虎。"孔颖达疏："前南后北，左东右西。朱鸟（雀）、玄武、青龙、白虎四方宿名也。"

在天文中，青龙又是太岁星的星名。《后汉书·律历志下》："青龙移辰，谓之岁。"《淮南子·天文训》："天神之贵者，莫贵于青龙。"

青龙
山东嘉祥县武氏祠东阙正阙蜀柱北面画像。

344

青龙
左图：山东沂南县北寨村汉墓出土。
右上：河南南阳地区出土。
右中：龙纹瓦当，陕西出土。
右下：河南南阳英庄汉墓出土。

# 144　白虎

　　白虎为"四神"中的西方之神，在天文上由奎宿、娄宿、胃宿、昂宿、毕宿、觜宿、参宿等七宿组成其形象。虎性勇猛，被古人誉为"山兽之君"。所谓"虎啸风生""虎视眈眈"，都是形容虎的威武。传说虎的两胁及尾部有"威骨"，长寸余，年深曲成"乙"字，因而叫作"虎乙"。如果将这"虎乙"佩在身上，"如虎挟乙"，可以辟邪。《宋书·符瑞志》说："白虎，王者不暴虐，则白虎仁，不害物。"此话不能当真，老虎的仁否怎么能取决于王者的暴虐与仁慈呢？但由此可以看出人们的一种心态。一方面视虎为"凶神"，如《协纪辨方》卷三引《人元秘枢经》："白虎者，岁中凶神也，常居岁后四辰。所居之地，犯之，主有丧服之灾。"在民间有所谓"丧门白虎"和"退财白虎"者，也是这个意思。另一方面，在古人朴素的善恶观念面前，认为再凶暴的猛兽也不会损害德善之人。所以，在画像石中所表现的白虎，大都是辟除邪恶的祥瑞。

白虎
山东嘉祥县武氏祠东阙正阙蜀柱
南面画像。

346

朱雀与白虎
1977年河南南阳方城县东关村
出土。此为墓室北门门扉。上为
朱雀（仙人喂食），下为白虎，
中间为门扉铺首。

# 145　朱雀

　　朱雀也称"朱鸟"。它是"四神"中的南方之神，在天文上由井宿、鬼宿、柳宿、星宿、张宿、翼宿、轸宿等七宿组成其形象。朱为赤色，象火，南方属火，所以叫朱鸟。《史记·天官书》："南宫朱鸟。"古代军事家按天文四宫布列前后左右的军阵，军旗分别画四种图形以为标识，前方的叫朱鸟。《楚辞·惜誓》："飞朱鸟使先驱兮。"王逸注："朱雀神鸟，为我先导。"汉代的宫阙建筑有起名为"朱鸟"（朱雀）的。

　　在现实中"朱雀"是实有其物的。它属于鸟纲雀科，是朱雀属各种的通称。体型似麻雀，体长约16厘米。但汉代以来，在造型艺术中所塑造的朱雀形象，包括画像石在内，基本上都不是这个样子，而更多的像是孔雀和想象中的凤凰。沈括《梦溪笔谈》卷七："四方取象苍龙、白虎、朱雀、龟蛇。唯'朱雀'莫知何物，但谓鸟而朱者，羽族赤而翔上，集必附木，此火之象也。或谓之'长离'，盖云离方之长耳。或云：'鸟即凤也，故谓之凤鸟。少昊以凤鸟至，乃以鸟纪官，则所谓丹鸟氏即凤也。'"

　　这是朱雀和凤凰易于混淆的原因。

朱雀
四川彭山双河石棺画像局部。在石棺侧面双阙之间，与朱雀相对者为仙鹿。

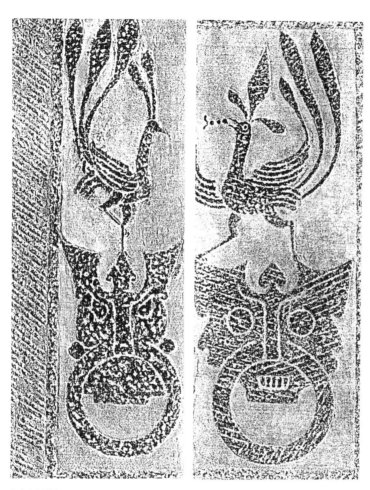

朱雀与铺首衔环　均为河南唐河县新店村汉冯孺人墓出土（门扉）。

# 146　玄武

　　玄武是龟与蛇的合体，即蛇缠在龟身上，也有单独称龟的。它是"四神"中的北方之神，亦称"北方太阴之神"。在天文上由斗宿、牛宿、女宿、虚宿、危宿、室宿、壁宿等七宿组成其形象。《后汉书·王梁传》："玄武，水神之名。"李贤注："玄武，北方之神，龟蛇合体。"

　　《楚辞》屈原《远游》："时暧曃其曨莽兮，召玄武而奔属。"王逸注："呼太阴神使承卫也。"洪兴祖补注："说者曰：'玄武，谓龟蛇。位在北方，故曰玄。身有鳞甲，故曰武。'蔡邕曰：'北方玄武，介虫之长。'《文选》注云：'龟与蛇交，曰玄武'。"

　　将二十八宿分成四个组，并选出四种动物形象作为代表，用以正四时，定方向，辨九州，得到了社会各界的普遍认可。在此时期，其中的玄武主要是龟之"灵"和蛇之"变"。道教兴起之后，玄武之神逐渐演化成"真武大帝"（因宋时避讳，改玄为真）、"玄天大帝"，也摆脱龟蛇的动物形象而被人格化。当然，这是后来的事，已经离汉代画像石甚远了。

玄武
山东沂南县北寨村汉墓出土，前室北壁中柱部分，此图在下，上为朱雀，中为蚩尤。

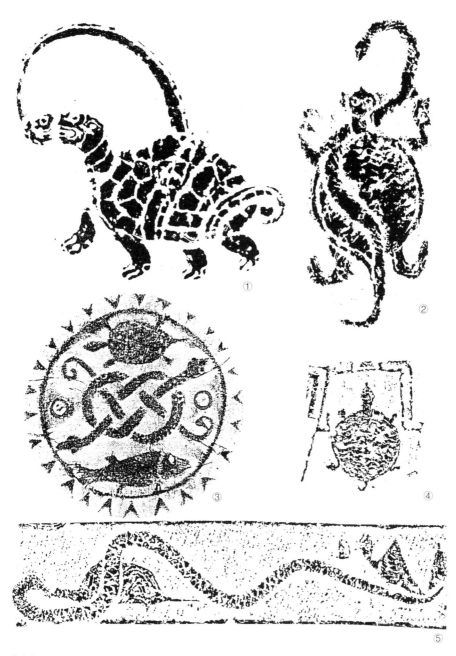

龟与蛇

① 四川芦山县汉王晖石棺画像。　② 山东滕县桑村镇（今属枣庄市山亭区）户口村出土。
③ 河南郑州出土画像砖。　④⑤ 山东新泰西柳村出土。

# 147　翼虎（如虎添翼）

　　我国不产狮子。在佛教传入并宣传狮子的勇猛之前，古人不了解狮子，以为老虎最凶猛、威武，视其为"兽中之王"，按照善恶观念，也希望老虎能同人一样，除恶扬善。就连小孩子都对老虎寄予善恶的期望，他们唱的歌谣是：

　　一二三四五，上山打老虎；
　　老虎不吃人，死了变个神。

　　早在汉代画像石中，已刻有两种虎。一种是世间群兽中为王的虎，另一种是仙界中长着翅膀的虎，称作"翼虎"。当然，翼虎更厉害，因为它多了一双翅膀，能够高飞过海。这只是一种想象，用来比喻强者更强，于是出现了"如虎添翼"的成语。三国蜀时诸葛亮《心书·兵机》说："将能执兵之权，操兵之势，而临群下，譬如猛虎，加之羽翼，而翱翔四海。"

**翼虎**
上图：山东滕州城东宏道院出土。
下图：江苏徐州铜山出土。

# 148　马腹

　　这个"马腹"不是字面上的马肚子，而是神话中的一种怪兽。《山海经·中次二经》云："蔓渠之山，其上多金玉，其下多竹箭。伊水出焉，而东流注于洛。有兽焉，其名曰马腹，其状如人面虎身，其音如婴儿，是食人。"却不知它与人的关系，有什么利害、得失，也不知道为什么刻在画像石上（它与两头鹿刻在一起），会不会因为蔓渠山上多金玉呢？

　　《山海经》是一部远古文献，书中记述各地山川、道里、部族、物产、祭祀、医巫、原始风俗和神话传说，也往往掺杂各种怪异，有许多我们还不能解释。正如鲁迅所说："其最为世间所知，常引为故实者，有昆仑山与西王母。"

马腹
河南南阳唐河县电厂出土画像石。

# 149　李冰之子斗牛神

　　李冰是战国时期著名的水利家。他任秦国蜀郡郡守时，在四川灌县西北的岷江中游，与其子二郎修建了举世闻名的都江堰水利工程，将江水分流为内江和外江。外江主要用于泄洪，内江可引水入成都平原。都江堰的建成，既消除了岷江的水患，方便了航行；又灌溉了万顷农田，使成都平原成为西南的米粮仓，享有"天府之国"的盛誉。

　　传说都江堰建成后，触怒了江神。江神化为牛形在江中为害。二郎发现后，毅然跳进江中与江神搏斗，最后战胜了江神，免除了祸患。蜀都人民为纪念二郎，在灌汇口建二郎庙奉祀。每逢庙会时表演斗牛戏，汉时很盛。

李冰之子斗牛神　河南郑州出土
画像砖（原题"持刀斗牛"）。

# 150　上人马食太仓

在古人的称谓中，"上人"是指社会职位和修养高的人；"太仓"为国家储藏粮食的大仓。《史记·平准书》说："太仓之粟，陈陈相因，充溢露积于外，至腐败不可食。"可见仓之大、粮之多。

此画像表现一具马车，载一人行驶在双阙之前，阙后建筑似粮仓，有榜题曰"上人马食太仓"，但未标出食者的职位和身份，不知是炫耀还是虚夸。

俗话说："民以食为天。"古代以农耕为本业，各层官秩也以粮食为本位计算，能够"食太仓"的"上人"，连马儿也在内，当然是不平常了。

上人马食太仓　河南许昌出土画像砖。上为画像局部，下为全幅。

# 151　尺郭

在汉代，不论生死，好像人们最关心的是吉祥和辟邪。邪气太重，必然会有镇邪、除邪的办法出现。传说有专门吞食恶鬼的神人尺郭。《神异经·东南荒经》说：

> 东南方有人焉，周行天下，身长七丈，腹围如其长。头戴鸡父魃头，朱衣缟带，以赤蛇绕额，尾合于头。不饮不食，朝吞恶鬼三千，暮吞三百。此人以鬼为饭，以露为浆，名曰尺郭，一名食邪，道师云吞邪鬼，一名赤黄父。今世有黄父鬼。

汉画中表现辟邪的题材很多，与蛇有关系的神人也很多，尺郭只是其中之一。而且他们的装束、面貌相差不大，特点不是太明显，在名称与人物的关系上，如何区别得更精确些，还有待进一步研究。

神人持蛇
山东安丘董家庄出土。

操蛇之神
山东临沂吴白庄汉墓出土。

# 152　树神

　　人的一生，短促百年，所获得的知识是有限的。尤其是在科学未昌明的古代，人们对身边的很多现象都无法作出科学的解释，必然会产生许多疑问和猜想，于是自然崇拜相继发生。即使孔子，虽"不语怪、力、乱、神"，也还是说过"木石之怪，曰夔蝄蛃"。宗教在人类的历史上难以避免，因为它是人类思想发展的一个必然过程，每个民族都不例外。直到现在，我国民间仍然有众多的"神"甚至说不清属于什么宗教，却受到供养。所谓山有山神，河有河神，路有路神，桥有桥神。千年的古树也会成"精"成"神"。

　　干宝《搜神记》卷一八：

　　庐江龙舒县陆亭，流水边有一大树，高数十丈，常有黄鸟数千枚巢其上。时久旱，长老共相谓曰："彼树常有黄气，或有神灵，可以祈雨。"因以酒脯往。亭中有寡妇李宪者，夜起，室中忽见一妇人，着绣衣，自称曰："我树神黄祖也，能兴云雨。以汝性洁，佐汝为生。朝来父老皆欲祈雨，吾已求之于帝，明日日中大雨。"至期，果雨。遂为立祠。（神谓）宪曰："诸卿（乡老）在此。吾居近水，当致少鲤鱼。"言讫，有鲤鱼数十头，飞集堂下。坐者莫不惊悚。如此岁余。神曰："将有大兵，今辞汝去。"留一玉环，曰："持此可以避难。"后刘表、袁术相攻，龙舒之民皆徙去，唯宪里不被兵。

　　这个故事亦载于《太平广记》和《太平寰宇记》。故事中提到"刘表、袁术相攻"，这二人都是东汉末年的武将，可见讲的是汉朝的故事。即使如此，内容也是虚构的。不过却也说明了人与神之间的交往，表现出一种和谐的关系。

　　在《搜神记》中还记有数则关于树神的故事。其中一则出自秦文公时，《史记·秦本纪》说："（文公）二十七年，伐南山大梓，

丰大特。"即指此。故事说：

秦时，武都故道，有怒特祠，祠上生梓树。秦文公二十七年，使人伐之，辄有大风雨，树创随合，经日不断。文公乃益发卒，持斧者至四十人，犹不断。士疲还息，其一人伤足，不能行，卧树下，闻鬼语树神曰："劳乎攻战？"其一人曰："何足为劳。"又曰："秦公将必不休，如之何？"答曰："秦公其如予何。"又曰："秦若使三百人被发，以朱丝绕树，赭衣灰坌伐汝，汝得不困耶？"神寂无言。明日，病人语所闻。公于是令人皆衣赭，随斫创，坌以灰。树断，中有一青牛出，走入丰水中。其后青牛出丰水中，使骑击之，不胜。有骑坠地复上，髻解被发，牛畏之，乃入水，不敢出。故秦自是置旄头骑。

讲故事也是有真有假，以假附会于真。据说，这个故事曾引出了一些仪式和风俗，一直影响到汉、魏、晋。

在山东邹城卧虎山出土的石椁画像中，有一个表现树神的画面，非常独特。树身是个老人，作无可奈何的样子；头上长出分权的树枝。树上有鸟。两旁的人有的揖手跪拜，有的弯弓射鸟，还有一只狗也注视着这棵老树。就像以上的故事，它所刻画的也可能是在当地流传的故事，只是我们已不了解具体的情节。

树神
山东邹城卧虎山石椁画像。

（三）祥瑞与游艺

人们对待吉凶祸福的态度，特别在古代，很少像老子所说的"祸兮福之所倚，福兮祸之所伏"那样理解，即祸福相因，福因祸生，而祸藏于福。往往是当喜事临门，得意时会情不自禁地喊出："天公作美！"遇到困难，感到委屈时又会怪"苍天不公""老天不睁眼"。

"祥瑞"一词，也就是吉祥符瑞，或者说是吉祥的征兆。"瑞"本是圭璧璋琮等礼玉的总称，引申为瑞气感应，如合符节之义。在封建时代，每有所谓"上顺天心，下安百姓"的美善之事，就会想象着当有祥瑞出现，也就是"天人感应"。祥瑞的对立面是灾异。如果说祥瑞是对人的褒扬，那么，灾异也就是一种惩罚。

这是一种自然的"天命观"。认为"天"是宇宙间最高的神，所谓"王权天授"，帝王是"天子"，是"替天行道"者，老百姓只能"听天由命"。古时的历代帝王都有这种"天命观"。为了宣扬政绩，上上下下也就制造出许多祥瑞。这就是历史上的"谶纬迷信"。

所谓"谶纬"，即谶书和纬书的合称。"谶"（chèn）是巫师或方士制作的一种隐语或预言，预兆吉凶得失的文字和图记。"纬"对"经"而言，是方士化的儒生附会儒家经典的各种著作。其起源很早，"河图洛书"的神话便是一例。

"河图洛书"是古代儒家关于《周易》和《洪范》两书来源的传说。《易·系辞上》说："河出图，洛出书，圣人则之。"传说伏羲氏时，有龙马背负"河图"出现于黄河，有神龟背负"洛书"从洛水出现。伏羲根据这种"图"和"书"画成八卦，也就是后来的《易经》。另一说是，大禹治水时，上帝赐给他《洪范九畴》（《尚书·洪范》）用以指导。也有人说《洪范》就是"洛书"。

这种神话式的传说，开启了谶纬的大门。从西汉后期到东汉，谶纬迷信使儒学神学化。把自然界的某些偶然现象加以神秘化，说成是社会安危的决定原因，成为粉饰太平和巩固政权的说教。

甚至王莽谋建新王朝，上下争言"符命"；刘秀起兵，也以"符命"笼络人心。民间起义，也往往假借谶纬号召群众。直至隋炀帝时，才下令销毁有关谶纬的书籍，禁止了这种迷信，制止了这股风气。

"谶纬"这个词在现代，多数人已不熟悉。在当时它是一种迷信，是所谓"天人感应"的产物，但也构成了今天吉祥文化的基础。如果提起"龙凤""麒麟""连理树""比翼鸟""灵芝草"等，大家又会很熟悉，其实，这些东西起初都是谶纬迷信的具体内容，以后才转化为吉祥的象征，为人们所喜闻乐见了。

南朝梁沈约撰《宋书》有《符瑞志》三卷。该书罗列了一系列的所谓"符瑞征象"。从古代神话中华胥履大迹，而生蛇身人首的伏羲；女登有神龙首感于常羊山，而生炎帝；附宝见大电光绕北斗枢星，而生黄帝；尧之母曰庆都，生于斗维之野，常有黄云覆护其上；握登见大虹意感而生舜于姚墟；修己出行，见流星贯昴，梦接意感，既而吞神珠，背剖而生禹于石纽等，继而谈到汉代。汉高祖之父刘执嘉，执嘉之母梦赤鸟若龙戏己，而生执嘉；汉高祖的母亲寝于大泽，梦与神遇，是时雷电晦冥，太上皇视之，见蛟龙在其上，遂有身而生高祖。由此历数十多个皇帝，从出生到成长，都有"符瑞"之兆。

用现在的眼光看，这些记述纯属荒诞不经之谈。但在两千年前，却为"天命"和"天人感应"制造了舆论，有助于王位的巩固和稳定，因而受到了封建统治者的欢迎与支持。

在《宋书·符瑞志》的三卷中，有两卷是记录自汉代至南朝宋的所谓祥瑞现象，其中正式列名的有97种。除此之外，还记有一些奇异的物象，每种除少数或未见有著录外，都有数条、数十条甚至上百条。这些现象虽然均属偶然，但是汇集起来却是个很大的数字，对于封建帝王的歌功颂德，确也起了造舆论的作用。

画像石的产生和发展正处在谶纬迷信的盛期，因此祥瑞题材也特别多。山东嘉祥武梁祠的祠堂中，顶面全刻这种祥瑞图，可惜原石已剥蚀殆尽，看不清了。现在所能见到的，是清代道光元年（1821）用木版摹刻的《金石索》所收的一部分。据该书编者所记，武梁祠的"祥瑞图"共二石，每石"广九尺，高三尺"（约为3米×1米），图画三层，背面刻似瓦楞，当为祠堂的顶板。如"以每石三层计之，当有祥瑞七十余种。今磨泐殊甚，十存二三。取《符瑞志》对勘，追魂摄魄，于前石只得七种，此石只得十五种，合二十二种。其余车马人物器具缤纷，意必象车、根车、白鹿、白燕以及莲甫、威蕤、嘉禾、嘉瓜之类，无不零落殆尽，画不成图，字不成句，甚可惜也。"今观各地出土之画像石，其祥瑞图多是散而为之。比较集中的有两处，一是1973年浙江海宁长安镇出土的画像石中，有两石为祥瑞图和历史故事；二是《金石索》载有"汉李翕黾池五瑞图石刻"，画面刻黄龙、白鹿、甘露、嘉禾、木连理。由此可见一斑。

关于游艺，大都属于各种修养和娱乐方式。可有二解：一是孔子所提的"游于艺"，即"六艺"之陶冶身心；朱熹解释说："艺，则礼、乐之文，射、御、书、数之法。"二是各种游戏娱乐活动，有的是观赏伎艺人的表演，如歌舞、百戏、杂技等；有的是亲自参加的博戏，如六博、投壶等。博弈，一般释为六博和围棋。两人对弈，可锻炼思维的灵活，善于应对，力争取胜。《论语·阳货》孔子曰："饱食终日，无所用心，难矣哉！不有博弈者乎？为之，犹贤乎已。"是说人心必有所用，"饱食终日，无所用心"还不如玩博弈游戏，总比没事好一些。

百戏，是古代乐舞杂技表演的总称，汉代也称"角抵戏"。包括各种杂技，如扛鼎、寻橦、吞刀、爬竿、吐火以及装扮人物、神怪和动物等。据《汉书·武帝纪》记载："（元封）三年春，作角抵戏，三百里内皆来观。"可见当时的盛况。

汉代的舞蹈多与杂技结合，舞伎穿长袖衣，两臂甩开来，非常优美。杂技的技巧也很高，灵敏，准确，健美，特别显示出一种力度。

这些，都能在画像石中看到。

以下，为祥瑞与传说故事，共59条。

# 153　四灵

　　古人重视儒家思想。儒家强调礼治，说"不学礼，无以礼"。主张用"礼"规范人们的行为，构成一个和谐的社会。所谓持礼义之器，耕人情之田，甚至连动物也要畜养起来。《礼记·礼运》说：

　　何谓四灵？麟、凤、龟、龙，谓之四灵。故龙以为畜，故鱼鲔不淰；凤以为畜，故鸟不獝；麟以为畜，故兽不狘；龟以为畜，故人情不失。①

　　在古文献中，"四灵"一词也常与"四神"混同使用，但四神所指为青龙、白虎、朱雀、玄武。有的合二者为"五灵"（即麟、凤、龟、龙、白虎）。晋代杜预《春秋左传序》："麟凤五灵，王者之嘉瑞也。"孔颖达疏："麟、凤与龟、龙、白虎五者，神灵之鸟兽，王者之嘉瑞也。"

　　四灵虽有总称，但在画像石中很少组合于一个画面。常见者多是龙凤在一起，或麟凤在一起，更多的是单独的造型。

① 古人认为四灵皆有神灵。畜：养，顺从。鲔（wěi）：鱼名，鳣属。淰（shěn）：水动貌，水中惊走。獝（xù）：鸟惊飞。狘（xuè）：兽惊走貌。人情不失：龟可以卜知吉凶，故说人情不失。

龙与凤
江苏徐州铜山征集。

龙·凤·龟·鱼
山东滕州东寺院出土。

汉山阳麟凤碑
此为《金石索》木刻摹本。

# 154　黄龙

　　龙是一种想象的动物，所谓"鳞虫三百，龙为之长"。古人信龙，但也有不信者。汉代王充《论衡·龙虚篇》，就列举了许多事实，说龙是虚妄之言。他说："盛夏之时，雷电击折树木，发坏室屋，俗谓天取龙。谓龙藏于树木之中，匿于屋室之间也。雷电击折树木，发坏屋室，则龙见于外。龙见，雷取以升天。世无愚智贤不肖，皆谓之然。如考实之，虚妄言也。"

　　在古文献中，还有畜龙、御龙、食龙的，《左传》中有豢龙氏、御龙氏。说明龙并非神物。考古学、美术学的研究证明，最早的龙可能是某一部落的图腾，它的原型有的为马，有的为蛇，有的像猪，但混合之后也就复杂了，以至于出现了"龙有九似"之说。待到封建社会，帝王相继用龙作为标记，所谓"飞龙在天，大人造也"，用来比喻王位，已去图腾甚远，不是一回事了。

　　《说文》卷一一："龙，鳞虫之长，能幽能明，能细能巨，能短能长；春分而登天，秋分而潜渊。"

　　《广雅》云："有鳞曰蛟龙，有翼曰应龙，有角曰虬龙，无角曰螭龙。"

　　《方言》曰："龙未升天曰蟠龙。"

　　龙有多种，但并没有精确的分类，特别在造型艺术上很难分得清楚。所谓"黄龙"，只能就文献的描述来区别。

　　《初学记》卷三〇引

黄龙
山东嘉祥县武氏祠祥瑞图。此为《金石索》木刻摹本。

367

《河图》曰："黄金千岁生黄龙，青金千岁生青龙，赤白之金千岁各生龙。"

《宋书·符瑞志》："黄龙者，四龙之长也。不漉池而渔，德至渊泉，则黄游于池。能高能下，能细能大，能幽能冥，能短能长，

龙
上图：江苏睢宁县征集。
中图：山东邹城南落陵村出土。
下图：山东滕州东寺院出土。

乍存乍亡。赤龙、《河图》者，地之符也。王者德至渊泉，则河出《龙图》。汉惠帝二年正月癸酉，两龙见兰陵人家井中。"［笔者按：该书所记，自汉惠帝二年（前193）至南朝宋孝武大明元年（457），650年间共见龙133次。由此可见谶纬迷信之重。各地方上报这些传闻，其目的都是为帝王颂德］

《初学记》卷三〇引《瑞应图》曰："黄龙曰神灵之精，四龙之长也。王者不漉池而渔，德达深渊，则应气而游池沼。"

"四龙"为何呢？是不是蛟龙、应龙、虬龙、螭龙？如是，则黄龙并不在其列。在汉代画像石上，只能大体判断。譬如说，很多龙都刻有翅膀，但翅膀有大小。翅膀大的称应龙，如果同白虎在一起，也就是青龙了。

## 155　应龙

应龙
1982年河南南阳十里铺汉墓
出土。

应龙在龙群中的特点是有翼。它在神话中的功劳是帮助禹治洪水，用尾画地，形成了江河，使水流入大海。又曾协助黄帝杀死蚩尤，使黄帝对蚩尤的战争获得了胜利。

《山海经·大荒北经》："蚩尤作兵伐黄帝，黄帝乃令应龙攻之冀州之野。应龙畜水。蚩尤请风伯雨师，从大风雨。黄帝乃下天女曰魃，雨止，遂杀蚩尤。"

《山海经·大荒东经》："大荒东北隅中，有山名曰凶犁土丘。应龙处南极，杀蚩尤与夸父，不得复上。故下数旱，旱而为应龙之状，乃得大雨。"◎郭璞注："应龙，龙有翼者也。""今之土龙本此；气应自然冥感，非人所能为也。"

《楚辞·天问》："应龙何画？河海河历？鲧何所营？禹何所成？"◎王逸注："禹治洪水时，有神龙以尾画地，导水所注，当决者，因而治之也。"

晋王嘉《拾遗记》卷二："禹尽力沟洫，导川夷岳，黄龙（应龙）曳尾于前，玄龟负青泥于后。"

《巫山县志》卷三〇"斩龙台"云："相传禹王导水至此，一龙错行水道，遂斩之。"（袁珂《中国神话传说词典》引，并按语："神话演变至此，遂由应龙导水而为群龙行水。"）

实际上应龙是因"错行水道"而被斩了，这里没有明说。不知为什么，编造故事的人要安排这样一个结局，是想说明法令之严，还是功过是非分明呢？

370

应龙　1972年山东临沂吴白庄汉墓出土。

应龙　1977年河南南阳方城县东关村出土。

# 156 凤凰

凤凰为神鸟、仁鸟。高大而瑰丽，居众鸟之首，是中国人所想象的鸟中之王，古文献中也写作"凤皇"。训诂家认为雄者曰"凤"，雌者曰"凰"，但简称又通称"凤"。

《山海经·大荒西经》："有五采鸟三名：一曰皇鸟，一曰鸾鸟，一曰凤鸟。" ◎袁珂注："经内五采鸟凡数见，均凤凰、鸾鸟之属也。明藏本皇鸟作凤鸟，凤鸟作凤皇，与此异。"

《山海经·南次三经》："丹穴之山……有鸟焉。其状如鸡，五采而文，名曰凤皇。首文曰德，翼文曰义，背文曰礼，膺文曰仁，腹文曰信。是鸟也，饮食自然，自歌自舞，见则天下安宁。"

《说文》卷四："凤，神鸟也。天老曰：'凤之象也，鸿前麐后，蛇颈鱼尾，鹳颡鸳思，龙文龟背，燕颔鸡喙，五色备举。出于东方君子之国，翱于四海之外，过昆仑，饮砥柱，濯羽弱水，莫宿风穴，见则天下大安宁。'"

《书·益稷》："箫韶九成，凤皇来仪。" ◎孔颖达疏："雄曰凤，雌曰皇。"

《诗·大雅·卷阿》："凤皇于飞，翙翙其羽。"

《大戴礼·易本命》："有羽之虫三百六十，而凤凰为之长。"

《宋书·符瑞志》："凤凰者，仁鸟也。不剖胎剖卵则至。或翔或集。雄曰凤，雌曰凰。蛇头燕颔，龟背鳖腹，鹤颈鸡喙，鸿前鱼尾，青首骈翼，鹭立而鸳鸯思。首戴德而背负仁，项荷义而膺抱信，足履正而尾系武。小音中钟，大音中鼓。延颈奋翼，五光备举。兴八风，降时雨，食有节，饮有仪，往有文，来有嘉，游必择地，饮不妄下。其鸣，雄曰'节节'，雌曰'足足'。晨鸣曰发明，昼鸣曰上朔，夕鸣曰归昌，昏鸣曰固常，夜鸣曰保长。其乐也，徘徊徊徊，雍雍喈喈。唯凤凰为能究万物，通天祉，象百状，达王道，率五音，成九德，备文武，正下国。故得凤之象，一则过之，二则翔之，三则集之，四则春秋居之，五则终身居之。"

在古代文献中，《宋书·符瑞志》是记述凤凰最详的，也有可能是南北朝之前有关材料的综合。审读古代文献的描述，常有差异之处，这是不奇怪的，因为凤凰本来就是一个虚构的想象之鸟，在传说过程中必然有所增舍和变化。对于其他的想象物也是如此。在《宋书·符瑞志》中，还"记录"了见到凤凰的次数。自汉昭帝始元三年（前84）至南北朝宋孝武帝孝建元年（454），五百多年间共见凤凰188次。这都是真的吗？可能是将一些奇异的鸟误以为凤凰。战国时的尹文讲过一个故事，他说：

楚人有担山雉者，路人问："何鸟也？"担雉者欺之，曰："凤凰也。"路人曰："我闻有凤凰，今直见之，汝贩（卖）之乎？"曰："然。"则十金，弗与。请加倍，乃与之。将欲献楚王，经宿（夜）而鸟死。路人不遑（不暇）惜金，唯恨不得以献楚王。国人传之，咸（都）以为真凤凰，贵欲以献之。遂闻楚王，感其欲献于己，召而厚赐之，过于买鸟之金十倍。（见《尹文子》上）

这是一篇寓言，其内容是很明显的。同时也说明，除了那个"担山雉者"，大家都没有见过凤凰。所以李白吟咏道："楚人不识凤，重价求山鸡。"山鸡也就是山雉。凤凰虽无，但山雉是美丽的，人们也就把山雉当作凤凰了。

画像石中的凤凰造型，正是依据了山雉和孔雀，因为这两种鸟的尾羽特别长而美。凤凰在鸟中的特点，也是长冠大尾。最明显的是孔雀尾羽先端的宝珠形金绿纹。有些凤凰的造型竟

凤凰
四川新津崖墓石函画像。刻于石
函的一端。右戴胜者为凤，左含
绶者为凰。

是一根羽毛，却显得丰厚而富有气势，在艺术上表现出高超的力度。

《宋书·符瑞志》中还记有一种"神鸟"，文曰：

神鸟者，赤神之精也，知音声清浊和调者也。虽赤色而备五采，鸡身，鸣中五音，肃肃雍雍。喜则鸣舞，乐处幽隐。风俗从则至。

据说这种"神鸟"在汉宣帝五凤三年（前55）三月，曾集于长乐宫东阙的树上，"五采炳发"，还飞到地上，停留了很长时间。

另外，还有传说中的"鸾"，有的说它就是凤的一种，以多青色者为鸾；也有的说其大于凤。《说文》云："鸾，亦神灵之精也。赤色，五采，鸡形，鸣中五音，颂声作则至。"据说周成王时就有人献过这种鸟。

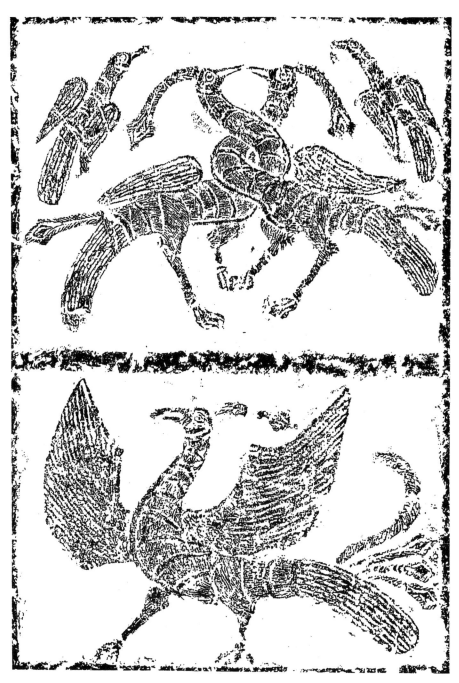

凤凰　江苏睢宁县征集。上为凤凰交颈，旁有两只雏凤。下为凤鸟展翅。

凤图　均为四川新津崖墓石函画像。刻于石函的一端。原函已毁。

凤凰
上左、上右：均为四川渠县沈府
君石阙画像。
下左：四川荥经县出土石棺之后
端画像。
下右：四川渠县无名石阙画像。
中图：河南郑州出土画像砖印纹。

## 157　凤凰将九子

凤凰既为神鸟、仁鸟、瑞鸟，它们所生的雏凤也一定是祥瑞的。民间有"凤生九子"（即"凤皇将九子"）之说。据《汉唐地理书钞》所辑文献记载：

郭仲产《荆州记》："安陆县东四十里，南有凤皇冈，晋时有凤产乳其上。又晋穆帝永和四年，凤皇将九子，栖集其上。"

盛弘之《荆州记》："郦县北三十里有一墓，甚崇伟，前有石楼，高一丈五尺，上作石凤将九子。相传云是姚家墓，不详其人。"

郭、盛都是南朝宋时人，所记也只是晋代的故事，距汉代已近两个世纪。再以后，宋代周密《癸辛杂识别集》卷下，也记有："凤

凤凰与九雏
山东安丘董家庄出土。

凰高丈余，尾作鲤鱼状而色殷，九子差小，翼其旁。"说明这个故事流传的时间很长。如果往前考察，会不会在汉代就有传说呢？

虽不见有文字资料，可是在画像石中确有刻画"凤皇将九子"的画面。1959年山东安丘董家庄出土的画像石中，有一组画面，中间是一只体大健壮的凤凰（应为"凰"），周围绕以九只雏凤。1970年山东济宁城南张村出土的画像石中，也有九只雏凤围绕着一只大凤凰（画面在原石的上部。此石的左上角已残，因而残去一只雏凤）。与此相类似的画面在山东其他地方也有表现，只是雏凤的数目不等。如山东邹城高里村1990年出土的画像石中，是一对凤凰，围绕五只雏凤。

凤凰与幼雏
山东济宁城南张村出土。

凤凰与幼雏
山东邹城高里村出土。

"凤凰将九子"之"九"，不一定是实指，在此既有多数的意思，又带有高贵和吉祥的含义。"九"所谓"天地之至数，始于一，终于九"，因而也就虚指多数。古人对事物的数目，凡三以上的都称之以九。清代汪中《述学·释三九上》："凡一二之所不能尽者，则约之三，以见其多；三之所不能尽者，则约之九，以见其极多。"又在《易经》中称阳爻为九。如《易·乾》："九五，飞龙在天，利见大人。"孔颖达疏："言九五阳气盛至于天，故云飞龙在天……犹若圣人有龙德，飞腾而居天位。"这是以"九五"至尊为帝王之位的根据。因为凤凰是神鸟，是祥瑞，它的传嗣与后代无疑也是祥瑞的。"凤皇将九子"之"九"，既是言其极多，又是奉为至尊，其美誉可说是最高的了。

# 158  灵龟

　　龟是现实中实有的爬行动物，因为背部和腹部皆有硬甲，而头、尾和四肢能缩入甲内，叫作"龟藏六"，使人感到神奇。它又能耐饥渴，寿命很长，古人以为灵物，用来占卜吉凶。古代也曾用龟甲作为货币。

　　《宋书·符瑞志》："灵龟者，神龟也。王者德泽湛清，渔猎山川从时则出。五色鲜明，三百岁游于蕖叶之上，三千岁常游于卷耳之上。知存亡，明于吉凶。禹卑宫室，灵龟见。玄龟书者，天符也。王者德至渊泉，则洛出龟书。"

　　《初学记》卷三〇引《洛书》曰："灵龟者，玄文五色，神灵之精也。上隆法天，下平法地，能见存亡，明于吉凶，王者不偏党，尊耆老则出。"又引《洪范·五行》曰："龟之言久也，千岁而灵，此禽兽而知吉凶者也。"

　　自古以来，关于龟的传说故事很多，多是吉凶祸福和延年益

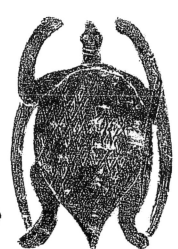

灵龟
左图：山东沂南县北寨村汉墓出土。
中图：山东安丘董家庄出土。
右图：山东平阴县孟庄出土。

仙人乘龟
河南南阳麒麟岗汉墓出土。

寿的内容。所谓"甲虫三百六十，而神龟为之长"。汉代画像石中所刻之龟，除作为方位神的"玄武"（即龟蛇连体，"象其捍难避害"）之外，多与祥禽异兽聚在一起，以示其神灵。这时期正是道教兴起，方士、道士们为了渲染仙界的优游自得，也有仙人骑龟的画面出现。

顺便谈及，这种观念后来有所淡漠，并且一反对龟的颂扬而转为骂人的比喻。"王八"一词，原系专指。五代时前蜀主王建行八，年少无赖，以屠牛、盗驴、贩卖私盐为生，里人谓之"贼王八"；以后"王八"又转义为"忘八"，即忘记了"礼义廉耻孝悌忠信"八个字。这样一个贬义词又怎样与龟联系起来的呢？原来，龟在民间称作"乌龟"。《史记·龟策传》载有八名龟之名，其中第八曰"王龟"（玉龟），便相讹而为王八。元代以来，凡乐户及娼家男子，规定裹青碧头巾，即所谓"绿头巾"（绿帽子）。元代陶宗仪《南村辍耕录》卷二八记有《废家子孙诗》，说有一大姓人家的子孙不肖，家产败尽。诗中有"宅眷皆为撑目兔，舍人总作缩头龟"之句。陶宗仪说："夫兔撑目望月而孕，则妇女之不夫而妊也。"

明代郎瑛《七修类稿》卷二八："吴人称人妻有淫者为绿头巾，今乐人朝制以碧绿之巾裹头，意人言拟之此也。原唐史李封为延陵令，吏人有罪，不加杖罚，但令裹碧绿巾以辱之……吴人遂以着此服为耻意。今吴人骂人妻有淫行者曰绿头巾，及乐人朝制以碧绿之巾裹头，皆此意从来。但又思当时李封何必欲用绿巾？及见春秋时有货妻女求食者，谓之娼夫，以绿巾裹之，以别贵贱。然后知从来已远。"

本来，这段话与汉代画像石中的龟并没有什么关系。只是为了说明托物寄意的复杂性和在文化演变中的寓意转化关系。直到今天，在为老人祝寿时，可以笼统地赞颂为"龟鹤延年"，但不能具体地指某人为乌龟，其原因即在于此。

仙人与神龟
山东曲阜韩家铺村石椁画像。

# 159　麒麟

　　中国古代遵奉儒家思想，"仁"是儒家思想的核心。作为道德范畴，"仁"的含义很广。《礼记·中庸》说："仁者，人也，亲亲为大。"《论语·学而》说："泛爱众而亲仁。"孔子讲"仁"，包括恭、宽、信、敏、惠、智、勇、忠、恕、孝、弟等，内容极其广泛。然而这一切又都是抽象的。于是，便想象而虚构出一个"仁兽"，也就是麒麟。

　　麒麟作为"仁"的象征，实际上是由若干动物的特点"搭配"起来的。说它走路和声音都有美学的节奏，从来不踩生虫，不伤生草，不喝污水，也不会落入陷阱和罗网；它长了一只角，那是"明海内共一主也"。所以在古代把麒麟看作是王者至德的标志。

　　《说文》："麒，仁兽也。麋身、牛尾、一角。"

　　《宋书·符瑞志》："麒麟者，仁兽也。牡曰麒，牝曰麟。不刳胎剖卵则至。麋身而牛尾，狼项而一角，黄色而马足。含仁而戴义，音中钟吕，步中规矩，不践生虫，不折生草，不食不义，不饮污池，不入坑阱，不行罗网。明王动静有仪则见。牡鸣曰逝圣，牝鸣曰归和，春鸣曰扶幼，夏鸣曰养绥。"

　　麒麟也简称"麟"（或写作"麐"）。古人多认为麒麟是实有的，所谓"毛虫三百六十，而麟为之长"。因为麟具有如此多的美德，人们将其比作孔子。《拾遗记》卷三："（孔）夫子未生时，有麟吐玉书于阙里人家。"传说阙里是孔子出生的地方，所谓"麟吐玉书"，也就是谶纬的符瑞，孔子被儒家称为"有帝王之德而未居其位"的"素王"。孔子自己也相信麒麟。他所著的《春秋》被称作《麟经》《麟史》。春秋鲁哀公十四年（前481），"西狩获麟"，听说有人打了一只像麒麟的动物。孔子亲自去看，果然是麒麟。麒麟本是仁厚之兽，它的出现是要天下太平的，可是竟被打死了。

孔子以为这是个不祥之兆，感叹地对被打死的麒麟说："孰为来哉！"——谁让你来的呢！又说："吾道穷矣！"于是，流下了眼泪，终止了正在编写的《春秋》，就此绝笔。

汉代画像石中的麒麟形象，其造型不像后来雍容复杂，可说是非常简朴。它的基本原型是一只性情温顺、机灵敏捷的鹿，不同的是拖了一条长长的尾巴，而最主要的特点是头上长了一个肉角。只是到了后来，逐渐增饰，才带上了更多的神秘色彩。

**麒麟**

这是三幅有榜题的汉代麒麟画像，其中两幅收录于《金石索》中。另一幅为瑞兽图的拓片局部。

① 《汉麒麟碑》。此为《金石索》木刻摹本之一页。

② 山东嘉祥县武氏祠祥瑞图中的麒麟。此为《金石索》木刻摹本，原石已剥蚀不清。

③ 1982年发现于江苏邳州燕子埠镇尤村，原石的下部为瑞兽图。此为其中的麒麟。

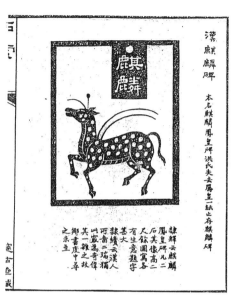

①

②

③

麒麟

左上：陕西绥德县汉墓出土画像。

左中：四川昭觉县汉石阙画像。

左下：江苏睢宁县旧朱集村发现。

右上：山西离石马茂庄汉墓画像。

右下：安徽濉溪县古城出土画像。

## 160　麒麟送子

《诗经·周南》中有一篇题为《麟之趾》的诗：

麟之趾，　　　像是麟的脚掌，不践生虫；
振振公子，　　仁厚的王侯之子啊，
于嗟麟兮。　　麒麟！

麟之定，　　　像是麟的额头，宽阔聪慧；
振振公姓，　　仁厚的王侯之姓啊，
于嗟麟兮。　　麒麟！

麟之角，　　　像是麟的肉角，有武不用；
振振公族，　　仁厚的王侯家族啊，
于嗟麟兮。　　麒麟！

多数的解经者认为，这首诗是歌颂周文王及其家族的。诗人选择了仁厚的麒麟，隐喻子孙多贤，保持一个优秀的传统。故后来引为祝颂，旧时结婚常写"麟趾呈祥"作为祈愿。

孔子出生时的"麟吐玉书"传说，不知在汉代是否流行，但至迟在南北朝时已很普遍，并且出现了"天上石麒麟"的说法。到了唐代，诗人杜甫写了一首《徐卿二子歌》：

君不见徐卿二子生绝奇，感应吉梦相追随。
孔子释氏亲抱送，并是天上麒麟儿。
大儿九龄色清澈，秋水为神玉为骨。
小儿五岁气食牛，满堂宾客皆回头。
吾知徐公百不忧，积善衮衮生公侯。
丈夫生儿有如此二雏者，各位岂肯卑微休。

这样，就把天上的"麒麟儿"同人间的生育后代联系了起来，继嗣不仅要旺盛，还要是最优秀的，如同麒麟的仁厚。特别是隋唐以来实行科举制度，国家通过考试取士。也就在此时期，艺术上形成了一个流行千年而不衰的主题，便是"麒麟送子"。在后来的民间年画中，有一副常见的对联，叫作"天上麒麟儿，人间状元郎"，便是最好的写照。

"麒麟送子"之"送"出自何方呢？这与民间的求子习俗和宗教的许愿有关，如佛教的"送子观音"和道教的"送子娘娘"，都是为平衡求子者的心态而设计的。千百年来，"麒麟送子"的形象装饰于生活的各个方面，并逐渐增饰其细节，尤其是木版年画兴起之后，成了民俗艺术的一个重要主题。

以上所述，主要是汉代以后的发展，但在汉画像石中没有那么复杂，只能说，我们看到了"麒麟送子"的源头。

画像石中的一些实有动物，如鹿、羊、象、熊等除了在生活场景中出现之外，也经常与想象的祥禽瑞兽交错在一起，或者扮演着神话中的某个角色。在所描绘的神仙世界里，有人骑羊，有人骑鹿，也有人骑着麒麟。麒麟并非现实的动物，但它基本上是由鹿演绎而成的，所不同者主要是头上多了一个肉角，后边放长了尾巴。我们知道，诸如鹿、羊、象、熊等，在汉画中都是吉祥物，麒麟也不例外。当人骑麒麟在画面上出现，"麒麟送子"也就不远了。

人骑麒麟
山东临沂吴白庄出土（同石画面中还有骑羊者）。

# 161　福德羊

　　1982年在江苏邳州市燕子埠镇尤村，发现了一块汉代的画像石。原石的上部刻人物故事，下部刻了几种瑞兽，而且都有榜题，其中的一个题作"福德羊"。这对于辨物正名的研究工作，无疑是非常方便的。

　　所谓"福德"，直解便是因善行而得的福利。一个人具有福德，可以有助于国家和社会，可是一只羊而冠以"福德"将是怎样的呢？大概这就是"福德羊"的奥秘所在。

　　在古汉字中，很多字可以通假。"羊"字古代多作"祥"字。刘熙《释名·释车》："羊，祥也。祥，善也。"王先谦注："汉碑每以吉羊为吉祥。"又通"阳"。《释名·释姿容》："望羊：羊，阳也。言阳气在上，举头高似若望之然也。"毕沅注："古羊、阳字通。"

福德羊
江苏邳州燕子埠镇尤村发现。

羊在动物分类中属哺乳纲偶蹄目牛科羊亚科动物的统称。种类较多，有绵羊、山羊、黄羊、羚羊、岩羊等。自古以来称为六畜之一。羊被用于祭祀，以为它有"跪乳之礼"。《初学记》卷二九引：

郑氏《婚礼谒文赞》曰："群而不党，跪乳有敬，礼以为贽，吉事之宜。"

谯周《法训》曰："羊有跪乳之礼，鸡有识时之候，雁有庠序之仪，而人取法焉。"

在现实生活中，古人有骑羊和坐羊车的习惯。据说在宫廷中或供儿童乘坐。另外，还有用羊骨或生羊占卜吉凶的。《瑞应图》说："钟律和调则玉羊见。"《宋书·符瑞志》说："玉羊，师旷时来至。"这"玉羊"究竟是什么样子，已无从知道。师旷是春秋时晋国的乐师，他虽然善辨声乐，但生来就是目盲，即使玉羊在他面前出现，也是看不见的。

汉画像石中羊的形象很多，除出现在狩猎场上和在庖厨中之外，大都是同祥禽瑞兽在一起。也就是说，羊被视为神灵和祥瑞，即使那些骑羊者和乘羊车的人，也带着几分仙气。汉代是一个人与神不分（或者说是不易分清）的时代，这种情况是不足为奇的。作为墓室建筑，山东的画像石有的在墓门横楣上刻一个羊头，陕西的画像石有的在墓室壁面上刻一头大羊，为的是表达一种追求吉祥的观念。

羊
山东青岛庙头社区出土。

390

骑羊者·羊车
上图：山东临沂吴白庄出土。
中图：山东兰陵县晒米城前村出土。
下图：山东滕州大郭村出土。

羊　1975年陕西绥德县延家岔出土。

# 162 天鹿·白鹿

鹿是一种温驯机灵的动物，且鹿角等药用价值很高，故被称为"仙鹿"。我国鹿的种类很多，如梅花鹿、马鹿等，深受人们喜爱。李时珍《本草纲目》第五十一卷：

鹿字篆文，象其头、角、身、足之形。《尔雅》云：鹿，牡曰麚（音加），牝曰麀（音攸），其子曰麛（音迷），绝有力曰麝（音坚）。斑龙名出《澹寮方》。按《乾宁记》云：鹿与游龙相戏，必生异角。则鹿得称龙，或以此欤？

鹿，处处山林中有之。马身羊尾，头侧而长，高脚而行速。牡者有角，夏至则解。大如小马，黄质白斑，俗称马鹿。牝者无角，小而无斑，毛杂黄白色，俗称麀鹿，孕六月而生子。鹿性淫，一牡常交数牝，谓之聚麀。性喜食龟，能别良草。食则相呼，行则同旅，居则环角外向以防害，卧则口朝尾闾，以通督脉。殷仲堪云：鹿以白色为正。《述异记》云：鹿千岁为苍，又五百岁为白，又五百岁为玄。玄鹿骨亦黑，为脯食之，可长生也。《埤雅》云：鹿乃仙兽，自能乐性，六十年必怀琼于角下，角有斑痕，紫色如点，行则有涎，不复急走。故曰：鹿戴玉而角斑，鱼怀珠而鳞紫。沈存中《笔谈》云：北狄有驼鹿，极大而色苍黄，无斑。角大而有文，坚莹如玉。茸亦可用。《名苑》云：鹿之大者曰麈，群鹿随之，视其尾为准。其尾能辟尘，拂毡则不蠹，置茜帛中，岁久红色不黯也。

《宋书·符瑞志》记有天鹿、白鹿与白麋，文曰：

天鹿者，纯灵之兽也。五色光耀洞明，王者道备则至。

白鹿，王者明惠及下则至。

白麋，王者刑罚理则至。

另外，在《山海经·南山经》中还有一种"鹿蜀"：

又东三百七十里，曰杻阳之山，其阳多赤金，其阴多白金。有兽焉，其状如马而白首，其文如虎而赤尾，其音如谣，其名曰鹿蜀，佩之宜子孙。◎郭璞注："谣，如人歌声。佩，谓带其皮毛。"

以上所述，可知鹿在古人心目中是被视为仙兽的。汉代画像石中鹿的形象也很多，除了狩猎之"逐鹿"和乘"鹿车"以外，虽然叫不出具体的名称，确是多在仙界出现。直到现在，鹿依然被当作长寿和厚禄的象征，常常跟随在老寿星的身边。

奔鹿　山东曲阜南辛村出土。

羽人与鹿　山东济宁城南张村出土。

双鹿　山东诸城前凉台村出土（墓门上横额）。

394

仙鹿　山东临沂吴白庄出土。

羽人骑鹿　山东滕州黄安岭出土。

鹿车　山东济宁城南张村出土。

## 163 龙马·神马

玉马　山东嘉祥县武氏祠画像。此为《金石索》木刻摹本。

翼马　四川新津崖墓石函。原函已毁。

在古代的生活与生产中，马起着重要的作用。不论驮物、驾车、骑猎，都离不开马，特别是在战争中，马甚至起着决定胜负的作用。所以说从帝王到平民，不但重视马，并且都想得到一匹好马。汉武帝当年驰骋疆场，起初乘乌孙马，称"好"而曰"天马"；以后获得大宛汗血马，称"益壮"，而更乌孙马曰"西极"，名大宛马为"天马"。还作了一首《天马》歌："天马徕，从西极，涉流沙，九夷服。……天马徕，龙之媒，游阊阖，观玉台。"由此也出现了"天马行空"的成语。

唐太宗李世民的"昭陵六骏"也是赫赫有名的。他将建立唐王朝战争中所乘的六匹骏马——拳毛䯄、什伐赤、白蹄乌、特勒骠、飒露紫、青骓——雕刻于自己的墓前。这在中国墓葬史上属于首例，也说明人与马的知遇之情。

人对现实的马是如此，那么，人们想象的马又是如何呢？

《宋书·符瑞志》说：

龙马者，仁马也，河水之精。高八尺五寸，长颈有翼，傍有垂毛，鸣声九哀（一作音）。

腾黄者，神马也。其色黄。王者德御四方则出。白马朱鬛，王者任贤良则见。泽马者，王者劳来百姓则至。夏马骊，黑身白鬛尾；殷马骆，白身黑鬛尾；周马骅，赤身黑鬛尾。

玉马，王者精明，尊贤者则出。

飞菟者，神马之名也，日行三万里。禹治水勤劳历年，救民之害，天应其德而至。

骓褭者，神马也，与飞菟同，亦各随其方而至，以明君德也。

山东嘉祥武氏祠祥瑞图中，原有白马、泽马、玉马，可惜已剥蚀殆尽，清代《金石索》摹刻有此三种马的图像和榜题，内容与《符瑞志》基本相同，唯图像呆板，可能已失原韵。

奔马
1973年浙江海宁长安镇出土。
在祥瑞图中。

天马
1956年江苏苗山汉墓出土。

## 164　渠搜献裘

《宋书·符瑞志》说：

渠搜，禹时来献裘。

这故事很简单，就是一句话。"渠搜"也作"渠叟"，画像石上也刻作"渠搜氏"，为古代西戎国名，有说在葱岭以西，当大宛之北界。《尚书·禹贡》："织皮昆仑、析支、渠搜，西戎即叙。"——昆仑、析支、渠搜等西戎国家，都要按照规定进贡皮制衣料。孔颖达疏："织皮，毛布。有此四国，在荒服之外，流沙之内，羌髳之属，皆就次叙，美禹之功及戎狄也。"原来，这是为了赞美夏禹治理国家的功劳。

渠搜献裘
山东嘉祥县武氏祠画像祥瑞图之一。原石已泐蚀不清，此为《金石索》木刻摹本（附"南夷献豸"之榜题）。

## 165  南夷献鬯

鬯（chàng）是古代用于祭祀的一种酒，以郁金香合黍酿造而成，色黄而芳香。也称"秬鬯"（即秬鬯）。"秬"即黑黍。郁金香是种香草，香浓而雅。用黑黍合郁金香酿成的酒祭祖祀神，以示敬重。《周礼·春官》设有"鬯人"，其职务是"掌共秬鬯而饰之"。《宋书·符瑞志》说：

巨鬯，三禺之禾，一稃二米，王者宗庙修则出。

黄帝时，南夷乘白鹿来献鬯。

汉章帝元和中，秬秠生郡国。

这种称作"秬"的黑黍，是古人的一种粮食。《诗经·大雅·生民》："诞降嘉种，维秬维秠。"孔颖达疏："汉和帝时，任城生黑黍，或三四实，实二米，得黍三斛八斗。则秬是黑黍之大名，秠是黑黍之中有二米者，别名之为秠。"所谓"三禺之禾，一稃二米"，就是三里地的庄稼，每个谷壳内生有两颗米。以此作为祥瑞。

在山东嘉祥武氏祠画像石中，原有"皇（黄）帝时南夷乘鹿来献巨鬯"的画面，可惜早已泐残，只在《金石索》中留下了榜题的拓片（见本书第397页）。今观各地之画像石，有不少骑鹿者。其中除了羽人系仙人之外，也有装束特异的凡人，这种人会不会是文献中所称的"南夷"呢？

乘鹿者  1974年陕西绥德县出土（门楣局部）。

## 166　比翼鸟·比肩兽

　　一只鸟长了两个头，或说是两只鸟的身子合在一起；同样，一头兽长了两个头，或说是两头兽的身子合在一起，在汉画中这类图像是很多的。因为它并非实有，以致在解释上也不相同。一般来说，这些怪异的鸟兽在神话中是出于某种情节的虚构，在宗教中则是用作譬喻。例如佛教中的耆婆耆婆迦鸟（译作"共命鸟"），是一只鸟身两个头。两个头有不同的思考，但身体却是感受相同。一次，两个头有一个在睡觉，另一个很清醒。清醒的头遇到了甜美的鲜花，心想，我索性独自吃了，他醒来也会感到甜美，便将鲜花吃进肚中。另一头醒来感到很舒服，便问吃了什么好东西？当他知道原委后就生了疑心，埋怨不同他商量，以致怀恨在心。等到那个头睡眠时，他独自故意吃了有毒的花，致使两头一起死去。这是一个劝善的寓言。是说做人要诚实，待人要无私，相处要团结。居心害人也会害了自己。

　　在佛教的经典中这类故事很多。像"月中兔"的故事，白兔最后升入月亮则是赞美了为他人牺牲的精神。然而，谶纬符瑞中的比翼鸟和比肩兽，都是围绕着"王者"的道德和行为。《宋书·符瑞志》说：

　　比翼鸟，王者德及高远则至。

　　比肩兽，王者德及矜寡则至。

　　这与后来的发展完全是两回事。唐代诗人白居易，根据民间流行的关于唐明皇李隆基和贵妃杨玉环的传说，写了一首长诗《长恨歌》。在一个七夕的晚上，李隆基和杨玉环在长生殿上许下爱情的誓言："在天愿作比翼鸟，在地愿为连理枝。"且不说他们两人的爱情悲剧，单说其中用比翼鸟和连理枝做比喻，显然是与前不同的。

　　像比翼鸟和连理枝之类，由比喻帝王的美德转向比拟爱情，从性质上说是更为确切了。即使对于婚姻和爱情，今古也起了很大的变化。闻一多在《说鱼》一文中指出："文化发展的结果，是婚姻渐渐失去保存种族的社会意义，因此也就渐渐失去蕃殖种族的生物意义，代之而兴的，是个人享乐主义，于是作为配偶象征的词汇，不是鱼而是鸳鸯，蝴蝶和花之类了。幸亏害这种'文化病'的，只是上层社会，生活态度比较健康的下层社会，则还固执着旧日的生物意识。这是何等鲜明的对照。"（闻一多《神话与诗》）我们对待汉画故事，也是如此。每个时代都有不同的文化内涵，其具体内容绝不会一成不变。所谓"祥瑞故事"，就是从谶纬迷信中逐渐转化出来的。

比翼鸟·比肩兽
山东沂南县北寨村汉墓出土。

比翼鸟·比肩兽
山东嘉祥县武氏祠画像。原石已
漶残，此为《金石索》木刻摹本。

两头鸟
山东临沂吴白庄出土。

## 167　鲤鱼上房顶

不论什么建筑，越是高大的，越会有各种不同的鸟儿停留在屋脊上。它们三三两两，跳来跳去，叽叽喳喳地叫个不停。不但鸟儿感到舒展，连看的人们也会开心，好像觉察到大自然的和谐乐符撒在了人间凝固之地。连画家也喜欢将几只鸟儿点缀在人家的屋脊上，汉画中的鸟儿更多。

在古人的观念中，鸟兽是共存的生命，希望与它们和谐相处。将那些美好的自然现象，也视为生活的一部分。譬如以鱼类为代表的水族，河海江湖是它们活动的领域。人离不开水，也喜欢同鱼儿接近。《诗经·陈风·衡门》就感叹：

| | |
|---|---|
| 岂其食鱼， | 难道吃鱼， |
| 必河之鲤？ | 一定要黄河的鲤鱼？ |

孔子之子名鲤，字伯鱼。《孔子家语·本姓解》："鱼之生也，鲁昭公以鲤鱼赐孔子。荣君之贶，故因以名曰鲤，而字伯鱼。"《论语·季氏》："（孔子）尝独立，鲤趋而过庭。曰：'学诗乎？'对曰：'未也。''不学诗，无以言。'鲤退而学诗。他日，又独立。鲤趋而过庭。曰：'学礼乎？'对曰：'未也。''不学礼，无以立。'鲤退而学礼。"后遂称子承父训为"鲤庭"。

蔡邕《饮马长城窟行》："客从远方来，遗我双鲤鱼。呼儿烹鲤鱼，中有尺素书。"后因以鲤为书信的代称。

以上说明古人对鲤鱼的喜爱。鲤鱼体大肥美，生长快，生命力强，能耐高温和污水，是一种重要的淡水养殖鱼。我国养殖鲤鱼已有2 400多年的历史，尤其是北方人，最喜欢"黄河大鲤鱼"，从汉代的画像石到明清以来的民间年画，有很多的表现。

现在的问题是，石刻画像中的屋脊上，除了鸟儿活动之外，那些鹭鸶之类的长腿水鸟不在河塘边捉鱼，竟然把鱼衔到了人家的屋脊上。这好像不合情理，又是为什么呢?

这个问题的解释，当与造型艺术的视觉习惯有关。人们看画，包括事物本身及其所在环境，总是议论像与不像。一旦概念发生变化，把某种事物作为一种象征寓意的符号，它就脱离了原来的环境。如我国大众喜欢用桃子祝寿，用喜鹊代表欢庆喜事，在这种情况下，桃子和喜鹊就可以离开原来的自然环境。也就是说，鲤鱼离开了水，被带到房顶上，表明了这家的主人希望人口增多，家族兴旺，因为鲤鱼也是多子的象征。直到现在，人们不是还利用文字的谐音，画鱼祝福"年年有余（鱼）"吗?

**鲤鱼上房顶**
左图：江苏徐州铜山东沿村出土。
右图：江苏徐州铜山茅村汉墓出土。

# 168 孝乌反哺

乌即乌鸦，传说乌能反哺，故称"孝乌"，也称"孝鸟""慈鸟"。

《艺文类聚》卷九二引晋成公绥《乌赋序》云："有孝乌集余之庐，乃喟尔而叹曰：余无仁惠之德，祥禽曷（何）为而至哉。夫乌之为瑞久矣，以其反哺识养，故为吉鸟。是以《周书》神其流变，诗人寻其所集，望富者瞻其爱止，爱屋者及其增叹。兹盖古人所以为称。若乃三足德灵，国有道则见，国无道则隐。斯乃凤鸟之德，何以加焉。鹏恶鸟而贾生惧之，乌善禽而吾嘉焉。惧恶而作歌，嘉善而赋之，不亦可乎。"

乌因有反哺之孝，而被理想化为神鸟。神话中的三足乌不但居于太阳之中，也是西王母的侍从，为其采不死之药。民间传说每年的七月七日，乌鸦与喜鹊一起在银河上用身体搭桥，让久别的牛郎与织女会面。

孝乌反哺
江苏徐州铜山茅庄村散存画像石。

## 169　双鸟接喙交颈

　　在现实生活中，观察鸟的动态，不论家禽或野鸟，有时会
三三两两地相互依偎在一起，这并不是常态。但在汉代画像石中，
却有不少快乐的鸟儿，成双成对地结合，明显是按照人的意识和
想象所刻画，真实的鸟是做不出来的。尤其是二鸟"接喙"或
"交颈"，也就是鸟的接吻式和拥抱式，表现得相亲相爱，非常亲
密，使人产生一种联想，成为爱情的象征。

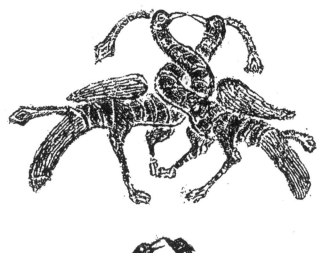

双鸟接喙交颈
上图：江苏睢宁县锅山出土。
下图：江苏徐州铜山茅村出土。

# 170 木槿花

汉画中花卉不多，说明人们的观念多重实用，还没有进入雅致的阶段。木槿花的为用，也是取意于"朝开暮敛"的反复。不像唐代诗人所咏的"木槿花开畏日长，时摇轻扇倚绳床"。

木槿是一种落叶灌木。李时珍《本草纲目》卷三六云："槿，小木也。可种可插，其木如李。其叶末尖而有桠齿。其花小而艳，或白或粉红，有单叶、千叶者。五月始开，故逸书月令云'仲夏之月木槿荣'是也。"木槿的枝干粗如手指，南方人家种植作为篱障。

南阳地区所见汉画像中有一持木槿的侍女，双手持一枝硕大的木槿花。当是取意"朝开暮敛"，以象征生命的复苏，反映了古人生命轮回的观念。

持木槿花的侍女　河南南阳市第二化工厂二十一号汉墓出土。

# 171 木连理

木连理　山东嘉祥县武氏祠画像（《金石索》木刻摹本）。

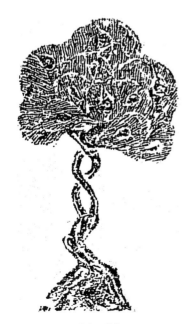

木连理　江苏睢宁县墓山汉墓出土。

木连理也称"连理枝""连理树"。本来是种自然现象，即树枝的表层经摩擦或外部力量使之破损后连生在了一起。古人以为是亲和的征兆，被谶纬之说当成符瑞。《宋书·符瑞志》说：

木连理，王者德泽纯洽，八方合为一，则生。

汉章帝元和中，木连理生郡国。……（笔者按：该书所记，自汉元和年间至南朝宋顺帝升明二年，即公元84年至478年，计394年，各地所报共128起）

在汉画像石中，一般的树刻得较简，但也有很复杂的，甚至将树枝编连成有规则的图案。有的说这是"连理树"，也有的说是"扶桑树"，但仔细观察，真正"连理"的并不多。山东嘉祥武氏祠画像的祥瑞图中原有一幅"木连理"，并有榜题曰："木连理，王者德纯洽，八方为一家，则连理生。"可惜原石已泐，只能看到《金石索》的摹刻本。作为唯一的"标本"，其特点是两棵树各有一条枝干相互连在了一起。

白居易有一句诗："在天愿作比翼鸟，在地愿为连理枝。"这是表现男女之间的婚姻和爱情的，新鲜而贴切。说明了至迟在唐代"连理枝"的原有寓意已改变了。直到现在，依然如此解释。

# 172　比目鱼

在动物学中，称鲽形目鱼类为"比目鱼"。包括鳒、鲆、鲽、鳎等各科鱼类。传说此鱼一目，须两两相并才能在水中游行。

《尔雅·释地》："东方有比目鱼焉，不比不行，其名谓之鲽。"◎郭璞注："状似牛脾，鳞细，紫黑色，一眼，两片相合乃得行。"

《吕氏春秋·遇合》："凡遇，合也。时不合，必特合而后行。故比翼之鸟死乎木，比目之鱼死乎海。"

《宋书·符瑞志》："比目鱼，王者德及幽隐则见。"

谶纬迷信强调天人感应。为了歌功颂德，把一切奇特的现象都附会在王者身上，视为德行。然而又是不能持久的。长期以来，人们多注意于它的"不比不行"，并编出一些故事。

山东画像石中的对鱼。

浙江海宁长安镇出土祥瑞图中的比目鱼。

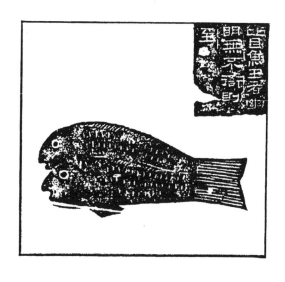

山东嘉祥县武氏祠画像石中的比目鱼。原石已漶蚀不清，此为《金石索》木刻摹本。

《文选》左思《吴都赋》："双则比目，片则王余。"◎刘逵注："比目鱼，东海所出；王余鱼，其身半也。俗云，越王鲙鱼未尽，因以残半弃水中，为鱼，遂无其一面，故曰王余也。"

《古小说钩沉》辑《异闻记》云："东城池有王余鱼，池决，鱼不得去，将死。或以镜照之，鱼看影，谓其有双，于是比目而去。"

画像石中的鱼很多，有不少是成双成对。有的说这是汉人对偶观念的体现，也有的说它是男女爱情的隐喻，还有的说鱼谐"余"音，也就是后来的"年年有余"。清代戏曲家李渔著有传奇剧本，题为《比目鱼》，是写一个书生与女艺人相爱的故事。

# 173 白鱼

在中国历史上，周武王举兵伐纣之前，渡黄河于中流，有白鱼跃入船中，据说这是"周兴灭纣之瑞"。《史记·周本纪》说：

九年，武王上祭于毕（文王墓地）。东观兵，至于盟津。……武王渡河，中流，白鱼跃入王舟中，武王俯取以祭。◎马融曰："鱼者，介鳞之物，兵象也。白者，殷家之正色，言殷之兵众与周之象也。"

《宋书·符瑞志》说：

白鱼，武王度孟津，中流入于王舟。

山东嘉祥武氏祠画像石上原也刻有"白鱼"，并题有以上的文字。对于这种谶纬符瑞，即使在当时，也有质疑者。王充在《论衡·指瑞篇》中说："世见武王诛纣，出遇鱼乌，则谓天用鱼乌命使武王诛纣。事相似类，其实非也。"这是很值得思考的。

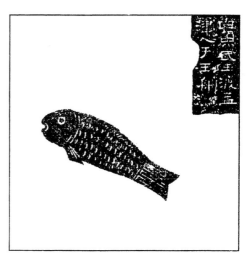

白鱼　山东嘉祥县武氏祠画像。原石已渺蚀不清，此为《金石索》木刻摹本。

鱼跃船头　山东滕县桑村镇（今属枣庄市山亭区）小王庄发现。此为原石画面的最下一层。在水流急的地方，鱼跃船头是常见的现象。

# 174　浪井

浪井　浙江海宁长安镇出土祥瑞图之局部。

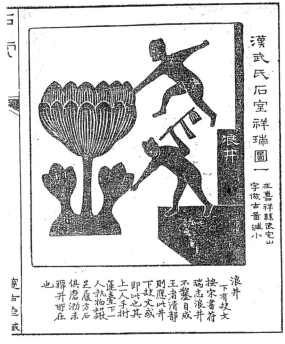

浪井　山东嘉祥县武氏祠画像。此为《金石索》木刻摹本。

"浪井"就是泉水腾涌的天然井，所谓"不凿自成"。《太平御览》卷八七三引：

> 孙氏《瑞应图》曰："王者清静，则浪井出，有仙人主之。"

> 《典略》曰："浪井者，不凿自成之井。"

《宋书·符瑞志》亦载此，大同小异：

> 浪井，不凿自成，王者清静则应。

嘉祥武氏祠画像之祥瑞图中原有浪井，现已泐蚀不清，唯《金石索》有摹刻本保留下来。从画面看，井台之旁还有二仙人守之。浙江海宁长安镇汉墓出土的画像石，其瑞应图中也有一个类似井台的，两旁长有植物，井口的特写作回旋状，可能是表现水"浪"的涌动。

# 175　白雉

　　雉是一种很美丽的长尾鸟，汉朝人因避吕后讳，改称为"野鸡"。但此"白雉"被视为祥瑞，则另有说法。《太平御览》卷九一七引：

　　《春秋感精符》曰："王者德流四表，则白雉见。"

　　《孝经援神契》曰："王者德至鸟兽，故雉白首。"又曰："周成王时，越裳献白雉。去京师三万里，王者祭祀不相逾，宴食衣服有节，则至。"

　　《抱朴子》曰："白雉自有种，南越尤多。案《地域图》，今之九德则古之越裳也。盖白雉之所出，周成王所以为瑞者，贵其所自来之远，明其德化所被广，非谓此为奇。"

　　1986年四川简阳董家埂乡深洞村鬼头山崖墓出土的三号石棺画像，都刻有榜题。其中的白雉，长尾，在月神之左。

白雉　1986年四川简阳董家埂乡深洞村鬼头山崖墓三号石棺左侧。榜题"白雉"，图在月神左上。

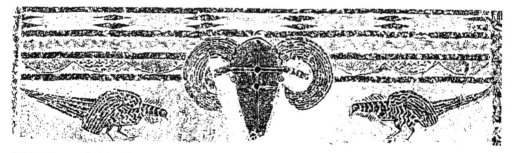

羊头与双雉　1973年山东肥城北大留村汉墓出土。

## 176　离利

　　1986年四川简阳董家埂乡深洞村鬼头山崖墓出土的三号石棺，画像都刻有榜题。其中有日、月之神。在月神的左下有一头似牛的动物。《中国画像石全集》第七卷收录了这件作品。编者说：似牛的动物，尾短，上翘，腿长，头背有一很长的独角，榜题曰"离利"。"离"，山神也，兽形，"利"，铦也，此图可能是牵牛星座。

　　文献待查，录此备考。

离利
1986年四川简阳董家埂乡深洞
村鬼头山崖墓三号石棺左侧。榜
题"离利"，图在月神之左。

# 177 柱铢

四川简阳董家埂乡深洞村鬼头山的崖墓所出土的三号石棺画像，在日、月之神的中间偏下，有一株树，树不高，分三枝，叶呈长柳叶形，榜题曰"柱铢"。《中国画像石全集》第七卷的编者说：此树即为摇钱树，四川出土甚多。

汉代的"摇钱树"多由青铜铸成，其枝干为片状，满缀圆钱；各片枝干可以插接，构成一株完整的树。树高一米左右，并穿插龙凤和其他祥瑞，有的还在树顶铸出西王母的形象。下有陶座，作博山形。这种"摇钱树"为随葬品，以四川出土最多，但画像石中极为少见。

柱铢
1986年四川简阳董家埂乡深洞村鬼头山崖墓三号石棺左侧。榜题"柱铢"，图在日、月神之间偏下。

# 178　鸠

现代动物学将鸠和布谷分为两类，但古人看作同一类属。鸠被称为"不噎之鸟"，据说可使老人不噎，故用以象征敬老和长寿。

《太平御览》卷九二一引：

孙氏《瑞应图》曰："白鸠，成汤时来，王者养耆老，尊道德，不以新失旧，则至。"

《淮南子》曰："孟夏之月，以熟谷米，雄鸠长鸣，为帝候岁。"

《风俗通》曰："俗说高祖与项羽战，败于京索，遁丛薄中，羽追求之。时鸠正鸣其上，追者以鸟在无人，遂得脱。后及即位，异此鸟，故作鸠杖，以赐老者。案：少皞五鸠，鸠民者，聚民也。《周礼·罗氏》'献鸠养老'。汉无罗氏，故作鸠杖扶老。"

《周礼·夏官·罗氏》曰：

中春，罗春鸟，献鸠以养国老，行羽物。◎郑玄曰："是时鹰化为鸠，鸠与春鸟变旧为新，宜以养老助生气。"

鸠
1986年四川简阳董家埂乡深洞村鬼头山崖墓三号石棺后档。榜题"九"，即"鸠"。图在女娃（娲）之左。

《后汉书·礼仪志》曰：

　　仲秋之月，县道皆案户比民。年始七十者，授之以玉杖，餔之糜粥。八十九十，礼有加赐。王杖长〔九〕尺，端以鸠鸟为饰。鸠者，不噎之鸟也。欲老人不噎。是月也，祀老人星于国都南郊老人庙。

　　这是一种很好的风俗。不但敬重老人，礼仪有加，并有饮食的供养，使老人没有晚年之虞，而且鸠为"不噎之鸟"，连老年人所常犯的病症也想到了。

**养老**
四川成都市郊曾家包汉墓出土。此为全石画面的中间部分。一位老人手扶鸠杖踞坐于棕树下，房内走出一人捧送粮食。

# 179　金胜

《宋书·符瑞志》曰：

金胜，国平盗贼，四夷宾服则出。

晋穆帝永和元年二月，春谷民得金胜一枚，长五寸，状如织胜。明年，桓温平蜀。

"胜"为强，胜利、制服，胜过、超过，优越、美好；对人而言则是胜人。"胜"是一种首饰，其质地有金胜、玉胜之分，其形式有方胜、华胜、人胜之分。汉代刘熙《释名·释首饰》曰：

华胜，华象草木华也，胜言人形容正等，一人着之则胜。蔽发前为饰也。◎王先谦补注："成蓉镜曰：《续汉书·舆服志》：'簪以瑇瑁为擿，长一尺，端为华胜。'孙楷曰：司马相如《大人赋》：'睹西王母，皓然白首，戴胜而穴处兮。'师古注：'胜，新妇首饰也，汉代谓之华胜。'《荆楚岁时记》云：'正月七日，镂金箔为人胜，以贴屏风，亦戴之头鬓，又造华胜以相遗。'"

就现有资料综合观察，所谓方胜为几何形的组合，华胜为花草形，人胜则为人（小儿）形。汉代以方胜为主。西王母戴胜不

左图：山东嘉祥县武氏祠画像石之"玉胜"图。原石已漶蚀不清，此为《金石索》木刻摹本。

上图、右图：为山东和四川画像石中之西王母戴胜和方胜图。

仅成为特点，并且罩上了一层神秘色彩。六朝时，既见有印砖花纹采用胜纹，也有用作首饰的金胜出土。后来方胜变成了两个菱形纹的套接，而是象征爱情了。

**方胜与铺首衔环**

1956年山东梁山县斑鸠店乡（今东平县斑鸠店镇）百墓山汉墓出土。原石为墓室门楣，中饰方胜。

**赠胜祝福**

重庆璧山出土石棺画像。

原画面蛇身者左右二人，即伏羲女娲，象征日月。此为伏羲，一手托日，一手持方胜。另有二人以复合成十字形的方胜相赠。

**双胜与双璧**

四川渠县出土画像砖。

由双胜和双璧组成画面，并衬以凤凰和鲤鱼，其吉祥的含义是明显的。

# 180　华平

　　华平是传说中的一种瑞草（嘉木），也作"华苹"。《太平御览》卷八七三引：

　　《祥瑞图》曰："双莲为苹。"又曰："华苹者，其枝正平，王者德刚则仰，弱则低。"又曰："王者政令均，则华苹生。"

　　《孝经援神契》曰："王者德至于地，则华苹感而生。"

　　《文选》张衡《东京赋》曰：

　　植华平于春圃，丰朱草于中唐。◎李善注："华平，瑞木也。天下平，其华则平。有不平处，其华则向其方倾。"

　　《宋书·符瑞志》曰：

　　华平，其枝正平，王者有德则生。德刚则仰，德弱则低。

　　汉章帝元和中，华平生郡国。

　　江苏徐州睢宁县九女墩汉墓出土的画像石中，在后室门额上刻有一块祥瑞图，高29厘米，宽116厘米。原石右端残缺，有一只动物看不出是什么。画面并列有祥云、麒麟、开花的仙草、华平、莲莆、长着似果盘的植物，其间还有两个羽人。其中的花卉仙草，花大叶茂，线条屈曲自然，极富韵律之美。汉画中表现花卉的题材不多，这一幅可说是最复杂，也是最写实的。有趣的是，与此相对照的是华平的造型，枝干横平竖直，甚至感到有点生硬，只是那一颗颗的果实呈圆形。由此可见，汉代的艺术家已能完全把握造型艺术的各种表现技巧，使用对比手法。这种华平，过去有的解释为"九枝灯"或"九华灯"。所谓"九华"或"九枝"，多是形容宫廷器物的绚丽多彩，以九言其繁多。既然为灯具，不论怎么想象，都不可能脱离现实灯具的特点，即点火照明的功能。当然，传说中的宝珠也会发光照明，但已不是"灯"，而是"珠"了。此物看不出灯的特点。根据画面的整体关系，我们认为其结构上的"其枝正平"，是符合瑞树"华平"之特征的。甚至可以联想，树旁的仙人采果和树下的猴、鸟相戏，都与此有关，也是一种艺术上的衬托和铺垫。

祥瑞图　江苏睢宁县九女墩汉墓出土。

仙人与华平　此图为上图的一部分。仙人采仙果，华平树下有猴、鸟相戏。

# 181　萐莆

　　萐莆是传说中的一种瑞草。萐也作"箑"，莆也作"甫""蒲""脯"。又名"倚扇""实间""倚萐"。它是想象中的自动风扇，只是长在王者的厨房里。

　　《太平御览》卷八七三引诸书曰：

　　孙氏《瑞应图》曰："萐莆，王者不征滋味，庖厨不逾深盛，则生于厨。一名倚扇，一名实间，一名倚萐。生如莲，枝多叶少，根如丝，转而生风。主于饮食清凉，驱杀虫蝇。舜时生于厨，又尧时冬死夏生，又舜时生于厨及阶左。"

　　《春秋潜潭巴》曰："君臣和，得道叶度中，则萐莆生于庖厨。"

　　《孝经援神契》曰："王者德至山陵，则阜出萐莆。"（宋均注曰：文典备，则萐莆应也）

　　《宋书·符瑞志》曰：

　　萐莆，一名倚扇，状如莲，大枝叶小，根根如丝，转而成风，杀蝇。尧时生于厨。

　　《三国志·魏书·高堂隆传》曰：

　　宫室之制，务从约节……清埽所灾之处，不敢于此有所立作，萐莆嘉禾，必生此地，以报陛下虔恭之德。

　　这是个很有趣的故事。但是，仅就谶纬而言，只能附会于尧舜，事实上任何王者都是做不到的。汉代时王充在《论衡·是应篇》中就提出过怀疑。他说："儒者言萐脯生于庖厨者，言厨中自生肉脯，薄如萐形，摇鼓生风，寒凉食物，使之不臭。夫太平之气虽和，不能使厨生肉萐，以为寒凉。若能如此，则能使五谷自生，不须人为之也。能使厨自生萐，何不使饭自蒸于甑，火自燃于灶乎！凡生萐者，欲以风吹食物也，何不使食物自不臭，何必生萐以风之乎？厨中能自生萐，则冰室何事而夏伐冰以寒物乎？人夏月操萐，须手摇之，然后生风，从手握持，以当疾风，萐不鼓动。言萐脯自鼓，可也，须风乃鼓，不风不动。从手风来，自足以寒厨中之物，何须萐脯：世言燕太子丹使日再中，天雨粟，乌白头，马生角，厨门〔木〕象生肉足。论之既虚，则萐脯之语，五应之类，恐无其实。"

揭穿其天人感应的虚伪，这是对儒者的谶纬之说有力的批判。然而，事过两千年，如果抛开谶纬的用心和目的，对照当时的图像看"萐莆"，却是一件绝妙的设计，它不就是当时的"电风扇"

萐莆
江苏睢宁县九女墩汉墓出土。此为原祥瑞图的一部分。萐莆之旁有羽人看守。

**蓬莆与麟凤**
1973年浙江海宁长安镇出土。
左凤凰，右麒麟，蓬莆居中。原
图在麒麟之后还有一小兽。

吗？只是没有解决"电"的动力。从后来的发展看，有一种在客厅中由人力拉动的风扇，也是在此基础上想象实现的。待到近代电动机的发明，才使真正的电风扇转动起来。由此看来，人的想象力是会超越现实的。

## 182　蓂荚

　　蓂荚是传说中的一种瑞草。又名"历荚"。它有记日的功能，可说是自动的"日历"。《太平御览》卷八七三引诸书曰：

　　孙氏《瑞应图》曰："蓂荚者，叶圆而五色，一名历荚。十五叶，日生一叶，从朔至望毕；从十六日毁一叶，至晦而尽。月小则一叶卷而不落。圣明之瑞也，人君德合乾坤则生。"

　　《尚书·大传》曰："周公辅幼主，不矜功，则蓂荚生。"

　　《白虎通》曰："王者考历，得其分度，则蓂生于阶。荚者，树名也。"

　　《宋书·符瑞志》曰：

　　蓂荚，一名历荚，夹阶而生。一日生一叶，从朔而生，望而止，十六日，日落一叶，若月小，则一叶萎而不落。尧时生阶。

　　王充在《论衡·是应篇》说："儒者又言：古者蓂荚夹阶而生，

蓂荚
山东嘉祥县武氏祠画像。有榜题，此为《金石索》木刻摹本。

蓂荚
山东嘉祥武氏祠画像。

月朔，日一荚生，至十五日而十五荚；于十六日，日一荚落，至月晦，荚尽。来月朔，一荚复生。王者南面视荚生落，则知日数多少，不须烦扰案日历以知之也。夫天既能生荚以为日数，何不使荚有日名，王者视荚之字，则知今日名乎？徒知日数，不知日名，犹复案历然后知之，是则王者视日，则更烦扰不省，蓂荚之生，安能为福？"王充所持的态度是否定的，我们当然也同意。但对这种不可能的事情却能发挥如此想象，如果不是用在谶纬上，而是用在其他的文化方面，说不定更能发人深思。

# 183  白虎·赤熊

谶纬的思想核心是"天人感应"和"王权神授",借以达到封建帝王统治的舆论宣传目的。据说,只要王者做得好,连那些凶猛的野兽也变得温驯了。

《宋书·符瑞志》曰:

白虎,王者不暴虐,则白虎仁,不害物。

汉宣帝元康四年,南郡获白虎。

汉章帝元和二年以来,至章和元年,凡三年,白虎二十九见郡国。

赤熊,佞人远,奸滑息,则入国。

宋文帝元嘉二十年十二月,白熊见新安歙县,太守到元度以献。

汉代画像石中的动物很多,其中的虎、熊也很多。但虎多为

白虎·赤熊
山东嘉祥县武氏祠之祥瑞图局部。此为《金石索》木刻摹本。

四神之一，常是龙虎相配，以及虎与猛兽相斗。熊则是扮演了方相氏的角色，也作为力大的象征。难以举出哪些是为王者而出现。山东嘉祥武氏祠的祥瑞图中，原有"白虎"和"赤熊"，因年代久远已泐蚀不清。现在所能看到的是清代道光年间刻版的《金石索》之摹印本。

**白虎**

1986年四川简阳董家埂乡深洞村鬼头山崖墓出土。有榜题"白虎"。

**熊与鱼**

山东微山县两城镇出土。熊的两边为铺首衔环，并组合了鱼，可能象征富裕，熊则是看守大门。

# 184　白象

汉代画像石中有"象"。从画面形象分析，这种庞然大物对当时的人而言，颇带有神秘的色彩。一方面是在它的前或后随有驯象者，说明它不易驯服；另一方面多人骑象可能在当时是件新奇的事，而象也同其他祥禽瑞兽聚在一起，当是作为瑞兽。

《宋书·符瑞志》曰：

白象者，人君自养有节则至。

宋文帝元嘉元年十二月丙辰，白象见零陵洮阳。

元嘉六年三月丁亥，白象见安成安复，江州刺史南谯王义宣以闻。

汉武帝元狩二年三月，南越献驯象。

越常，周公时来献白雉、象牙。

《初学记》卷二九引万震《南州异物志》曰：

象之为兽，形体特诡。身倍数牛，目不逾猪（猪），鼻为口役，望头若尾，驯良承教，听言则跪，素牙玉洁，载籍所美，服重致远，行如邱徙。

从以上所述可以看出，汉时在黄河流域虽然还能见到象，但已非常稀少。不仅象牙珍贵，还有外国进献驯象。人们视象为瑞兽，甚至有"象车"的传说。加之"象耕历山"的神话，无疑给象罩上了一层神秘的色彩。

**有翼象**
左图：山东费县潘家疃出土。
右图：山东安丘董家庄出土。

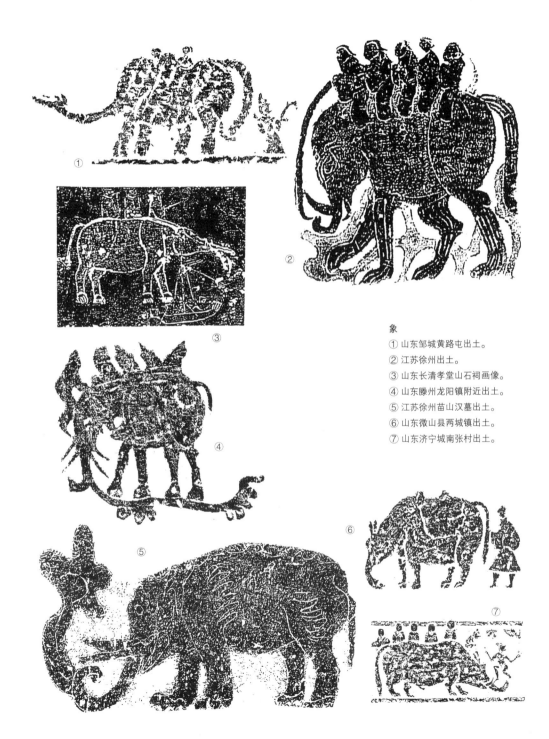

象
① 山东邹城黄路屯出土。
② 江苏徐州出土。
③ 山东长清孝堂山石祠画像。
④ 山东滕州龙阳镇附近出土。
⑤ 江苏徐州苗山汉墓出土。
⑥ 山东微山县两城镇出土。
⑦ 山东济宁城南张村出土。

# 185  鹄

鹄是一种水鸟，似雁而大，长颈白羽，亦即天鹅。所以庄子说："夫鹄不日浴而白。"（《庄子·天运》）但古籍文献中多称"黄鹄"，以其飞得高远而见称。

《神异经·西荒经》有"鹄国"：

西海之外，有鹄国焉，男女皆长七寸。为人自然有礼，好经纶拜跪，其人皆寿三百岁。其行如飞，日行千里，百物不敢犯之。唯畏海鹄，过辄吞之，亦寿三百岁。此人在鹄腹中不死，而鹄一举千里。

《太平御览》卷九一六引：

《西京杂记》曰："始元元年，黄鹄下太液池。上为歌曰：黄鹄飞兮下建章，羽肃肃兮行跄跄，金为衣兮菊为裳。自顾薄德，愧尔嘉祥。"

《广志》曰："黄鹄出东海，汉以其来集为祥。"

1983年出土的河南南阳王庄汉墓，在墓室的盖顶石上，刻着一片天空的画面：繁星点点，祥云缭绕，五只黄鹄展翅飞翔。这在汉朝被视为吉祥的征兆。

五鹄
河南南阳王庄汉墓出土。

# 186  鸡

在20世纪50年代，河北望都出土了一座汉墓，壁画中画着祥禽瑞兽，其中有鸡，并且旁边有榜题，曰："鸡候夜，不失更，信也。"因为"信"，鸡受到了人们的赞誉，视其为祥瑞。按照古代礼仪，工商界的人士所持的贽礼是鸡，即取意于"守时而动"。汉代以来，有所谓"鸡有五德"的美谈。出自《韩诗外传》，是韩婴借田饶之口所讲的一个比喻。文曰：

田饶事鲁哀公而不见察，谓哀公曰："臣将去君，黄鹄举矣。"哀公曰："何谓也？"田饶曰："君独不见夫鸡乎？头戴冠者，文也；足傅距者，武也；敌在前敢斗者，勇也；见食相呼者，仁也；守夜不失时者，信也。鸡虽有此五德，君犹日瀹而食之者何也？则以其所从来者近也。夫黄鹄一举千里，止君园池，食君鱼鳖，啄君黍粱，无此五德者，君犹贵之者何也？以其所从来者远也。故臣将去君，黄鹄举矣。"哀公曰："止！吾将书子之言也。"田饶曰："臣闻食其食者，不毁其器，阴其树者，不折其枝。有臣不用，何书其言为？"遂去之燕。燕立以为相。三年，燕政大平，国无盗

鸡立双阙
1986年四川简阳董家埝乡深洞村鬼头山崖墓二号石棺棺侧画像。

贼。哀公喟然太息，为之辟寝三月，减损上服。曰："不慎其前而悔其后，何可复得?"

这是一个很有教育意义的寓言故事。田饶的善辩和能干，哀公的失误和后悔，以及韩婴讲此故事的用心，都处理得非常恰当。所谓"外来的和尚会念经"，是常常会遇到的。

# 187　神鼎

相传夏禹之时，曾收集了九州之金铸成九鼎，遂以鼎为传国的重器。后来便称建立王朝或建都为"定鼎"。鼎也作为重要的礼器，在上面刻铸文字，铭记旌功或国家大事等。

《左传·宣公三年》：

昔夏之方有德也，远方图物，贡金九枚，铸鼎象物，百物而为之备，使民知神奸。

《宋书·符瑞志》：

神鼎者，质文之精也。知己知凶，能重能轻，不炊不沸，五味自生，王者盛德则出。

汉武帝元鼎元年五月五日，得鼎汾水上。

汉明帝永平六年二月，庐江太守献宝鼎。出王洛山。

在画像石上正面刻画获鼎的不多，只是少数当作神物。山东嘉祥武氏祠祥瑞图中有"神鼎"，可惜原石已渤蚀不清，仅清代刊印的《金石索》存有摹本。榜题曰："神鼎，不炊自熟，五味自生。"

神鼎
山东嘉祥县武氏祠画像。此为
《金石索》木刻摹本。

护鼎图

江苏睢宁县九女墩汉墓出土。原石画面，在鼎的两旁还有两头庞大的犀牛。

得鼎图

四川泸州大驿坝出土。可能是为了表示某次获鼎。

龙虎与鼎

四川宜宾公子山崖墓出土。鼎与璧组合在一起。

# 188　银瓮

瓮是一种容器，主要是盛水，也可盛粮食等。一般的瓮是陶制的，但也有银瓮、玉瓮。据说自然出现的银瓮、玉瓮还有特异的功能，古人视为祥瑞。

《太平御览》卷七五八引《孝经援神契》曰：

银瓮也，不汲自随，不盛自盈。

《宋书·符瑞志》曰：

玉瓮者，不汲而满，王者清廉则出。

山东嘉祥县武氏祠画像的祥瑞图中，原有银瓮的图像，可惜因年久已漫蚀不清。现据清代刊印的《金石索》摹本，可见其形，但榜题为："银瓮，刑法得中则至。"不知何据。

银瓮
山东嘉祥县武氏祠画像。此为
《金石索》木刻摹本。

# 189  平露

平露是一种瑞树的名称，一作"平路"。据说是衡量官员是否
称职及其政绩的。

《白虎通·封禅》曰：

王者使贤不肖位不相逾，则平路生于庭。平路者，树名也，
官位得其人则生，失其人则死。

孙柔之《瑞应图》曰：

平露者，如盖，生于庭，似四方之政平。王者不私人以官，
则四方之政平。

《宋书·符瑞志》曰：

平露，如盖，以察四方之政。其国不平，则随方而倾。

1973年浙江海宁长安镇出土的画像石中，有两块是以刻祥瑞
图为主的，其中所刻的"平露"，并不像树，而是画得像伞盖，可
能是因为书上说它"如盖"的缘故。

平露
浙江海宁长安镇汉墓出土。

# 190　嘉禾

　　我国古代以农业为本业。农作物的苗壮与否和生产的丰歉，直接影响着国计民生。所以，每当新年到来，要进行一系列的祈求丰收的活动。从皇帝的"劝耕""打春牛"到千家万户贴春联、放鞭炮，都是围绕着"五谷丰登"的主题。包括"风调雨顺""瑞雪兆丰年"这些吉语，也都是为了农业的兴旺。

　　所谓"嘉禾"，即生长得特别苗壮的禾稻，颗粒非常饱满，或是一茎多穗，古时认为是吉祥的象征。亦称"嘉谷"。在历代的谶纬活动中也是最多的。《太平御览》卷八七三引诸书曰：

　　孙氏《瑞应图》曰："嘉禾，五谷之长，盛德之精也。文者则二本而同秀，质者则同本而异秀。此夏殷时嘉禾也。"又曰："周时嘉禾，三年本同穗异，贯桑而生，其穗盈箱。生于唐叔之国，以献，周公曰：'此嘉禾也，太和气之所生焉，此文王之德。'乃献文王之庙。"

嘉禾　河南郑州出土空心画像砖印纹。

嘉禾
浙江海宁长安镇出土画像。

《书》曰:"唐叔得禾,异亩同颖,各一陇合为一穗,献之天子。王命周公作《嘉禾》篇。"

《尚书》中候曰:"嘉禾,茎长五尺,三十五穗。"

《礼含文嘉》曰:"神农作耒耜,天应以嘉禾。"又曰:"绥五车,明五礼,则五禾应以大丰(礼)。"

《礼斗威仪》曰:"人君乘土而王,其政升平,则嘉禾并生。"

《孝经援神契》曰:"王者德至于地,则嘉禾生。"

《白虎通》曰:"嘉禾者,太和之为美瑞者也。"

《晋征祥说》曰:"王者盛德则嘉禾生。嘉禾者,仁卉也。其大盈箱,一稃二米。国政质则同本而异颖,国政文则同颖而异本。"

《宋书·符瑞志》曰:

嘉禾,五谷之长,王者德盛,则二苗共秀。于周德,三苗共穗;于商德,同本异穗;于夏德,异本同秀。

汉宣帝元康四年,嘉谷玄稷,降于郡国。

汉章帝元和中,嘉禾生郡国。

**多穗嘉禾**

左图、右图：江苏睢宁县旧朱集村九女墩汉墓出土。

中图：山东滕州柴胡店镇辛店出土（嘉禾下有一鲤鱼）。

汉安帝延光二年六月，嘉禾生九真，百五十六本，七百六十八穗。（笔者按：此后所记数十起，并有嘉瓜、嘉瓠、嘉橘与二莲一蒂、安石榴一蒂六实者）

汉朝的王充认为，这是一种"诡异"现象。他在《论衡·讲瑞篇》中说："瑞物皆起和气而生，生于常类之中，而有诡异之性，则为瑞矣。……嘉禾生于禾中，与禾中异穗，谓之嘉禾。"这种看法是唯物的。

# 191  芝草

芝草是一种菌类植物，古人早已认识它的药用价值，将其视为瑞草，所以也称作"灵芝"。另外还有被称作"芝英"的，据说就是灵芝的花，也被视作祥瑞。

《太平御览》卷八七三引诸书曰：

孙氏《瑞应图》曰："王者慈仁，则芝草生。食之令人延年。"又曰："王者宠近耆老，养有道，则芝英生。"

《孝经援神契》曰："王者德至于草木，则芝草生。"

《白虎通》曰："王者德至于山，则芝实茂。"

《瑞令记》曰："食芝延年不终，与真人同。"

《宋书·符瑞志》曰：

芝草，王者慈仁则生。食之令人度世。

神芝（原题"扶桑树"）
四川新津宝子山出土。芝盖形似，可能是想象的树状神芝。

芝英者，王者亲近耆老，养有道，则生。

灵芝有很多种，因其药用价值，对人体能起滋补作用，成为将其神秘化的基础。所谓"带之辟兵，服之神仙"，便是明显的证明。李时珍《本草纲目》第二十八卷："时珍尝疑：芝乃腐朽余气所生，正如人生瘤赘，而古今皆以为瑞草，又云服食可仙，诚为迂谬。……又方士以木积湿处，用药敷之，即生五色芝。嘉靖中王金尝生以献世宗。此昔人所未言者，不可不知。"

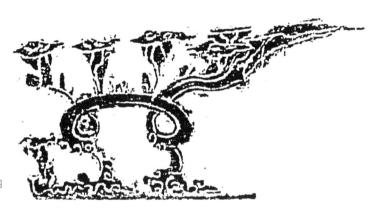

芝草
浙江海宁长安镇出土祥瑞图局部。

灵芝纹（原题"柿蒂纹"）
四川泸州大驿坝出土石棺棺盖装饰。灵芝好像云朵，又像后来发展的"如意"。类似这样的花纹，不知在汉代叫什么名称。
铜镜上的"柿蒂纹"是后人定名的，到唐代才有"柿蒂绫"出现。将这样大的花纹刻在棺盖上，必然有其寓意，而从其形状特点，以称"灵芝纹"更为合适。

## 192　明月珠·地珠

　　古人重珠，爱珠。珠有蚌珠、玉珠和"三珠树"上长的宝珠等，当然，这后一种只出现在神话中。珠因各种神话传说而增添了几分神秘感。例如著名的"隋侯之珠"，便有一个故事。《淮南子·览冥训》曰：

　　譬如隋侯之珠，和氏之璧，得之者富，失之者贫。◎高诱注："隋侯，汉东之国，姬姓诸侯也。隋侯见大蛇伤断，以药傅之，后蛇于江中衔大珠以报之，因曰隋侯之珠，盖明月珠也。"

　　关于"三珠树"，《山海经·海外南经》曰：

　　三珠树，在厌火北，生赤水上，其为树如柏，叶皆为珠。一曰其为树若彗。◎郝懿行案："《庄子·天地篇》云：'黄帝游乎赤水之北，遗其玄珠。'盖本此为说也。树生赤水之南，故陶潜《读山海经》诗云：'粲粲三珠树，寄生赤水阴。'阴，谓水南也。"

　　关于蚌珠、明月珠等，《太平御览》卷八〇二及八〇三引诸书曰：

　　《说文》曰："珠，蚌之阴精也。"

　　《韩诗外传》曰："良珠度寸，虽有百仞之水，不能掩其耀也。"

蚌生明珠·石函·地珠
浙江海宁长安镇出土祥瑞图
局部。

　　《管子》曰："珠者，阴之阳也，故胜火。玉者，阳之阴也，故胜水。其化如神。故天下藏珠玉，诸侯藏金石。"

　　东方朔《神异经》曰："西北荒中，有二金阙。上有明月珠，径三丈，光照千里。"

　　《三秦记》曰："始皇冢中以夜光珠为日月，殿悬明月珠，昼夜光明。"

关于明月珠、地珠等,《宋书·符瑞志》曰:

明月珠,王者不尽介鳞之物则出。

汉高后景帝时,会稽人朱仲献三寸四寸珠。

汉章帝元和中,郡国献明珠。

地珠,王者不以财为宝则生珠。

讲故事必然要有夸张,但过分夸张也会失其光彩。像直径三丈的明月珠,能光照千里,恐怕只有东方朔才说得出口。《说苑》中讲了一个故事:墨子对禽滑釐说,在灾荒的"凶年",有人拿了一钟(容量器)粟(小米),换你的"隋侯之珠"。也就是说,要珠不要粟,要粟不要珠,你选择什么呢? 滑釐说:"粟。"墨子说:"可取也。"

水神出行　山东邹城南落陵村出土。这是西汉晚期的一块画像石,当在公元前后几年。原石上刻有三个画面,此为《水神出行》图。"龙车"无车,是用龙的双唇托着乘车者;三鱼驾车,人鱼导行,伞盖是两条鱼;随行者骑一兽,双手各持一竿照明物,竟是两颗放光的明珠。

# 193  玉英·玄圭

在中国的传统文化中，"以玉比德"，将这种美石赋予最高的品格。子贡曾问师于孔子，君子为什么"贵玉而贱珉"，是不是因为珉石多才贱、玉石少而贵重呢？孔子说："夫玉者，君子比德焉。"接着他举了七个方面，这就是古人所说的"玉有七德"：

温润而泽，仁也。（温厚而光润，有仁德。）

栗而理，知也。（慎密而有序，有理智。）

坚刚而不屈，义也。（坚强而不屈，有义气。）

廉而不刿，行也。（有棱角而不伤人，行有度。）

折而不挠，勇也。（可折不可弯，有勇武。）

瑕适并见，情也。（瑕疵与美好并见，有真情。）

扣之，其声清扬而远闻，其止辍然，辞也。（敲击声清脆远扬，戛然而止，辞果断。）——见《荀子·法行》

所以，孔子说："虽有珉之雕雕，不若玉之章章。"——虽然珉石雕刻着精美的花纹，但不如玉的素质明显。这是以玉比德，"君子必佩玉"的原因。

《宋书·符瑞志》曰：

玉英，五常并修则见。（笔者按："五常"亦称"五教"，指五种封建伦理道德，即父义、母慈、兄友、弟恭、子孝）

玄圭，水泉流通，四海会同则出。

所谓"玉英"，即"玉之精华"，据说吃玉英可以长寿。《楚辞》屈原《九章·涉江》："登昆仑兮食玉英，与天地兮同寿，与日月兮同光。"圭是古代帝王、诸侯举行隆重仪式时所用的玉制礼器。"玄圭"黑，代表天色。据说"禹功尽加于四海"，尧便是赐玄圭以彰显其功。

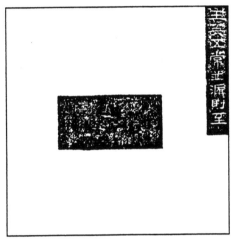

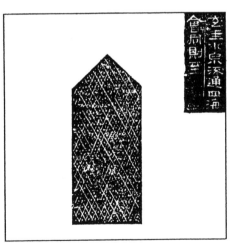

玉英·玄圭
山东嘉祥县武氏祠祥瑞图。均为
《金石索》木刻摹本。

# 194　璧·璧琉璃

　　"璧"为玉制，在古代被视为重要的礼器。"和氏之璧"与"完璧归赵"的故事都脍炙人口。

　　《初学记》卷二七曰：

　　墨子曰：和氏之璧，夜光之珠，三棘六异，此诸侯之良宝者也。

　　《韩非子·和氏》曰：

　　楚人和氏得玉璞楚山中，奉而献之厉王。厉王使玉人相之，玉人曰："石也。"王以和为诳，而刖其左足。及厉王薨，武王即位，和又奉其璞而献之武王；武王使玉人相之，又曰："石也。"王又以和为诳，而刖其右足。武王薨，文王即位，和乃抱其璞而哭于楚山之下；三日三夜，泪尽而继之以血。王闻之，使人问其故，曰："天下之刖者多矣，子奚哭之悲也？"和曰："吾非悲刖也，悲夫宝玉而题之以石，贞士而名之以诳，此吾所以悲也！"王乃使玉人理其璞而得宝焉，遂命曰"和氏之璧"。

玉璧　浙江海宁长安镇出土祥瑞图局部。

　　《太平御览》卷八〇六引诸书曰：

　　《说文》曰："璧，瑞玉环也。瑗，大孔璧也；璜，半璧也。"

　　《尔雅》曰："肉倍好谓之璧，好倍肉谓之瑗。"（笔者按：璧与瑗都是圆片形。其中心的洞叫作"好"，好之外的边叫作"肉"。肉的宽度成倍于好的直径为璧，反之为瑗）

　　《礼记·礼器》曰："束帛加璧，尊德也。"

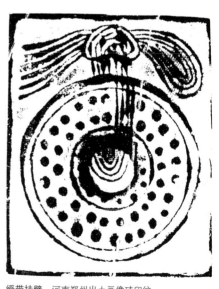

绶带挂璧　河南郑州出土画像砖印纹。

《抱朴子》曰："景帝时，戍将广陵掘冢，有人如生，棺中有云母厚丈许，白璧三十枚以籍身。"

《宋书·符瑞志》曰：

璧琉璃，王者不隐过则至。

关于"璧琉璃"，是否就是琉璃璧呢？山东嘉祥武氏祠画像的祥瑞图中，确实画了一块璧，榜题刻为"璧流离，王者不隐过则至"。然而据有关文献说，"璧琉璃"是一种宝石，亦即钻石。《汉书·西域传》："（罽宾国）出……珊瑚、虎魄、璧流离。"颜师古注："此盖自然之物，采泽光润，逾于众玉，其色不恒。"璧琉璃的"璧"字，是梵文的译音，也写作"毗"，并非礼器之玉璧。在佛经中璧琉璃也译作"吠琉璃"。唐代慧琳《一切经音义》一引《大般若波罗蜜多经》四九："梵语宝名也，或云毗琉璃，或但云琉璃，皆讹略声转也。……其宝青色，莹彻有光……非是人间炼石造作焰火所成琉璃也。"由此看来，存在两种可能：一是汉代时已有用人工制作的琉璃璧，沿用了"璧琉璃"的名称；二是"璧琉璃"在当时是个新鲜词，因为有个"璧"字，就认为当是璧的一种。于是，不仅出现在画像石上，并且也载入"史册"了。

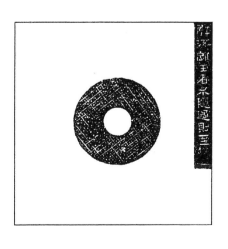

**璧琉璃**
山东嘉祥县武氏祠画像祥瑞图之一。此为《金石索》木刻摹本。

# 195  龙穿璧

　　人们的想象力是很丰富的。人站在大地上，抬头望天，低头看地，本是很自然的事，可是却想出了天堂和地狱。于是，又想出了天上的神仙世界和地下的鬼魂之域。按照善恶的因果观念，善者会升天，恶人入地狱。所以，自古以来，人死后都想进入天堂。据说那是一个幸福美好的极乐世界。

　　在汉代画像石中，表现门阙的画面很多。这是古代官庙和墓门所立的双柱式建筑，建有飞檐斗拱，气势雄伟。在阙前还有门吏和亭长，以及持帚清扫的人，骑马的信使也经常出现在阙前。以往的解释，多认为这是墓主人的一种炫耀，表示他生前和死后的气派。1986年四川简阳董家埂乡深洞村鬼头山崖墓出土的三号

天门
四川简阳董家埂乡深洞村鬼头山
崖墓出土三号石棺画像。

石棺，在右侧的一面，刻着一座石阙，其上有榜题刻着"天门"二字。这是个很重要的信息，告诉我们是上天之门。因此，升天的路径明确了。

人死后怎样才能上天呢？即使想象，也应想得周到些。

长沙马王堆一号汉墓出土的一件"T"形帛画，原是出殡时的招魂幡。在画面的中部画着墓主人，由两条长龙穿璧托起。它清楚地表明了升天所具备的两个条件，一是乘龙，二是苍璧。

人要升天，虽然知道了天门的所在，但没有长翅膀，靠什么飞升呢？很明显，必须借助外部的力量。道教有所谓"乘蹻"者，即是凭借"蹻"的助力来飞行。《抱朴子·杂应》说：

> 若能乘蹻者，可以周流天下，不拘山河。凡乘道蹻有三法：一曰龙蹻，二曰虎蹻，三曰鹿卢蹻。

所谓"三蹻"，实际上是把龙、虎、鹿当作三种不同功能的"脚力"。三者中以"龙蹻"为上，据说驾着它不仅能够上天入地，而且在行进中一切邪魔鬼怪都不敢靠近。这就为升天创造了一个重要条件。

按照古代礼仪，初次求见人时有所谓贽礼，也就是送礼物，尤其是初见尊长，必须以此表示贽敬。譬如画像石上有不少《孔子见老子》的画面，孔子的手中便捧着一只大雁。《左传·庄公二十四年》说："男贽，大者玉帛，小者禽鸟，以章物也；女贽，不过榛、栗、枣、脩（干肉），以告虔也。"那么，对于死者来讲，升天时应带什么礼物呢？那就是"苍璧礼天"。《周礼·春官·大宗伯》曰：

> 以玉作六器，以礼天地四方：以苍璧礼天……

苍璧，是浅青色的玉璧。其形外圆，内有孔，以其圆象天，故用以礼天。这是升天的第二个条件。有了以上两个条件，人们想象上天，也就顺理成章了。因此，在这一前提下，龙与璧的组合，所产生了"龙穿璧"，也是很自然的了。

　　画像石是种艺术。艺术的语言和表现手法有自身的规律。当用具象的形式表现"龙穿璧"的时候，尽管两者套接在一起，可说是不难理解的。甚至会感到有一种特别的意味，否则就松散了。可是，艺术也会想象，以致插上翅膀飞翔。由具象到抽象虽然距离很远，然而，一旦有了具体的依托，形成了社会的共识，即所谓"约定俗成"，也就成为一种"符号"式的表现。"璧"可以是个简化了的圆环，而"龙"也可以成为一条斜线。由写实的二龙穿环，到两条斜线与圆环的套接，在形式上也就拉近了。这样便构成了一种装饰，而将原来的内容寓意其间，形式的美感加强了。人们只需画出斜线和圆圈的穿插，就知道表现的是什么意思。在

龙与璧
江苏睢宁县双沟镇出土画像石。

二龙穿璧
河南南阳方城县城关镇出土画像砖。

二龙穿璧
江苏徐州铜山韩楼村出土画像石。

抽象化的二龙穿璧（同上）。

图案学上，由二方连续到四方连续的发展，是很自然的一种演绎。由此，"龙穿璧"便形成了一个变化很大的形式系列。

1986年山东平阴县新屯村出土的一块早期的画像石，属于西汉时期。画面的左半部刻画一座厅堂，楼上有一人凭几，楼下有五个侍女忙碌，厅外有一辆车。右半部画了斜线穿圆环的连续纹，像是一张棋盘。有趣的是，刻画者可能担心观者不明其中的寓意，又在左上角腾空飞进一条龙来。龙身细长，与斜线相仿佛，其用意是很明显的。因此，我们产生了一种估计，这种斜线穿圆环式的"龙穿璧"，虽然在战国时期的漆器灵床上已经出现，但在汉代画像石的早期还不多。刻画者的用心是可以理解的。

在江苏徐州贾汪子房村征集到的一块画像石，原来可能是用作祭坛的。整体画成斜格式的"龙穿璧"，中间摆了三个鱼盘，各盛

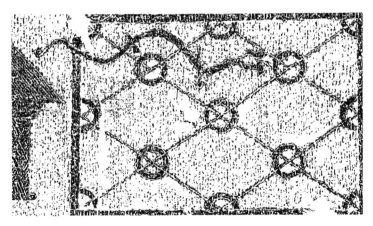

**龙穿璧**
山东平阴县新屯村出土。

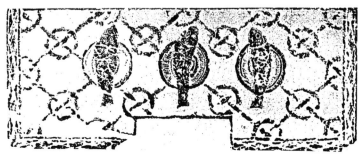

**三个鱼盘**
江苏徐州贾汪子房村征集。

一条大鱼。这是祭祀谁呢？当然是墓主人，也包括"龙跻"。

　　四川长宁县的崖墓洞中，其中的六号洞壁上刻着一个画面，也是类似棋盘，原题作"钱币纹"。其实是"龙跻"穿壁升天了。你看那在上边盘旋的四只鸟儿，不是正与其做伴吗！

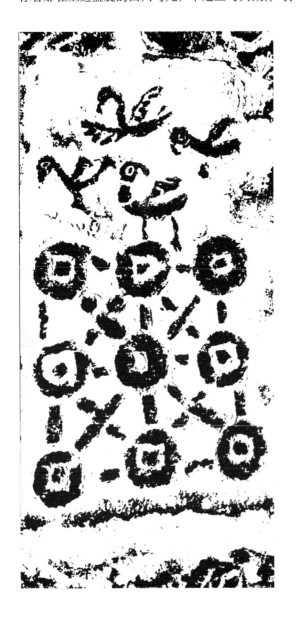

四只飞鸟
四川长宁县六号崖墓洞壁画像。

## 196　杯纹

　　汉代画像石和画像砖上的菱形花纹很多，有单独的，也有连续的，但在菱形的钝角上做复合配置的不多，仅在河南南阳出土的画像砖上见到一例。这种花纹在汉代叫作"杯纹"。

　　汉代刘熙《释名·释采帛》曰：

　　绮，欹也。其文欹邪，不顺经纬之纵横也。有杯文（纹），形似杯也；有长命，其彩色相间，皆横终幅，此之谓也。言长命者，服之使人命长。本造者之意也。

　　这种花纹在汉代的丝织品上很多，由此可知，寓有长命的含义。直到唐代，据说太子纳妃，还有"七采杯文绮被""绛石杯文绮被""七采杯文绛袴""长命杯文绮裤"等。这种花纹为什么称作"杯纹"呢？因为它与当时的耳杯形状相似。

　　耳杯是一种饮器，主要用来饮酒，或盛羹一类的汤浆。形状椭圆，两侧各有一耳，为的是便于用手拿。耳杯亦称"羽觞"，据说最早的样式为鸟雀状，两耳如两翼，古人饮酒时还插上羽毛，促人速饮。耳杯多为漆器或铜器，圆滑没有棱角，但"杯纹"呈菱形，二者只是形似而已。

杯纹　河南南阳方城县城关镇出土画像砖。

# 197　规矩纹

　　规和矩，本是常用的两种工具，即画圆的圆规和画方的方尺（曲尺）。因为它可以校正圆形和方形，所以《礼记·经解》曰："规矩诚设，不可欺以方圜。"《孟子·离娄》曰："离娄之明，公输子之巧，不以规矩，不能成方员（圆）。"（笔者按：离娄即离朱，传说古代的明目者，"能视于百步之外，见秋毫之末"。公输子即鲁班，古代著名的工匠，历代木工都尊他为"祖师"）

　　由工具的规矩进而成为行为的规则和礼法，引申为人的言行正派、老实。在汉代的造型艺术中，规矩形成了"L""T"形的两个符号。在铜镜的装饰上，有"规矩纹镜"。在画像石中，规矩被分别持在伏羲、女娲的手中，既是这两个始祖的特殊标志，也象征着创造人类和规划社会。

　　用作装饰的规矩纹，是几何形化了的，特别是四方连续的结构，已经交错得很复杂。在这一基础上，以后便产生了"万字流水"的结构。

规矩纹（四方连续）　河南南阳方城县城关镇出土画像砖。

# 198　瓜叶圆包纹

瓜叶圆包纹　山东嘉祥县宋山村出土。

1980年山东嘉祥县宋山村出土了一批画像石，其中有数块刻着四面均齐的几何形图案。中间圆形隆起，四面作叶形放射，每个叶瓣中刻有盘结不断的几何纹，周围的空间还有鱼和羽人等。原石是盖在墓顶的，图案曾题作"八瓣莲纹"。从各地出土的画像石看，确有莲瓣纹的花纹，但此画面不像是莲花纹。经查考，它的正式名称应该叫"瓜叶圆包纹"。

山东临沂晒米城前村出土的画像石墓，刻有东汉元嘉元年（151）的长篇题记，长达328字。主要记述修墓的经过和画像石的内容。其中说：

堂盖慾好，中瓜叶，上圆包，末有鱼。（其中的"瓜、叶"为缺笔字，"圆"字缺损，"鱼"字写作"旺"）

意思是说：墓顶盖石刻的样子很好看，中有瓜叶，上有圆包，叶的末端有鱼。从叶瓣上盘结不断的几何形纹看，颇有"绵绵瓜瓞"的意味，而那盘结的几何形正是后来"百吉图"的基础。

瓜叶圆包纹　山东肥城北大留村出土。

## 199　垂幛反月纹

一个民族深厚的文化底蕴，不仅表现在一些主要的艺术上，同样也在许多地方显现出来。就装饰而论，有些简单的几何形边饰，不过是圈圈点点，然而，不仅要组合得好，并且要起一个好名字。所谓"垂幛反月纹"，就是半圆形（或半圆弧）的接圆连缀，经过加饰，而像垂幛和倒挂的月牙，烘托出一种气氛。它可以作为大幅画面的边框，使其更加精彩。

山东嘉祥县宋山村出土的永寿三年石刻题记，有462字，记述了墓主的身份、死因、建祠经过，也提到了画像石的雕刻者王叔、王坚、江胡、栾石等。他们都是附近高平的著名工匠，题记说他们在艺术技巧上"琢砺磨治，规矩施张，搴帷反月，各有文章"。

这里的"搴帷"，就是指将帷帐撩起，亦即指垂幛纹。对照画像石的图像观察，垂幛纹是半圆形连缀下垂，在接圆之间多添饰线纹，表示带结；反月纹则是半圆连缀后一律朝上，形成一条平线。

汉画像石上常见的垂幛反月纹

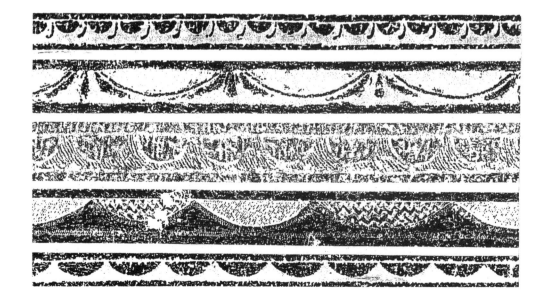

# 200　绶带纹

"组"是用彩丝编成的绳子。

"绶"是用彩丝织成的带子。

古代常将"组绶"连称。历代的帝王、诸侯、大夫、士佩玉为饰,系玉的绳带称组绶。《礼记·玉藻》曰:

天子佩白玉而玄组绶,公侯佩山玄玉而朱组绶,大夫佩水苍玉而纯(丝)组绶,世子佩瑜玉而綦(青黑色)组绶,士佩瓀玟而缊(旧絮乱麻)组绶。

汉代的官员有佩印的规定,而印用组。所以,"组"也就引申成为官印或作官的代称。去官则称"解组"。绶也是系官印的,并且因等级不同,所系印章的质地和绶的颜色也不同。印章有金印、银印、铜印的区别,绶带也有黄、红、紫、绿和黑等色,都有严格的规定,是不能随便乱用的。山东临沂晒米城前村出土了元嘉元年画像石墓。此墓所出的石刻题记很长,其中有一句话表现了当时的吉祥语:

其当饮食,就夫仓,饮江海。学者高迁宜印绶。

这是对墓主人的表示。意思是说,在那里饮食毫无问题,吃的有庞大的粮仓,饮的有江海之水。所谓"学者高迁宜印绶",是预祝的吉语,意思是说他的后辈将来能够学业卓著,有朝一日高升大官,身上系着绶带官印,可请他放心。

画像石中表现绶带的画面很多。很多祥禽都在颈上挂着绶带,或在嘴上衔着绶带。铺首衔环本是大门的标志。铺首表示镇宅辟邪,门环为实用,可是也常在门环上系着绶带。这种做法,是否有意炫耀家族的荣誉呢?

　　本是一条用丝线编织而成的绳带，却变成了地位显赫的象征。不在事物本身，而是文化的底蕴所起的作用。因此，人们不仅以物寄寓，并且直接画成编结式的条状图案，用作装饰。有一块画像石的作者很有趣，可能担心别人看不出绶带纹的寓意，索性将那编得颇有规律的图案两端扎结起来，让它留着"毛"头，以便明白告诉人们，这不是一般的装饰花纹，而是象征着尊贵的绶带。

　　各种迹象表明，"绶"与"寿"谐音，因此，那绶带也带有长寿的寓意，并在后来有了发展。

绶带纹
①② 山东诸城前凉台村出土。
③ 山西离石马茂庄出土。
④⑤ 山东临沂吴白庄出土。
⑥ 山东诸城前凉台村出土。
⑦ 山东嘉祥县武氏祠画像石。

# 201　立官桂树

　　在汉代流行的传说故事中，有两棵很有趣的"树"，它们不是长在大地上，而是长在人们的心目中，表现在造型艺术上，这就是"摇钱树"和"立官桂树"。它们是作为一种社会意识形态而产生的，反映了当时的发财思想和做官思想。

　　"摇钱树"多是用青铜铸成。其形式先是一片一片地铸造，镂空而为成串的铜钱，上面也有仙人如西王母、羽人和龙等；然后再焊接起来，高可达一米左右。汉代的这种摇钱树多出自西南地区，以四川最为多见。在画像石上却很少见到。四川简阳崖墓石

立官桂树
1980年山东嘉祥县宋山村出土。
此树在一座大建筑之旁，有射者。建筑内的主人正接受来者跪拜。

棺画像上刻有"柱铢"，虽有榜题，但刻画粗简，有人认为即摇钱树（见本书414页）。

立官桂树　山东嘉祥县武氏祠画像。

在各地出土的汉代画像石中，多刻有一种将树枝编连起来的大树。树冠很大，树上有鸟和鸟巢，或有猴子以及祥禽、羽人等。树下有人和车马，有的人在弯弓射鸟。过去多将此树解释为"连理树"或"扶桑树"，实际上应为"立官桂树"。

1972年，内蒙古和林格尔出土了一座东汉墓。墓室为砖构墓，有墓门、前室、中室、后室及三耳室，各室都画有壁画（见《文物》1974年第1期）。其中，在后室北壁的左方，画有一幅《立官桂树》图。画面的下部为门阙和楼阁，后面是一棵大树，有两人在树下弯弓射鸟。在树下近干之左，写有四个隶书小字，曰"立官桂树"。这幅画虽然不是画像石，画得也较潦草，没有明显的枝干交错，但从整体观察，它与画像石的某些画面是很相似的，特别是射鸟者与树的关系。因此，我们认为，这种树被称为"立官桂树"，其寓意是为了升官，而射者也非一般射鸟，而是具有象征性的，是在猎取"功名"。

在汉代，国家引荐人才和选拔官员，还没有实行科举制度，而是由地方三老进行推荐，叫作"举孝廉"。当时做官的主要标准，一是"孝行"，二是"廉洁"。因此，汉代的厚葬之风虽然原因很多，其中也与举孝廉有着不同程度的关系。甚至有人为了表现"孝心"，故意做出一些奇怪行动，闹出笑话来。

山东微山县两城镇出土的一块画像石，画面主体是一棵大树，树上有羽人、凤鸟、人首鸟和一般飞鸟；树下有二人张弓仰射，一女子牵马。画面上有六处榜题，鸟为"蜚鸟""乌生"和"山鹊"。人为实名。两个射箭的叫"长卿"和"伯昌"，牵马的女

**立官桂树**

山东微山县两城镇出土。画面上有六处榜题，鸟为"蜚鸟""乌生"和"山鹊"。人为实名：两个射箭的叫"长卿"和"伯昌"，牵马的女子叫"女黄"。在画面边框之外的右边刻有两行文字的题记。

子叫"女黄"。除此之外,在画面边框之外的右边刻有两行文字的题记,虽然有的字已剥蚀不清或辨认不识,但大意是可以了解的。即是说:东汉永和二年(137)九月二日,他们住在第乡广里,姊弟四人,夭折了一个,父母也相继去世了。但家中钱财还能自足。为思念父母弟兄,做了这个"小食堂"(祠堂),传于后代。石工为刑蜆、兴昭等,价值上万。这是大意。事隔一千八百多年,人们不禁要问:既然是三姐弟纪念父母,为什么要刻"长卿"和"伯昌"射鸟呢?而"女黄"又为何牵着一匹马呢?

我们推测,在建立这个小祠堂时,他们的岁数不会太小了,"长卿"和"伯昌"不至于还停留在顽皮的年龄,而最难解释的是

立官桂树  山东微山县两城镇出土。

"女黄"的牵马，展示在父母的墓前有什么意义呢？可能的答案
是，他们要争取"举孝廉"。也就是说，"长卿"和"伯昌"所射
的，不是实在的鸟，而是由鸟所象征的功名；而他们的姐姐"女
黄"，经过多年的辛苦，带领两位弟弟长大，将要出人头地，正要
送他们高升。这一切，包括修祠堂在内，正是在他们父母的墓前，
可以告慰的了。

"立官桂树"的"立官"就是升官，做官；"桂树"也就是
"贵树"，因为"桂"与"贵"谐音。从另一方面看，桂树自古以
来就被人们所重视。《山海经》说"桂林八树"而成林，《淮南子》
说"月中有桂树"，汉武帝建"桂宫"而藏四宝，世称出类拔萃为
"桂林一枝"。科举制度实行之后，桂树更是同考试登第联系起来，
称作"折桂"，名入"桂籍"。"桂子月中落，天香云外飘。"读书
人所追求的"仕途之路"，在这里找到了一种精神的寄托。

## 202 铺首衔环

农耕文化的历史进程中，"家"是很重要的一种形式。每人都有一个家，无数个家组成了社会。因此，中国古人的家和家族观念较强。不仅爱护家、维护家，而且要通过自己的努力光宗耀祖，振兴门庭。

从造型艺术上可以看出，人们为了爱护家和维护家，多强调圆满、富贵、合家欢乐；而为了达到这一目的，又从相反的方面强调辟邪、消灾、合家平安。为了保平安，除了靠人力之外，在观念意识上几乎动用了所有的神灵祥兽，而且都是从大门开始。

首先是门神，除此之外又请来了各种猛兽。就像后来的石狮子把门一样，它们对自己人是温驯的，但对外人则是凶猛的。大门的门环本是实用之物，方便于开闭，出于观念上的安全感加了一个"铺首"。铺首是门环的底座，可是，一旦把这底座变成了兽头，让它衔着门环，便增强了安全的意味，从仪表上看也更加威严了。

司马相如《长门赋》："挤玉户以撼金铺兮，声噌吰而似钟音。"

傅毅《舞赋》："黼帐祛而结组兮，铺首炳以煇煌。"

门扉上的铺首衔环
山东兰陵县晒米城前村出土。门扉半启，似有贵宾驾临。

铺首衔环挂绶带
① 山东诸城前凉台村出土。 ② 江苏睢宁县九女墩出土。
③ 山东临淄石鼓村出土。 ④ 山东临沂吴白庄汉墓出土。
⑤ 山东昌乐县三冢子村出土。 ⑥ 与④为对称的两石。

　　这都是对铺首衔环的描写。那么，这铺首之"首"又是什么
动物呢？无论从文献还是其形象来看，并非实指。也就是说，它
是一种艺术的概括，是集勇武、凶猛的动物于一身而塑造的一个
最厉害的形象。它有炯炯有神的眼睛、锋利的獠牙、嗅觉灵敏的
鼻头、竖立的大耳、坚硬的鬃毛，如虎似狼，像狮似豹。总之，
是人们想象的一种内慈外凶的形象。有这样的铺首衔环，门户还
不安全吗？

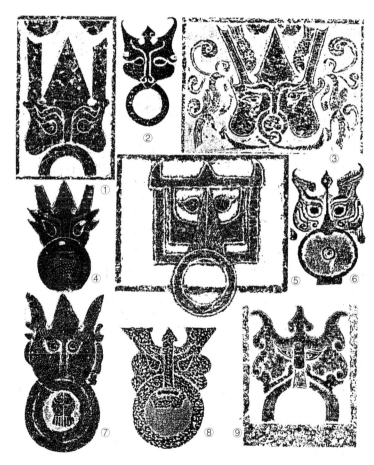

铺首衔环
① 山东滕州官桥镇后掌大村
　　出土。
② 河南南阳市妇幼院出土。
③ 江苏徐州铜山白集村出土。
④ 山东梁山县后集村出土。
⑤ 山东枣庄临山出土（西汉
　　时期）。
⑥ 河南郑州出土画像砖。
⑦ 山东泰安大汶口出土。
⑧ 河南唐河县湖阳镇出土。
⑨ 山东蒙阴县垛庄镇出土。

## 203  投壶

投壶是古人宴饮之间进行的一种游戏活动。有特制的壶，按照一定规则，宾主依次投矢其中，中多者为胜，负者饮酒。

投壶由射礼演变而来，既是游戏也一种礼仪，先秦时即已流行。《礼记》中专有一篇《投壶》，记述投壶的过程、规则、礼仪等细节。

《礼记·投壶》说："投壶之礼：主人奉（捧）矢，司射奉中（盛算筹之器），使人执壶。主人请曰：'某有枉矢哨壶（不直的箭、不正的壶），请以乐宾。'宾曰：'子有旨酒嘉肴，某既赐矣，又重以乐，敢辞。'主人曰：'枉矢哨壶，不足辞也，敢固以请。'宾曰：'某既赐矣，又重以乐，敢固辞。'主人曰：'枉矢哨壶，不足辞也，敢固以请。'宾曰：'某固辞不得命，敢不敬从。'"

这是"投壶之礼"的开头。其中的"司射"，本是主持射礼的，因投壶也属于射一类的事，所以司射亦主持投壶之礼。

投壶　河南南阳出土画像石。

## 204  六博

六博是古代的一种博戏，亦作"陆博"，汉时很流行。共十二棋，六黑六白，由两人相搏，每人六棋，故名"六博"。据说局分十二道，两头当中术语称"水"，放"鱼"两枚。博时先掷"采"，后行棋，棋行到处，则入水食鱼，也称牵鱼。每牵一鱼得二筹，每翻一鱼得三筹，得筹多者为胜。笔者不谙棋艺，但看画像石的六博画面，好像对局颇为紧张。得胜者高扬一臂，非常激动。失利的一方摊开双手，表现出无可奈何的样子。

类似这样的画面各地都有，可能六博在当时被认为是品位较高的一种活动。有的人从远地驾车而来，朋友相见，相对而饮，不一会儿便进行六博的对弈。不但他们乐此不疲，甚至推想神仙也是如此。在四川新津崖墓画像中，仙人们对此也是兴致勃勃。

六博
上图：江苏沛县古泗水出土。下图：江苏邳州庞口村出土。

仙人六博
　上图为男仙人六博，下图为女仙人六博，均为四川新津崖墓画像。

# 205  藏钩

藏钩是汉代的一种游戏。所藏之钩为玉钩等小物件。亦称"藏彄 (kōu)"，彄即指环之类。其后，名称与实际内容有了变化。

游戏的做法是，有人将某种小物件攥在手里，让另外的人猜，猜中为胜。《荆楚岁时记》说，在过年之前，十二月初八腊祭以后，一些老人和儿童各自结合成伴，分成两组，进行藏彄的游戏。并云《辛氏三秦记》："以为钩弋夫人所起。"

钩弋夫人为汉昭帝母、汉武帝夫人。《太平御览》卷一七引《辛氏三秦记》说"昭帝母钩弋夫人手拳而国色，帝披之得钩"。于是，以后演绎成"藏钩之戏"。

唐代诗人李白《宫中行乐词》："更怜花月夜，宫女笑藏钩。"

藏钩
四川新津崖墓画像。

## 206 建鼓

汉代画像石中的乐舞图很多，它是富者享受、作乐的重要内容之一。在当时，音乐、舞蹈和杂技甚至是分不开的，往往结合在一起。在这些艺术的表演中，有一件双人表演的大型乐器叫作"建鼓"。所谓"建鼓"，《仪礼·大射仪》郑玄注说："建犹树也，以木贯而载之，树之跗也。"所谓"跗"，就是鼓架。其形制是一具大鼓，在中部穿其径为方孔，中间贯以长柱而竖起，柱上有华盖，顶上饰金鸾，下有足座，或雕成虎形。在建鼓的两边各有一人，手持鼓枹（即鼓槌），边击鼓、边舞蹈。

建鼓的装饰，有的柱高而豪华，表演时场面很大。其中有所

建鼓
江苏徐州铜山散存画像石。

谓"羽葆"者，即用彩色的鸟类羽毛编结的华盖流苏。《汉书·礼乐志·安世房中歌》提到这种"羽葆"。颜师古注说："言所树羽葆，其盛若林，芬然众多，仰视高远，如云日之杳冥也。"

建鼓的鼓架，有的雕成虎形。石刻的艺人发挥想象，为了增强气势，将一只侧面虎刻成左右对称的一头二虎。这种画法，自古有之，在商周的青铜器纹饰上已经出现了，并且一直流传在近代民间，俗称"二虎抢头"，现代图案学叫作"展开画法"。

建鼓舞　山东济宁城南庄汉墓出土。

建鼓舞　河南南阳方城县东关汉墓出土。

建鼓舞　江苏睢宁县墓山汉墓出土。

繁杂的建鼓舞　两图均系山东微山县两城镇出土，为原石的局部。

# 207　吹籥

籥（yuè）是古代的管乐器，有吹籥、舞籥二种：吹籥似笛而短小，有三孔；舞籥长而有六孔，可用手执作舞具。《诗经·邶风·简兮》有描写籥舞的诗句，写一个漂亮的舞伎硕人：

硕人俣俣，公庭万舞。
有力如虎，执辔如组。
左手执籥，右手秉翟。
赫如渥赭，公言锡爵。

朱熹《诗集传》释曰："简，简易不恭之意。万者，舞之总名。武用干戚，文用羽籥也。……执籥、秉翟（dí）者，文舞也。籥如笛而六孔，或曰三孔。翟，雉羽也。……公言锡爵，即《仪礼》燕饮而献工之礼也。"《释文》："（籥）以竹为之，长三尺，执之以舞。"孔颖达疏："籥虽吹器，舞时与羽并执，故得舞名。"

以上是指"舞籥"，以乐器入舞是少见的。

本图所刻绘的是"吹籥"。在帷幔之下有三乐伎跽坐于地，并列表演。左一男伎吹籥，籥上饰羽葆，可随着吹出的声响，由空气流动使彩色的羽毛摇摆起来，产生声音与视觉的双重效果。右边的乐伎弹琴，与吹籥配合。中间一个魁梧的人物，只是双手作抃（biàn）。"抃"就是鼓掌，表示欢欣。古人有所谓"抃舞"者，因欢欣而鼓掌舞蹈。嵇康《琴赋》曰："其康乐者闻之，则欥（xū）愉（和悦）欢释，抃舞踊溢。"但此人并非手舞足蹈地舞动全身，而是坐在那里击手合掌而已。在古代，有称作"籥师""籥章"的官，见于《周礼·春官》：籥师"掌教国子舞羽歙（吹）籥"，即掌文舞，故教羽籥。籥章"掌土鼓、豳籥"。豳（bīn）为古国名，同"邠"，在今陕西旬邑县、彬县一带。"豳籥"是古豳人所做的乐器，即截苇作籥的"苇籥"。由此看来，此人可能是

"籥师"之类，在乐伎演奏中以鼓掌为节。

　　下图的人物造型很有特点，用写意手法表现人物，简约而生动。三人之前铺着饰巾，陈列着三只耳杯和一樽美酒，会不会是表示赏酒或敬酒呢。

吹籥　河南南阳新野县后岗出土画像砖。

# 208　蹴鞠

手有手技，足有足技。鞠是一种用皮革等缝制的球，古代用足蹴鞠，练习腿脚。有关蹴鞠的最早文字记录见于《史记》。《史记·苏秦列传》："临菑甚富而实，其民无不吹竽鼓瑟，弹琴击筑，斗鸡走狗，六博蹴鞠者。"可见这项活动之流行。

蹴鞠　江苏睢宁县墓山汉墓出土。

蹴鞠也称"蹴鞠""蹴毬"等，类似现今的足球运动。自汉代开始亦作为军中之戏。裴骃《史记集解》引刘向《别录》："蹴鞠，兵势也，所以练武士，知有材也，皆因嬉戏而讲练之。"《后汉书·梁冀传》说："（梁冀）性嗜酒，能挽满、弹棋（博戏）、格五（五数的黑白棋）、六博、蹴鞠、意钱之戏。"韦应物《寒食后北楼作》诗说："遥闻击鼓声，蹴鞠军中乐。"

唐代时蹴鞠活动已经撑起大网作为球门，分两队以决胜负，确有些像现代的足球赛了。白居易当年也曾看过这种球赛，描写赛场的气氛时写道："蹴毬尘不起，泼火雨新晴。"（《洛桥寒食日作十韵》）

蹴鞠　河南南阳方城县东关村出土。

## 209　七盘舞

**盘舞**　河南南阳新野后岗出土画像砖。

七盘舞即在地上排列七只盘子，舞者穿长袖之衣，用足踩着盘子舞蹈。盘子可能是陶盘，扣地，或在陶盘之间加一具扁形的鼓，舞蹈时用脚点一下鼓，可以发出声音，用以控制节奏。不难推想，舞者不论在盘底上或鼓面上，都不能停留，这些东西是经不起人身之压力的；舞者须有"轻功"，用脚尖在上面点一下，快速而过，姿态优美。汉代张衡在《舞赋》中有"历七盘而纵蹑"之句，三国魏王粲《七释》云"七盘陈于广庭，畴人（指舞人）俨（昂首）其齐俟（等待）"，说明这种技艺性很高的舞蹈在汉代是流行的。

**七盘舞**　山东沂南县北寨村汉墓出土。

# 210 都卢寻橦（顶竿）

这是一种技巧高超的杂技表演，道具是一条长竿，由艺人的上额顶起，所以现在叫作"顶竿"，也有的称作"缘竿"或"戴竿"。在竿的顶端，一般是装置华盖流苏之类，但在汉代时上面也有艺人表演。是在竖竿的上部扎一根较短的横棍，与竖竿呈十字形，在横棍的两端由两人表演"倒挂""鸟飞"等。表演者必须体轻，多是年幼者。竖竿的顶部还装有轮盘，小艺人趴在上面，伸开双臂，随轮转动，叫作"腹旋"。一个大人顶着三个小人表演，是很不容易的。

那么，为何称作"都卢寻橦"呢？"寻橦"即指一段长木杆，"都卢"系南海一带的小国名。汉代张衡《西京赋》："非都卢之轻趫（qiáo，行动轻捷），孰能超而究升（升到顶端）。"李善注："《汉书》曰：自合浦南，有都卢国。《太康地志》曰：都卢国，其人善缘高。"说明在当时与其已有交流，并以此名称缘高之技。汉武帝时，设"酒池肉林"以飨四夷之客，已有"巴俞都卢"之戏。

都卢寻橦 山东沂南县北寨村汉墓出土。

## 211 跳剑飞丸

汉代画像石中，表现"飞丸"的画面较多，现代杂技中也常表演，但表现"跳剑"者很少，可能这种表演难度较大，并带有风险。山东沂南北寨出土的这幅画像，将"跳剑飞丸"连称，可能两者有异曲同工之妙，在古代的"百戏"中被看作一类。两者同时表演的并不多，只是将若干弹丸放在一边，表演者专心于跳剑，已有三把短剑悬在空中，手中还有一把。在上边的剑刹那间就会下来，下边的啥时才出手呢？

跳剑飞丸
山东沂南县北寨村汉墓出土。

汉代张衡在《西京赋》中提到"跳丸剑",李尤的《平乐观赋》中也提到"飞丸跳剑",说明这两种杂技表演流行于当时,石刻画像是具有纪实性的。

这类杂技的技艺,不论飞丸还是跳剑,关键在于"剑"与"丸"的数量。飞丸的数量,有的可达十二个。演技者将丸从一只手中顺序抛出,另一只手一一接住,再传给抛丸的那只手。就这样:抛出——接住——传递,准确而快速,反复不停,使人看得目不暇接,眼花缭乱。

这种"跳剑飞丸"的技艺,据说早在汉代之前已经发展得很普及,那时游食四方的群体中就常有身怀此类绝技者。《列子·说符》记载:春秋时期,宋国有一位卖艺的兰子,能踩着比人高的高跷,边走边跳弄七把剑。楚国有一位勇士熊宜僚,因是市南人,也称"市南宜僚",此人善弄丸。《庄子·徐无鬼》曾提到他,说:"市南宜僚弄丸,而两家之难解。"关于"两家之难"及与"弄丸"的关系,注家有多种解释,其中一说是:熊宜僚喜欢用铜铃作丸,他能跳弄九个圆铃铛。一次楚国与宋国战争,他穿上了甲胄在战场上表演。九个铃铛上下飞舞,铃声响彻四方,精彩的表演吸引了双方打仗的士兵,连战斗都停下来了。

# 后记

　　我看汉代画像石及其拓片，称作读汉画，当然也带有鉴赏的意味。因为对其中有些内容不了解，需要查找依据，好像是在边读边研究。一旦将那些持重的画面解释清楚了，便越看越有味道，心情也感爽朗了。

　　每读画像石，都有这样的感受。这一次是将十多年前自己写的一本《汉画故事》，重新翻了一遍，所感良多，好像言犹未尽，但又不能全部重写。出版者的好心是将书做得尽善尽美，但实行起来确实不易。记得1994年我调到东南大学筹建艺术学系，学校的校训是"止于至善"。我曾说：一直走下去吧，是止不住的。

　　有不少朋友劝我写艺术学的书，但当前的议论太多，我不愿纠缠在一些空论之中，倒不如做些基础性的研究，基础厚实了，理论也上升得顺利。而在艺术的基础研究之中，最重要也是最薄弱的是民间艺术。它是一座巨大的无字碑。因此，近些年我写了不少民间艺术的书。当然，汉代的画像石也是起自民间，基本上属于这一范围。可是"远水不解近渴"，它与近现代的情况不同。

　　现在要重印《汉画故事》，我既不想"炒冷饭"，也不愿改头换面，只是把前言后语顺了一下，逐篇做了修改调整，增加了若干条目。将原来的173条，增为211条，加了38条。这是我对读者一点微薄的敬意，也表示对出版者的感谢。

张道一记于2018年五一劳动节